HISTORIA OCCULTAE

Revue annuelle des sciences ésotériques

n° 6 - 2014

LES ÉDITIONS DE L'ŒIL DU SPHINX
36-42, rue de la Villette
75019 PARIS, France
ods @ oeildusphinx.com
http://www.oeildusphinx.com

Tous les articles figurant dans *Historia Occultae* sont © de leurs auteurs, mentionnés au sommaire. Les opinions exprimées dans ces articles n'engagent que leurs auteurs.

Le Code de la propriété intellectuelle n'autorisant, aux termes de l'article L. 122-5, 2° et 3°a), d'une part, que les « copies de reproductions strictement réservées à l'usage privé du copiste et non destinées à une utilisation collective » et, d'autre part, que les analyses et les courtes citations, dans un but d'exemple ou d'illustration, « toute représentation ou reproduction intégrale ou partielle faite sans le consentement de l'auteur ou de ses ayants droit ou ayants cause, est illicite » (art. L. 122-4). Toute représentation ou reproduction, par quelque procédé que ce soit, constituerait donc une contrefaçon sanctionnée par les articles L. 355-2 et suivants du Code de la propriété intellectuelle.

© 2014 LES ÉDITIONS DE L'ŒIL DU SPHINX
ISSN : 1967-709X
ISBN: 979-10-91506-28-1
Dépôt Légal: janvier 2015
Illustration de couverture par Emmanuel Thibault

HISTORIA OCCULTAE

Revue annuelle des sciences ésotériques

Septième année - n° 6 - année 2014

Directeur
Philippe Marlin

Rédactrice-en-chef
Geneviève Béduneau

Fondateur
Dominique Dubois

Concepteur graphique/illustration
Emmanuel Thibault

SOMMAIRE :

CONTRIBUTIONS :

La rédaction d'*Historia Occultae* se réjouit de recevoir vos propositions d'articles pour un prochain numéro de notre revue consacrée à l'ésotérisme.

Veuillez nous adresser vos textes sous forme de fichier Word (doc/docx) uniquement, sans aucune mise en forme (frappe dite « au kilomètre »), les notes signalées dans le texte par un appel, mais réunies en fin d'article, avec la bibliographie, et non en bas de page. L'emplacement des illustrations doit également être signalé dans le texte, et les images être expédiées séparément en fichiers JPG hors-texte d'un poids de 1,5 à 5 Mo chacune, après vérification et mention des droits de publication. Merci aux auteurs de procéder scrupuleusement à une vérification d'orthographe et de grammaire avant de nous soumettre leurs contributions. Nous tenons à votre disposition pour mémoire un petit document de rappel des règles typographiques en usage à EODS.

Tout article reçu hors délai ne pourra pas faire l'objet d'un traitement pour le numéro en cours et sera automatiquement reporté au numéro suivant. La rédaction se réserve le droit de refuser les textes hors-sujet ou exprimant des opinions contraires à la loi française en vigueur.

Sauf nécessité exceptionnelle, merci d'éviter de citer des liens web ou wikipedia, ceux-ci ne faisant pas l'objet de vérification de l'authenticité de leur contenu et, surtout, étant sujets en permanence à d'éventuelles modification de contenu.

Date de clôture pour *Historia Occultae* n° 7 :

Le 30 juin 2015

EDITORIAL

Voici donc une nouvelle livraison d'*Historia Occultae*, née de l'amitié autant que de l'érudition des auteurs et, par delà tout savoir académique, de leur perception subtile des lignes de force qui jouent derrière le brouhaha du monde. Cette fois encore, le regard s'élargit, inclut des époques et des thématiques qui ont toute leur place dans notre « histoire des choses cachées » mais risquent de surprendre ceux qui s'en tiendraient aux jeux de pouvoir de la maçonnerie spéculative et des ordres dits paramaçonniques. C'est ainsi que Véronique Campion-Vincent, spécialiste de l'étude des rumeurs, revient sur les « contactés » apparus en marge des observations d'OVNI et leurs liens avec la Théosophie ou que Tony Goupil nous introduit dans l'univers bien oublié des bergerades du XVIIe siècle dont il décèle la charge mythique. Mais qu'on se rassure, on trouvera aussi quelques biographies d'ésotéristes du XIXe ou du XXe siècles, lumineux ou sulfureux, sans oublier l'étude de leurs opposants.

Curieusement, plutôt que l'histoire des hommes et des sociétés, secrètes ou discrètes, les auteurs qui ont collaboré à ce numéro ont choisi de traiter des notions, des symboles, des pratiques et de leur évolution, renouant ainsi avec l'exigence opérative qui fut celle des théurges, des mystiques, des alchimistes ou des compagnons bâtisseurs. Un signe des temps ?

Enfin, n'oublions pas la recension des livres, toujours quelque peu sulfureux.

Geneviève Béduneau

APERÇUS SUR LE SYMBOLISME DU MIROIR

© Christian de Caluwe
Equinoxe d'automne 2008 – Sainte Lucie, 2013.

La reproduction interdite *de Magritte, 1937*

Le non-être est un miroir, le monde une image, et l'homme est l'œil de l'image dans laquelle la personne est cachée. Tu es l'œil de l'image, et Lui la lumière de l'œil.
Qui a jamais vu l'œil par lequel toutes choses sont vues ? Le monde est devenu un homme, et l'homme un monde. Il n'est pas de plus claire explication que celle-ci.
Quand on regarde attentivement dans la racine de la matière, Il est à la fois ce qui est vu, l'œil qui voit la chose vue. La sainte tradition déclare ceci et l'a démontré,
sans œil ni oreille.

Mahmûd Shabestarî,
La Roseraie du Mystère.

> *...le dénouement infini du drame conduit la conscience à se saisir comme miroir de Dieu, l'être se trouvant non point dans le miroir, mais dans la Lumière qu'il réfléchit. Infini, en somme, parce que ce dénouement ouvre sur une nouvelle Lumière plus éblouissante encore, laquelle appelle à son tour à une conscience plus aiguë, ravie dans l'impatience amoureuse de connaître la Lumière plus pure et plus divine qui est derrière la Lumière.*

Lima de Freitas,
515, le lieu du miroir,
(Albin Michel, 1993, p. 147)

> *Prenez donc ce miroir, et regardez-vous-y. On se plaint quelquefois des écrivains qui disent moi. « Parlez-nous de nous, leur crie-t-on. Hélas ! Quand je vous parle de moi, je vous parle de vous. Comment ne le sentez-vous pas ? Ah ! insensé, qui crois que je ne suis pas toi !*

Victor Hugo,
préface des *Contemplations*, 1856.

LE MIROIR

> *Le roman est un miroir que l'on promène au bord de la route*
>
> Stendhal

Il y a des civilisations qui ignorent le miroir. L'étonnement que pourrait avoir quelqu'un qui se découvrirait adulte dans un miroir pour la première fois est décrit par Marivaux dans *La dispute* : « *Il y a quelque chose qui habite dans le ruisseau qui est fait comme une personne et elle paraît aussi étonnée que moi que je le suis d'elle* ».

Le Musée Grévin nous offre des miroirs convexes et concaves déformants et insupportables parfois pour un handicapé, un psychotique. Cela montre le pouvoir du reflet à tel point que, renvoyant les rayons du soleil, les miroirs concaves disposés en parabole des fours solaires fondent dans la plus grande pureté différents corps à plus de 3500° de température, ce qui équivaut à 10000 soleils à Odeillo. Un quatrième état de la matière (plasma) apparaît-il alors ?

I - L'attitude magique :

Depuis l'Antiquité, les miroirs apportent une grande source féérique dans les contes de fées : *« Miroir, miroir magique, suis-je la plus belle de tout le royaume ?»*. La marâtre ne se voit pas vraiment en se regardant dans le miroir qui permet l'expression de la frivolité féminine.

Dans le château en ruine des Rose-Croix, 1889, le Sâr Péladan mentionne la divination par le biais d'un miroir, comme moyen d'évoquer des personnes absentes : c'est la *catoptromancie*.

Il permet en partant du visible, d'aller vers l'invisible. Car le miroir est la porte d'accès de l'au-delà. Il conserve l'effigie des images des défunts qui s'y sont réfléchis. Le miroir théurgique permet d'évoquer les anges.

On comprend alors pourquoi le miroir peut avoir quelque chose d'intrigant et d'angoissant pour le jeune enfant.

Nous devons à René Zazzo d'avoir étudié dès 1972, le phénomène « miroir » qui conduit à l'étude du développement de la conscience de soi qui suppose :
-        une expérience de la dualité,
-        une appréhension de l'illusion.

II - Les 3 stades du Miroir :

Rappelons donc les trois stades du miroir dont parle Lacan en 1936 dans son article « La Famille » dans l'*Encyclopédie française*. C'est une phase qui correspond à une immaturation du système nerveux de l'enfant :

10 mois est la première étape : l'image présentée par un miroir est celle, bien réelle, d'un autre que lui qu'il va même aller chercher derrière le tain. Il ne fait pas la différence entre vitre et miroir mais cherche à communiquer. C'est l'anti-cogito, l'enfant est spectateur de lui-même.

18 à 24 mois est la seconde étape : le miroir renvoie une image qui n'est pas réelle ; il rougit gazouille et s'évite.

20 à 24 mois : il se regarde en face, s'interroge.

2 ans : beaucoup d' enfants se reconnaissent dans le miroir à partir de 2 ans environ et cette identification narcissique est aussi le moment où apparaît dans son vocabulaire le mot JE, mon, ton. Il désigne l'image qu'il voit par son prénom. On peut dire à ce stade qu'il se reconnaît UN, comme acteur et spectateur à la fois. Il y a symétrie dans les gestes et non pas complémentarité. Le moi, c'est l'image du miroir en sa structure inversée. Mais cette inversion l'intrigue. Peut-on dire que la première image qu'il voit de lui-même est celle que lui montrent les autres et que l'environnement est déterminant dans cette reconnaissance au point de dire : ce que tu es, c'est ce que je te montre ? Pour que l'enfant puisse s'approprier cette image, pour qu'il puisse l'intérioriser, il faut la reconnaissance de la mère lorsqu'il est dans ses bras. C'est elle qui, par le regard qu'elle pose avec amour sur lui, authentifie sa découverte.

Par contre, l'espace virtuel suggéré par un rétroviseur lui semble impossible. De plus, la présence d'un enfant de son âge engendre un mimétisme formateur. Une meilleure coordination se met progressivement en place.

7 ans : il y a construction, reconstruction et interprétation de ce qu'il voit. Le thème du miroir a pris sa place en éthologie. Cette reconnaissance n'est dévolue qu'à l'homme et au chimpanzé. *

Le miroir symbolise également l'activité réverbérante de l'esprit humain : *« l'homme est un roseau pensant se pensant »* dit un psychiatre de Ste Anne, paraphrasant Pascal. Le miroir se dit *speculum* qui a donné spéculer : regarder le ciel avec un miroir. Ainsi en va-t-il du soleil dont l'image s'inverse sur la surface des eaux, ainsi en va-t-il du soleil et de la lune… La manifestation apparaît comme l'image inversée du Principe : les soufis comparent l'univers à un ensemble de miroirs dans lesquels l'Essence se contemple sous l'aspect de toutes ses formes, rapporte Luc Benoist. Les sanctuaires shintoïstes au Japon comportent autant de miroirs solaires que nos églises comportent de croix.

III - Le mécanisme de projection :

Il est de tradition de représenter la Vérité par une femme nue qui sort d' un puits. Certains lui voient le devant, d'autres le derrière mais à eux tous ils en font le tour. Cependant, elle tend un miroir qui nous renvoie au jeu de l'apparence et de la réalité, c'est-à-dire à notre propre ambiguïté, à nos propres contradictions ! Quelle est la part qui me revient dans ma perception de cette réalité ? *« Ah ! insensé, qui crois que je ne suis pas toi ! »* s'exclame Victor Hugo.

Remarquons que, dans un groupe, chacun de nous renvoie à l'autre qualités et défauts que nous avons promis de dénoncer : *« si tu ne veux pas connaître tes défauts, va-t-en ! »* lit-on dans le cabinet de réflexion au RF et au REAA. Il s'agit de renvoyer éventuellement à l'autre ce qui lui manque. De plus les frères sont l'occasion de nous projeter. Nous reprochons bien souvent aux autres ce que l'on se reproche à soi-même… TU égale JE. L'amour propre va être un obstacle à cette connaissance de soi qui ne va pas sans échardes. Poser sa pierre sans s'opposer, « rassembler ce qui est épars pour mieux construire en exploitant parfois les *« ressources des résistances partagées »*, selon l'expression de Kourilsky (*Du désir au besoin de changer* chez Dunod), voilà bien notre propos au sein d'une loge maçonnique où nos frères ne sont pas seulement attachants par leurs qualités mais aussi et peut être surtout par les *« compétences des défauts »* : *« ce que l' on te reproche, cultive-le, c'est toi-même »* dit Jean Cocteau.

Ce sont ces défauts qui les singularisent et qu'ils nous tendent comme autant de miroirs. Nous avons parfois réussi à y échapper, mais l'humanité présente et passée est en nous ! Les autres sont ceux par qui je suis devenu ce que je suis.

IV - Miroir et francs-maçons, des miroirs humains (niveau maçonnique et psychologique)

Selon les rites, le miroir va prendre différentes significations :

1°) REAA (Rite Ecossais Ancien & Accepté):
Rappelons qu'au REAA, l'apprenti découvre le miroir :
-      dans le cabinet de réflexion (au singulier) ;
-      lorsqu'il se retourne pour voir s'il n'y a pas d'ennemis et découvre son parrain qui lui tend… un miroir car l'ennemi est en soi : *« le tragique, dit Hegel, c'est la conscience de soi comme d'un ennemi ». « L'Unité , mon frère, ne peut rien produire que par opposition à elle-même »*, dit un rituel martiniste dévoilé par Teder. En Belgique, l'initié se retire lui-même le bandeau. Faut-il pour autant tuer le père ? Quelle méprise avec le papa ! Il s'agit plutôt de tuer un jour le maître, symboliquement, c'est-à-dire l'initiateur. Car le maître intérieur qui sommeille en nous doit s'éveiller, même s'il est quelque part à l'image du parrain qu'il a choisi et qui le précède comme une ombre qui s'éloigne désormais car elle suscite en lui admiration et… révolte. Ainsi le parrain est appelé à décroître comme un soleil intérieur qui se couche alors que son filleul devient l'aurore de lui-même en affirmant sa Personnalité véritable.

2°) RER (Rite Ecossais Rectifié)
Au RER, le paradoxe veut que Willermoz ait remplacé Phaleg par Tubalcaïn. Or, c'est Tubalcaïn qui invente le tain (en étain) des miroirs. Au deuxième degré de ce rite, l'apprenti, en écartant le rideau qui recouvre un miroir, se dévoile. Il est invité pour devenir compagnon à se connaître lui-même par une prise de conscience de ce qu'il est vraiment. Il va se saisir comme un objet, se regarder avec lucidité et sans complaisance après avoir rejeté les métaux. Enfin, dépouillé de ses masques illusoires qui

l'enjôlent *(en geôle)*, il est invité à partir de son reflet pour entrer en lui-même en se faisant désormais vrai. On songe alors à ces passages de l'Evangile de Thomas dans lequel Jésus dit :

> *« Mais le Royaume est le dedans de vous*
> *et il est le dehors de vous.*
> *Quand vous vous connaîtrez,*
> *alors vous serez connus*
> *et vous saurez que c'est vous,*
> *les fils du Père-le-Vivant ;*
> *mais s'il vous arrive de ne pas vous connaître,*
> *alors vous êtes dans la pauvreté,*
> *et c'est vous la pauvreté ».*

Ou encore :

> *« Connais ce qui est devant ton visage,*
> *et ce qui t'est caché te sera dévoilé,*
> *car il n'y a rien de caché qui n'apparaîtra. »*

Mais il y a dans ce passage rituel du miroir, si propre au RER, les traces d'un christianisme socratique et le courage, c'est-à-dire la force, est demandé au futur compagnon :

« Si tu as un vrai désir, du courage et de l'intelligence, écarte ce voile et tu apprendras à te connaître ».

«...que vos difformités ne vous effraient point ; n'oubliez pas que d'un bloc informe et sans beauté, l'artiste peut faire une image exacte de l'être le plus accompli qui soit dans la nature. Mais il ne peut exécuter ce chef-d'œuvre s'il ne conçoit d'abord une idée vraie des perfections de son modèle, et ce n'est qu'après l'avoir profondément empreinte dans son âme qu'il voit avec certitude ce qu'il doit conserver, ou détruire, pour atteindre la ressemblance à laquelle il aspire. »

A ce stade, le compagnon peut avoir une vision « prophétique » de ce qu'il va devenir.

Il est l'image de Dieu, fait à sa ressemblance, selon la loi d'analogie inverse entre le microcosme et le macrocosme. *« Connais-*

toi en Moi » dit Sainte Thérèse d'Avila. Les lois et les ordonnances de la Sagesse suprême rappelle l'Homme-Archétype, (*adamé El Elyon* – de *ly :* monter – signifie semblable au Créateur en équivalence de forme) à son état d'avant la chute car l'homme est l'ombre de Dieu. N'est-il pas inscrit dans le projet divin et il lui reste à faire « le chemin de la ressemblance » pour rejoindre l'Eternel : « *ce fleuve de l'amour divin, dans lequel nous avons puisé la naissance, ne peut jamais cesser de couler pour nous régénérer en lui* », dit Louis-Claude de Saint-Martin.

Il en est le reflet, à la fois semblable et dissemblable : « Puis Dieu dit : « *faisons l'Homme à notre image, selon notre ressemblance...* » (*Genèse*, chapitre 1, verset 26), et par ailleurs : « mais chaque être créé à son image et ressemblance est aussi un Autre » [1].

Remarquons que l'âme biforme est comme un miroir tantôt orienté vers le corps, tantôt vers   l'esprit. Dans la religion musulmane, l'image est interdite. Elle implique une représentation très proche de la vérité comme celle que reflète un miroir, nous dit le *Larousse des synonymes*.

Par ailleurs, une orthopraxie veut, même si cela n'est pas dit expressément dans le rituel, que la lettre **G** [2] figurant au centre de l'Étoile Flamboyante à cinq pointes sur l'autel de l'orateur (ou, comme le stipule le descriptif de la décoration de la loge à ce grade, en avant du triangle équilatéral), soit visible dans le miroir par réfraction, à condition que cette Étoile Lumineuse reste voilée jusqu'au moment où le futur compagnon va la découvrir à l'Orient. Rappelons que la vérité est voilée et Dieu ne parle à Moïse que par révélation (du latin *revelare :* dévoiler) car sa face doit rester cachée.

Cette pratique, controversée il est vrai, est intéressante au plus haut point car l'idée de cette superposition d'images :
-        celle de la lettre G, (dévoilée, elle apparaîtrait à l'envers dans le miroir), première lettre du mot God, Dieu en anglais,
-        et le visage de l'homme,
se retrouve à la Villa des Mystères à Pompéi, comme en témoigne le bas-relief suivant :

Cette fresque est une véritable bande dessinée. La personne qui en fait le tour découvre la mise en scène de tout un processus d'identification d'un néophyte avec le   dieu Dionysos. La maîtresse de maison est dans une position rêveuse et la fresque représente le souvenir de son initiation qu'elle revoit et qui correspond à la mémoire d'un épisode central de sa vie. On voit le cortège du dieu ; un jeune homme est en train d'être initié. Il y a dans la représentation un mélange de réel et de fantastique. Un plat, *lekanê*, est rempli d'un liquide qui peut être du lait car une formule orphique dit ceci : « *chevreau, je suis tombé dans le lait* », le lait étant un liquide primordial comme en témoigne l'hindouisme qui évoque la Mer de lait. Le jeune homme voit son reflet dans la jatte comme dans un miroir. Il y a un satyre avec un masque de Dionysos qu'il met derrière la tête de l'initié qui voit en même temps le masque du dieu comme si on lui disait : « *tu deviens le dieu* » car les images se font écho. Or, les *Vers dorés* des Pythagoriciens se terminent par :

> « *Afin que t'élevant dans l' Ether radieux,*
> *Au sein des Immortels, tu sois un dieu toi-même ! *»

Par conséquent, cette superposition d'images n'est pas sans évoquer la réintégration dans un état premier, selon un processus analogue à celui d'un Big Bang à l'envers ! (néguentropie). Mais écoutons Martinés de Pasqually dans son Traité de la Réintégration : « *Ce voile déchiré est le véritable type de la délivrance du mineur privé de la présence du Créateur. Il explique la réintégration de la matière apparente, qui voile et sépare tout être mineur de la connaissance parfaite de toutes les œuvres considérables qu'opère à chaque instant le Créateur pour sa plus grande gloire.* »

Ainsi, le monde matériel n'est qu'un lieu d'exil et constitue une illusion qu'il nous appartient de transcender. Nous vivons la manifestation du Principe dans ce monde phénoménal qui nous en cache la réalité pure car, selon Héraclite, « *la nature aime à se voiler* ».

Nous retrouvons ici le vieux thème gnostique et platonicien de l'homme prisonnier sur la terre qui aspire à la délivrance et que suggère très bien le frère Baudelaire lorsqu'il écrit dans *Le Mauvais Moine* :

> « *Mon âme est un tombeau que mauvais cénobite,*
> *Depuis l'Eternité je parcours et j'habite.* »

Relevons le jeu de mots entre *le soma*, le corps, et *le sêma* : le tombeau et le signe !

V - Miroir et soufisme :

Le miroir joue également un rôle important dans le soufisme. En effet, selon Laleh Bakhtiar, avant la création de l'homme, l'univers existait à l'état brut, dépoli. Il ne pouvait rien réfléchir et n'avait pas conscience de la Présence divine. Le macrocosme a été créé afin que la manifestation du Soi sous la forme d'un Nom divin puisse trouver un lieu. Il faut donc polir le miroir pour permettre au Soi de se révéler car le mystique cherche à le réfléchir.

VI - La Loi d'analogie d'Hermès (niveau hermétique) :

Comment découvrir ce qui est caché ? Comment partir du visible pour aller vers l'invisible ?

Le manuscrit 21 émanant de la Tradition, nous en indique le chemin :
L'initié doit se souvenir que l'intelligence de l'homme d'aujourd'hui n'est pas supérieure à celle de l'homme du passé. Seuls les moyens de connaissance se sont accrus depuis les temps anciens. Les outils avec lesquels travaillaient les Adeptes du passé pour établir leurs conceptions scientifiques des choses, étaient : l'analogie , la correspondance et la synthèse.

Cette Loi d'analogie d'Hermès Trismégiste est une clef car elle permet en partant du monde visible qui tombe directement sous les sens d'imaginer le monde invisible afin d'approcher le réel. En voici l'énoncé intégral :

Ce qui est en haut est comme ce qui est en bas et ce qui est en bas, est comme ce qui est en haut et la raison secrète des causes et des effets dans ce qui est en haut est comme la raison secrète des causes et des effets de ce qui est en bas ; le visible sensible est semblable à l'invisible insensible ; telle est la clef de la raison secrète des causes et des effets et l'effort du disciple consiste à retrouver par cette clef partant du connu, l'inconnu.

D'où le corollaire :
« l'image d'une main gauche est une main droite, car ce qui est en haut n'est pas ce qui est en bas, mais comme ce qui est en bas. »

De la même façon, *« le Verbe est parole à l'extérieur, pensée à l'intérieur »* : la langue et le cœur sont respectivement symbolisés, d'après Plutarque, par la feuille et le fruit d'un arbre d'Egypte : le Perséa. L'hiéroglyphe du Sacré-Cœur réunit parfaitement ces deux symboles qui apparaissent dans le catéchisme de l'apprenti au rite émulation :

D - Les maçons ont-ils des secrets ?

R - Ils en ont un grand nombre d'une valeur inestimable.

D - Où les gardent-ils ?

R - Dans leur cœur.

D - A qui les révèlent-ils ?

R - A personne, sauf à des Frères et Compagnons.

D - Comment les révèlent-ils ?

R - Par des signes, des attouchements et des mots particuliers.

D - En tant que maçons, comment espérons-nous les obtenir ?

R - A l'aide d'une *clef.*

D - Cette clef est-elle pendue ou gisante ?

R - Elle est pendue.

D - Pourquoi préférez-vous dire qu'elle est pendue ?

R - Parce qu'elle doit toujours être bien pendue pour la défense d'un Frère et ne jamais gésir à son préjudice, ce qui serait mentir.

D - A quoi est -elle pendue ?

R - Au fil de la vie, dans le passage de la parole, entre le Guttural et le Pectoral.

D - Pourquoi si près du cœur ?

R - Parce que l'esprit se manifestant par elle, elle ne doit jamais rien prononcer qui ne vienne véritablement du cœur.

D - Voici une curieuse clef. De quel métal est-elle ?

R - D'aucun métal. C'est la *langue* du bon renom.

La loi d'analogie est donc une loi d'analogie *inverse* que l'on pourrait figurer par le Sceau de Salomon, voire par un losange ou bien encore par un sablier de forme triangulaire. Dans ce cas, l'homme-miroir en est le centre de gravité, **G**. Il réfléchit le haut. Ainsi le triangle pointé vers le ciel est l'image du Dieu Absolu, alors que le triangle pointé vers la Terre, figurant une coupe, en est le miroir représentant l'homme relatif, reflet inverse de la divinité. Le sceau de Salomon permet par ressemblance du bas avec le haut de remonter du visible, qui tombe directement sous les sens, vers l'invisible…en réfléchissant !

En polissant son miroir par des prises de conscience successives, on aimerait parvenir un jour à la vacuité, moment de grâce où le divin se dévoile en nous-mêmes et Sa présence invisible rassemblerait alors les personnages factices que nous incarnons encore et qui nous enjôlent, nous démembrent, nous morcellent en de multiples éclats. Le sacrifice de notre ego remembre l'Homme Primordial que nous portons en nous et dans lequel nous commençons à revivre. Ressusciter, c'est re-susciter, de *surgere,* jaillir. C'est faire revivre dans l'esprit ce qui était oublié. Cette Loi d'analogie inverse, entre le microcosme et le macrocosme, entre l'Être et le Non-Être, donne la clef de maintes phrases énigmatiques.

Pourquoi, par exemple : « *les derniers sur Terre seront les premiers au paradis* », ou encore : « *la raison du plus fort est toujours la meilleure…sur Terre alors que celui qui se fait petit comme cet enfant, celui-là est le plus grand dans le royaume des Cieux* », pourquoi le coq, emblème de Jean-Baptiste et dont le chant victorieux annonce la renaissance future, figure-t-il à la fois sur un tas de fumier ou à l'intérieur du Cabinet de réflexion (dans certains rites), symbole de la Terre nourricière, aussi bien qu'à l'extérieur, au faîte des clochers alors que, paradoxalement, l'Aigle de Jean, emblème de l'Évangéliste, est perché sur certains lutrins, au cœur des églises.

La Loi d'analogie inverse qui figure sur la Table d'Émeraude conduit à considérer le macrocosme en miroir du microcosme.

VII - Le stade de la réflexion : (niveau philosophique)

On connaît cette phrase de Jean Cocteau : « *Les miroirs feraient bien de réfléchir un peu avant de renvoyer les images* ».

Réfléchir, c'est penser en nous arrêtant sur les images que nous reflète et nous révèle notre imagination, afin de les soupeser, de les lire, de les structurer. N'en est-il pas de même du mécanisme de la vision ? Tout comme dans la chambre noire d'un appareil photographique, l'image qui se forme sur la rétine apparaît inversée. Ainsi, nous pensons en visualisant ces images afin de mieux les exprimer sous forme d'idées que je vais conce-voir ! Le prix Nobel 2008 de physique avouait visualiser le spin et les électrons sous forme de portes… Chacun se fait ainsi sa BD ! Se regardant dans un miroir, on peut éprouver un rejet de sa propre image ; se dévisager pour comparer ce que l'on est et ce que l'on voudrait être. Le miroir est fragmenté par les renvois des uns et des autres. A nous, qui sommes derrière le miroir, d'en rassembler les fragments épars afin de nous unifier ! L'initiation, comme la psychanalyse, conduisent à l'ésotérisme de soi, à cette découverte de la *Parole pleine* que Lacan définit ainsi : « *Tu es cela ; voilà le chiffre de ta destinée mortelle* ».

A ce stade, la démarche n'est pas narcissique. La connaissance de soi s'accompagne de blessures, d'une prise de conscience de ses zones d'ombre et de lumière afin de mieux se construire en opposant à ses défauts les vertus contraires. Et celui qui a peur de ce grand cataclysme intérieur ne peut avoir accès à la connaissance de lui-même. Voilà en quoi notre démarche est chevaleresque car l'initié doit s'armer de courage et de Force.

VIII - Les légendes et le miroir :

1°) Narcisse : (au niveau éthique)
La légende de Narcisse, enfant d'un ruisseau et d'un fleuve, imbu de lui-même, qui tombe amoureux de son image en se contemplant dans un étang, nous invite à dépasser notre égocentrisme, notre égoïsme et notre ego. Le miroir renvoie un moi idéalisé qui ne correspond pas à la réalité. D'ailleurs, Narcisse ne s'aime pas. Il se déteste et préfère son reflet. Il finit d'ailleurs par s'engloutir dans son image. En effet, Narcisse est puni par les dieux d'avoir méprisé l'amour d'Echo qui, bégayant, ne pouvait le lui avouer. Elle finit par mourir de cette indifférence à son égard. Tirésias, le devin, le prévient, mais en vain, qu'il vivrait à condition de ne pas se regarder ! Mais un jour, au cours d'une chasse, la déesse Némésis, solidaires des sœurs d'Echo, le pousse à se désaltérer dans une fontaine limpide ; alors qu'il se penche pour boire, il aperçoit dans l'eau son reflet et il éprouve une telle passion pour son image qu'il finit par périr sur place de langueur et, prenant racine au bord de la fontaine, il se métamorphosa en narcisse (de *narké* : narcose).

2°) Psyché (niveau métaphysique) :

Eros et Psyché (Capitole, Rome)

Une autre légende, celle de Psyché (qui a donné le nom à un grand miroir inclinable sur pied) et d'Amour, nous montre que l'âme humaine est condamnée à ne pas atteindre la Connaissance absolue. Ecoutons un instant cette belle histoire : Vénus est jalouse de la belle Psyché. Elle demande à son fils, Amour, d'inspirer à sa rivale de l'amour pour un homme laid. Amour bande son arc et se trouve en présence de Psyché dont il tombe amoureux. Désobéissant à sa mère, il devient son amant mais à une condition : qu'il ne la voie que la nuit, sinon elle le perdra. Ses sœurs, mauvaises conseillères la poussent à le voir nu, en lui disant : *« Si votre époux, lui dirent elles, craint de laisser voir son visage, c'est que ce doit être réellement quelque monstre affreux ».*

Une nuit, elle allume une lampe et découvre qu'il est magnifique. Elle se penche, éblouie par tant de beauté et, de sa lampe, tombe une goutte d'huile bouillante sur l'épaule du dieu qui, à peine réveillé par la brûlure, disparaît. Après maintes épreuves que subira Psyché, les amants finiront par se retrouver dans le palais des dieux pour goûter une félicité éternelle, loin de la

Terre. Psyché est l'allégorie de l'âme humaine condamnée à ne pas savoir et à être purifiée par les passions et les malheurs. Cette histoire n'est pas sans évoquer celle de Mélusine.

3°) Dionysos :

Après avoir vu la légende de Narcisse et celle de Psyché, envisageons celle de Dionysos qui, un jour qu'il contemplait le ciel, vit se réfléchir dans l'azur sa propre image. Il se précipita pour la saisir. Elle fuyait devant lui. Il se retrouva bientôt dans une vallée où se trouvait une grotte et dans cette grotte il y avait Perséphone…

4°) La dame à la Licorne

Chaque tapisserie représentant la Dame à la Licorne correspond à un sens qu'il appartient à l'initiée d'éveiller : le goût, l'odorat, l'ouïe, le toucher. Dernier sens, la vue : dans son miroir, apparaît la Licorne. La Dame se rapproche de la pureté de la Licorne en renaissant à la lumière spirituelle par son « seul Désir » (sixième tapisserie).

5°) Quetzalcoatl :

La   légende   toltèque   rapporte   qu'un   jour Tezcatlipoca/Titlacahuan, le magicien incarnant le monde des ténèbres, veut vaincre Quetzalcoatl. Il le trompe par deux moyens :

-        *le miroir ;*
-        *la drogue.*

En effet, Quetzalcoatl se regarde dans un grand miroir noir que lui tend Ihuimécatl, le vieillard en lui-disant : *« Regarde-toi et connais-toi ! Car tu vas apparaître dans ce miroir »*. C'est un miroir-fumant (ou fumé ?). Rappelons que *Tezcatl*ipoca, (de *tezcatl* : miroir et *popoca* : fumer) est le Dieu nordique de la Grande Ourse et du ciel nocturne. Quetzalcoatl se découvre effrayé. Il a perdu sa bonne image. Coyotlinahual (« son déguisement est un coyote »), le frère d'Ihuimécatl, arrive à le persuader de boire le suc qui le rendra jeune. Quetzalcoatl, par dérision, finit par boire du *pulque* avec des herbes hallucinatoires, sans y croire. A la suite de quoi, il a une relation incestueuse avec sa sœur Quetzalpetlatl alors qu'il est halluciné. Il s'est ensauvagé. Dès lors, il se rend compte qu'il est devenu indigne de gouverner. Il part en pénitence vers l'orient, vers Chichen Itza.

Cet épisode, rapporté à la mythologie grecque, évoque le monde dionysiaque que tout héros se doit d'explorer pour découvrir en lui-même sa part d'ombre. Le monde de Dionysos et celui d'Apollon sont également présents dans le panthéon mazdéen avec Ahura Mazda, la Lumière, et Ahriman, les ténèbres.

IX - La lune-miroir et le voyage des âmes, selon les pythagoriciens (niveau eschatologique) :

Lorsque l'homme meurt, son corps retourne à la terre : l'âme se détache de sa prison terrestre. Mais un lien subsiste encore, celui entre son âme et son esprit. Autant la séparation au cours de la première mort entre le corps et l'âme est violente, autant sera lente la deuxième mort au cours de laquelle l'âme errante se détachera progressivement de l'esprit entre la Terre et la Lune qui est l'espace du monde sublunaire des corps formés de terre, d'eau, d'air et de feu. Il s'agit d'échapper au cycle des réincarnations successives quand il en est encore temps dans le monde sublunaire. L'âme passe ensuite à travers l'œil de la Lune, allant de sa partie *convexe* à sa partie *concave*. Car « *le monde de la manifestation est le reflet de l'autre* », invisible… Une fois de *l'autre côté du miroir*, la vue en sa partie concave est alors directe. L'âme se dissout dans l'atmosphère lunaire, une fois purifiée par cet étrange passage ; tandis que l'esprit, affranchi du cycle des réincarnations successives, gagne le ciel, le ciel des étoiles fixes et de la Voie lactée, séjour d'immortalité où règnent les corps formés d'éther et de feu pur. Ainsi, l'homme purifié par la porte de la Lune n'est ni charnel, ni psychique. C'est son impureté qui le rendait opaque, visible, incarné. L'âme biforme échappe alors à la première mort, celle du corps (individu physique), et prend successivement les qualités des planètes qu'elle traverse en se purifiant progressivement dans le monde des orbes (individu astral).

Elle sera tour à tour dynamique, vitale, sensible, sensorielle, sensitive, mnémonique, intellectuelle, intelligente et mentale. L'âme mortelle, irrationnelle, est la *psyché* ; si l'âme est vertueuse, elle libère le *Noûs* de son enveloppe psychique. Alors le *Noûs*, devenu l'Âme immortelle, rationnelle, parvient au ciel des étoiles fixes, à la Voie lactée et à l'Empyrée. On songe alors à l'*hyper astronomo* de Platon dont nous entretient Proklos en s'adressant à l'un de ses amis :

« *Le grand Platon, mon ami, entend que chaque véritable philosophe, après avoir abandonné ses sens, ainsi que tous les corps célestes en mouvement, qu'il s'occupe de tout ce qui se trouve au-delà des étoiles et, étant-là, qu'il recherche le retard et la vitesse (en elle-même) dans leurs proportions actuelles.* »

L' évolution de notre personnalité véritable va vers l'immortalité en rendant chaque cellule de notre corps incorruptible.

« *L'immobile Empyrée de Dante, mon père, la sphère pure retombée dans l' unité originelle par la consécration du nombre Dix* » dit Milosz formalisant ainsi le retour à l'Unité par la décade.

X – Le miroir, reflet du réel :

À ce propos nous pourrions dire, en paraphrasant une phrase d'Henry Miller, « *nous sommes toujours dans deux mondes à la fois et ni l'un ni l'autre est le monde de la réalité* » :
-        l'un est le monde où nous croyons être, (une pure illusion selon l'hyperphysique)
-        l'autre est le monde où nous voudrions être.

Une peinture est comme un mirage : la perception subjective que nous en avons est différente de l'objet. Nous partageons un même rayonnement car nous sommes le mirage d'un même centre générateur qui ne tombe pas directement sous nos sens. Il faut apprendre à traduire ce mirage grâce à cette harmonie qui existe ente le visible et l'invisible. N'en est-il pas de même de la lumière ?

1°) l'idéalisme anthropocentrique : l'homme se perçoit à travers lui-même grâce à des instruments de mesure limités dont il est l'inventeur; il mesure alors les apparences d'une réalité qui lui échappe. Or l'expérience sensible est mensongère car nous nous formons une image des choses en fonction de notre projection et de notre cerveau : notre monde n'est pas celui que perçoit l'abeille... ou la grenouille, car nos sens se sont développés en fonction de l'action de chaque espèce sur le réel. De plus le réel échappe à l'espace-temps.

2°) arithmétique et géométrie : les planètes obéissent à des lois mathématiques et géométriques. Les orbites des cinq planètes sont des sphères circonscrites aux 5 corps platoniciens, comme le rapporte Képler, inspiré par le *Songe* (ou *Astronomie lunaire*) qu'il fait dès 1609.

La psychologie est la science qui va essayer de relier ces deux approches du réel : l'une subjective, l'autre objective.

Socrate rapporte: « *telles les choses me paraissent, telles elles sont pour moi ; telles elles te paraissent, telles elles sont pour toi.* »

Paul Eluard, quant à lui, dit dans une formule lapidaire : « *Je vois le monde comme je suis, je ne le vois pas comme il est.* » Si bien que nous pouvons dire avec Delay : « *Dans une façon de voir se projette une façon d'être.* »

3°) héliocentrisme et géocentrisme : Selon le *Zohar* (III, 10, a), « *aux temps anciens, on ne confiait le mystère de l'héliocentrisme qu'aux seuls Maîtres de la Sagesse* », rapporte André Benzimra dans *Exploration du Temple maçonnique à la lumière de la kabbale*. Ce mystère est en effet connu depuis le IIIe siècle avant Jésus-Christ par le Grec Aristarque de Samos qui en avait eu l'intuition. Géocentrisme et héliocentrisme coexistent en regard de la Tradition orale théocentrique car ils se rapportent aux Petits Mystères relatifs au *Connais-toi toi-même...* et aux Grands Mystères qui ont trait au *tu connaîtras l'univers et les dieux*. Nous avons donc de la réalité une vision en miroir. Cette Loi d'analogie inverse est une clef : le microcosme et le macrocosme correspondent et se répondent comme un lointain écho. Il y a une sorte de galvanoplastie céleste dont l'anode est au ciel et la cathode sur la terre : chaque planète va donc correspondre à un métal et à une note. En jouant de l'un on va agir sur l'autre par magie incantatoire et... ionique.

La connaissance de soi ne passe pas uniquement par l'étude de notre mirage car les astres nous morcellent, nous invitant à reconstituer en nous l'Osiris dont les fragments doivent être rassemblés dans l'Univers. Le sage doit connaître l'influence de ses « autres mois » qui vivent dans le plan universel, celles des frères égaux. Il existe en effet dans le monde invisible un *alter ego* comme état principe qui tourne autour d'un centre comme la terre autour du soleil et dont nous sommes la variante. Prenons par exemple le Pont Shinvat dans la pensée iranienne.

PONT
Homme —————————————————————**Daena**
                  I   I

Dans cette pensée existe une croyance que chaque individu a dans le cosmos un double, une sorte d'ange gardien mais qui n'est pas du même sexe. Daena est la conscience de l'homme qui lui apparaît *en miroir* sous l'apparence d'une jeune fille, à l'autre bout du Pont Shinvat sur lequel va s'effectuer le jugement sous la forme d'une ordalie. Ce double correspond à la trace de l'individu laissée dans l'au-delà.

Préfaçant *L'Homme et son Ange* d'Henri Corbin, Roger Munier nous précise que l'« Ange » est le double céleste de la psyché terrestre, un être de lumière, le principe transcendant de son individualité. C'est un partenariat, une « dualitude » qui nous permet de nous soutenir ici-bas et d'échapper à notre solitude. Considérons le schéma du pont de Shinvat, ci-dessus, qui n'est pas sans rappeler celle du Styx. Le double féminin de l'homme apparaît. Ils marchent l'un vers l'autre…

Deux cas de figures vont se présenter :
1°) ou le mort a eu une mauvaise existence et il tombe dans le gouffre ;
2°) ou il a été vertueux : l'âme fusionne alors avec son double : « Je suis deux en UN» peut-elle alors dire .

Il existerait des mirages de nous-mêmes de ce qui existe avant, et ce deuxième mirage se trouverait dans le Soleil ; il est logique d'avoir des mirages de ce qui existe après et ce troisième mirage se trouverait dans la Lune mais surtout, le positif et le négatif de ses différentes influences.

Nous retrouvons ici le vieux débat philosophique entre le réalisme et l'idéalisme que soulève d'ailleurs le professeur Karl Pribram en se demandant *« si ce que nous découvrons sont des sortes de lois de l'univers ou si c'est nous qui inventons quelque chose que nous calquons ou projetons simplement sur l'univers »*.

Il n'est pas dans notre propos de résoudre ce problème asymptotique, celui d'un monde qui n'est pas celui que nos yeux perçoivent, c'est-à-dire d'une réalité faite de nombres et de rapports de nombres qui échappe à notre perception ! Nous renvoyons le lecteur intéressé par cet aspect philosophique à l'ouvrage de Bernard d'Espagnat, *A la recherche du Réel.*

Cela nous conduit à envisager maintenant l'aspect neuro-physiologique de notre perception de la réalité en abordant les neurones-miroirs.

XI- Les neurones-miroirs :

Les neurones-miroirs découverts par le Professeur Giacomo Rizzolatti, directeur du département de neurosciences de l'Université de Parme, en Italie, désignent une catégorie de neurones du cerveau s'activant lorsqu'un individu exécute lui-même une action ou lorsqu'il la voit faire par un autre. En effet, lorsque nous imaginons un mouvement, notre cerveau transmet l'information aux muscles concernés et nous en ressentons les effets comme si nous l'avions effectué. C'est ainsi qu'en pensant à une histoire drôle nous nous surprenons à sourire. Le rôle des neurones-miroirs dans l'apprentissage, dans l'éducation ainsi que dans la vie sociale est probable. Les processus d'imitation et d'empathie en relèvent.

XII - Les énantiomères :

De même que les mains ne sont pas superposables, lors de la synthèse d'une molécule on obtient souvent non pas une molécule mais deux qui sont en miroir l'une de l'autre : ce sont des énantiomères. Ces deux *énantiomères* (du grec *enantios*, contraire) sont présents en quantité identique (50% + 50 %) au niveau du mélange appelé *racémique*. Ces énantiomères possèdent un même centre chiral (*chiral* vient du mot grec *chiron*, la main) ou centre d'asymétrie autour duquel vont s'organiser les mêmes atomes mais sans que l'on obtienne une symétrie parfaite : chaque énantiomère est l'image en miroir de l'autre. Le prix Nobel de chimie a été décerné en l'an 2000 à trois chercheurs qui ont réalisé la synthèse de ces molécules en miroir. Les formes lévogyres sont plus affines pour les récepteurs que les formes dextrogyres car, dans le corps de l'homme, ils sont orientés vers la gauche. Un rapprochement peut être fait dans la nature avec l'orange et le citron. En pharmacologie, il en existe plusieurs :

- le zyrtec et le xyzall,(forme lévogyre du zyrtec),
- le mopral et l'innexium (forme lévogyre du mopral),
- le dextropropoxyphène (paracétamol) antalgique et le lévopropoxyphène (novrad) antitussif.

XIII - Les nombres-miroirs (capicuas) :

Les mathématiciens modernes appellent nombres-miroirs – appelés ***capicuas*** dans la langue portugaise – ceux qui possèdent une symétrie interne parfaite : par exemple 515 est constitué par trois chiffres mâles ou impairs et les deux 5 sont partagés par le 1 qui occupe la position   d'un axe de symétrie. 515 est également la valeur guématrique de *Asher Dai* (celui qui se suffit à lui-même) , qui est la forme développée de *Shaddaï,* le Tout puissant.

Remarquons par ailleurs que Moïse, Mosheh en hébreu, a une valeur guématrique de MEM (40) + SCHIN (300) + HE (5) = 345, alors que le nom hébreu par lequel Dieu s'annonce lui-même à Moïse est *Eyheh asher eyheh* signifiant *Je suis* : **EHEYEH** (21) + **ASHER** (501) + **EHEYEH** (21) = 543. La valeur guématrique de cette profération de Dieu est alors l'inverse et le reflet du nom de Moïse. De là ce que Dieu dit à Moïse : « *Vois, j'ai fait de toi un dieu* », formule qui n'est pas si éloignée de celle de Pythagore que nous avons vue plus haut : « *Au sein des Immortels, tu sois un dieu toi-même* » !

Nous n'insisterons pas plus sur ces nombres-miroirs que Lima de Freitas aborde dans son livre *515, le lieu du Miroir* paru chez Albin Michel en 1993, passionné par ce que dit Dante au début du 33ème chant du *Purgatoire* dans la *Divine Comédie* : 515, en tant que sigle de la *Messo di Dio* car en chiffres romains ce nombre s'écrit DVX.

> *D'un avenir certain je déchire les voiles.*
> *Bientôt le jour viendra (je le vois aux étoiles*
> *Que jamais rien n'arrête en leurs cours assuré)*
> *Du cinq cent dix et cinq que le Ciel secourable*
> *Enverra pour tuer la fouine exécrable,*
> *Ainsi que le géant, son complice maudit.*

n° 6

CONCLUSION : de l'autre côté du miroir

Ainsi, nous avons eu recours à plusieurs niveaux de lecture du miroir en temps que symbole.

La dimension horizontale nous a permis de rappeler les *trois stades du développement de l'enfant avant qu'il n'accède à sa propre reconnaissance.*

La dimension verticale nous a permis d'explorer sa signification *éthique* :
- mortifère avec le narcissisme ;
- construction de soi par l'ésotérisme de soi-même : *« connais toi toi-même et tu connaîtras l' univers et les dieux »*.

Puis les significations des mots qui tournent autour du miroir nous ont permis d'aborder :

- *le niveau philosophique* : *l'imagination, la réflexion, la spéculation, les idées à concevoir* mais aussi la difficulté d'appréhender la Réalité.

- *Le niveau maçonnique et psychologique* reprend un christianisme socratique : se dévoiler pour se bonifier par la pratique des vertus. Cela suppose le courage de combattre ses défauts en polissant son miroir afin d'en améliorer la transparence. C'est le stade de la purification.

Quel est mon scénario de vie qui murmure en moi et que je répète avec une redondance désespérante ? Comment je fonctionne ? Cela renvoie au sigle de 9 lettres de Basile Valentin : **VITRIOLUM.**

- *Le niveau hermétique* nous a permis d'illustrer par le miroir les correspondances analogiques entre le microcosme, reflet inverse du macrocosme, entre l'homme et le divin.

Car le miroir restitue la figure de l'hologramme comme le collier d'Indra : chaque perle permet de voir toutes les autres. Si, avec la toupie, il a une signification si chargée, c'est parce que tous les deux sont des images du monde. La lune nous renvoie la lumière du soleil absent. Nous partons ainsi du visible pour aller vers l'invisible…

Nous avons donc découvert l'homme à la fois semblable à Dieu mais aussi dissemblable et cette loi de la *dissemblabilité* nous a conduit à affirmer notre personnalité véritable qui est *Autre.*

Le niveau métaphysique a été abordé avec le symbolisme de Psyché et d'Amour.

Le niveau eschatologique nous a entraîné dans un voyage de l'âme à travers le miroir de la lune afin que l'âme puisse se libérer des réincarnations successives en rejoignant le monde des étoiles fixes, celui de l'Empyrée.

Les neurosciences nous ont fait découvrir les neurones-miroirs impliqués dans l' empathie et la communication tandis que *la chimie* nous apporte la preuve de l'existence de molécules énantiomères. Il existe par ailleurs des ***nombres-miroirs*** qui donnent naissance à toute une arithmosophie fort savante.

Quoi qu'il en soit, le miroir nous offre l'illusion de la profondeur car plus on se scrute, moins on se voit. Il faut alors sortir du miroir à la manière de *La Belle et la Bête* de Jean Cocteau et faire irruption dans la réalité et dans le dépouillement. Être vrai ! Car nous avons compris, grâce à la fonction projective du groupe, qu'il nous appartenait de passer de l'autre côté du miroir en s'initiant soi-même grâce aux autres : je suis, avons-nous dit, ce que les autres m'ont fait devenir. Alors, derrière le tain, nous rassemblons en silence les images éparses que les autres nous renvoient parfois comme des échardes ; elles nous fragmentent et nous intiment de retrouver notre unité perdue par delà la multiplicité de nos moi. Dans *Cosi fan tutte*, opéra de Mozart, deux couples doivent subir l'épreuve de « l'inversion des lumières ». Les partenaires croient être amoureux. Ils devront passer de l'autre côté du miroir pour se connaître réellement afin de se rectifier et de se construire.

n° 6

Cette quête du permanent dans l'impermanence est pathétique car la découverte de notre identité nécessite de conjurer le temps, de suspendre l'évanescence. Et cette connaissance de soi nous invite, non pas tant à rechercher la Vérité, mais à **devenir vrai** avec **cette juvénilité à demeure,** qui échappe au temps car elle nous fait retrouver le sens de l'éternité qui est celui d'une **chevalerie spirituelle** qui rayonne par sa beauté intérieure et sa bonté.

NOTES :

1- Remarquons que le mot image en hébreu se dit *Tselem* qui comporte :
- la racine *Tsem* (de *Tsim Tsoum*, retrait de Dieu qui fonde Adam),
- le *Lamed* au cœur de ce mot lié à la notion d'enseignement (*lamed* : élever, apprendre),
- la racine *Tsel* qui veut dire « ombre ».

2- Elle correspondrait aussi en alchimie au Sel Gemme dont le symbole est un cercle surmontant un croissant de lune. Ce mystère est-il en rapport avec celui de la pierre philosophale comme le suppose Wirth dans *Le symbolisme hermétique dans ses rapports avec l'alchimie et la Franc-maçonnerie*, page 13 de l'édition parue en 1931 aux Editions Le symbolisme) ?

* : NdE : Erreur de l'auteur. La perception, puis la reconnaissance de l'image de soi dans un miroir est effectivement un indicateur neurologiqe et ethologique important, mais, s'il est systématique chez ces deux espèces de mammifères, elles ne sont pas leur apanage exclusif.

ANNEXE I

REFLET DE LA MODERNITE DANS LES MIROIRS MAGIQUES

Notes prises d'après la conférence donnée par le Professeur Michela GARDINI à l'Université Via Domitia de Perpignan

Dans le château en ruine des Rose-Croix (1889), figure une liturgie magique pendant laquelle le simulacre de Tamu apparaît dans le miroir. Péladan fait appel à l'évocation de personnes : c'est la catoptromancie (la divination par le biais des miroirs). L'eau et le charbon troublent la vue. Depuis l'Antiquité, les miroirs apportent une grande source féérique dans les contes de fées.

En 1892, paraissent *Les Milésiennes* de Marcel Schwob. Le miroir permet la connaissance de soi. Il permet également la frivolité féminine (Le Titien & Régnier). Il peut être un instrument de science (cf. Euclide au IIIe siècle) mais également un outil alchimique permettant de transformer la matière. Miroir concave et convexe (cf. la Dame à la Licorne), il est aussi objet inquiétant, agent de vérité ou d'illusion (cf. le mythe de Narcisse : atteindre l'Unité). L'hydromancie était une pratique démoniaque selon Saint Augustin. Le miroir représente aussi un objet polysémique, troublant : il permet de jouer avec le visible et l'invisible, le bien et le mal.

Le miroir est aussi une menace contre l'ordre établi : il peut contenir le jeu de l'altérité (anamorphose). Les surfaces réfléchissantes ont des pouvoirs mystérieux comme le suggère Péladan à l'époque du spiritisme. Le miroir devient la porte d'accès à l'au-delà ; il conserve en outre des images du défunt ou de l'effigie de ceux qui s'y sont réfléchis. Le miroir et l'eau appartiennent au domaine de la mort.

Le miroir présente également la nature immatérielle de l'objet reflété. Aller au-delà indique un véritable changement de statut, un passage de la vie à la mort. Il provoque la propre dissolution de l'être par la multiplicité des reflets. Il est aussi le symbole du féminin et renvoie à la peur de la femme (désir de fusion totale, désir de retour au féminin maternel). La littérature du XIXe siècle est obsédée par la thématique du double.

Les surréalistes n'ont pas cessé de considérer les miroirs comme les objets de nos pulsions mais également Jules Verne dans *Le Château des Carpates*. Faisant partie de l'illusionnisme à la mode, le miroir demeure un artifice caché. Il est un objet ésotérique, rare et précieux, réservé aux initiés capables d'en déceler les secrets. Vulgarisé à présent, il a perdu sa dimension sacrée. Il appartient à un univers spéculaire et ambigu : toujours un et jamais rien (cf. Louise Bourgeois), il est réflexion sur le néant. Notons qu'il existe des miroirs sans tain qui permettent de voir sans être vu.

ANNEXE II

REFLEXIONS SUR LE « *GNÔTI SEAUTON* »

« CONNAIS-TOI TOI-MÊME ET TU CONNAÎTRAS L'UNIVERS ET LES DIEUX ».

Socrate reste très discret sur la deuxième partie de cette phrase qui a trait aux dieux.

Mais, sur ce fronton, figurent aussi ces mots de Pindare :
« *MÊDEN AGAN* » : « RIEN DE TROP ». Pas d'excès !

Quels commentaires en fait Socrate ? Référons-nous au *Charmide*, 164 d :
C'est ainsi que le dieu s'adresse à ceux qui entrent dans son temple, en des termes différents de ceux des hommes, et c'est ce que pensait, je crois, l'auteur de l'inscription : à tout homme qui entre il dit en réalité : « Sois sage «. Mais il le dit, comme un devin, d'une façon un peu énigmatique ; car « Connais-toi toi-même et « Sois Sage «, c'est la même chose, au dire de l'inscription et au mien. Mais on peut s'y tromper : c'est le cas, je crois de ceux, qui ont fait graver les inscriptions postérieure : « Rien de trop» et « Cautionner c'est se ruiner «. Ils ont pris le « Connais-toi toi-même « pour un conseil et non pour le salut du dieu aux arrivants, puis , voulant offrir eux-mêmes des conseils non moins salutaires, ils les ont consacrés dans ces inscriptions.

Mais comment interpréter le « connais-toi toi-même et tu connaîtras l'Univers et les dieux » ?
1°) Un niveau psychologique d'introspection est le plus souvent retenu. Il a trait à la connaissance de soi pour *oser devenir qui l'on est,* afin d'affirmer sa personnalité véritable.
2°) Cependant les lois qui régissent le microcosme et le macro-cosme sont les mêmes. Par conséquent, ce raisonnement par analogie nous donne une clef : en partant du monde visible qui tombe directement sous les sens, je peux accéder à des arrières-mondes invisibles, je peux dévoiler le réel. Par exemple le

quaternaire des humeurs nous permet de faire le diagnostic de notre tempérament d'une façon objective. Et ce quaternaire se retrouve au niveau des éléments, des saisons...

Nous pouvons établir le tableau des correspondances analogiques suivantes qui varient cependant selon les auteurs :

1°) le bilieux ou colérique - FOIE - qui est un réalisateur, un dirigeant ; élément **FEU > LION > VOULOIR** *(chaud/sec).*

2°) le nerveux ou **mélancolique** (l'atrabilaire)- **THYROÏDE** - qui est un penseur : élément **TERRE > L'ANGE ou l' HOMME > SAVOIR** *(froid/sec).*

3°) le sanguin ou **pléthorique - GLANDES GENITALES -** qui est un mobile ; élément **AIR > L'AIGLE > OSER** *(chaud/humide).*

4°) le lymphatique ou **flegmatique - PANCREAS -** qui est un sédentaire ; élément **EAU > LE TAUREAU > SE TAIRE** *(froid/humide).*

C'est ce mélange plus ou moins heureux de nos humeurs, qui détermine si nous sommes de « bonne » ou de « mauvaise » humeur, si nous nous « faisons de la bile », si nous avons « l' humeur noire » ou du « sang-froid » !

3°) Mais un troisième niveau peut être envisagé : celui d'un éveil progressif vers le *Noûs*, vers le Soi éternel et vers la Connaissance immuable. La Lumière de la caverne en est une belle parabole : c'est la connaissance de la « *lumière souveraine dans l'intelligible, dispensatrice de vérité et d'intelligence [...] cause universelle de toute rectitude et beauté* », (Platon, *La République* 517 c, traduction Robin).

Car en effet « *on ne peut même pas dire, Cratyle, qu'il y ait connaissance, si tout change et si rien ne demeure fixe ; car, si cette chose même que nous appelons connaissance ne cesse pas d'être connaissance, alors la connaissance peut subsister toujours et il y a connaissance. Mais si la forme même de la*

*connaissance vient à changer, elle se change en une autre forme
que la connaissance et du coup, il n'y a plus de connaissance ;
et, si elle change toujours, il n'y aura jamais connaissance, et
pour la même raison il n'y aura ni sujet qui connaisse ni objet
à connaître. Si au contraire le sujet connaissant subsiste toujours, si l'objet connu subsiste, si le beau, le bien, si chacun des
êtres subsiste, je ne vois pas que les choses dont nous parlons en
ce moment aient aucune ressemblance avec le flux et le reflux et
le mouvement »,* (cf. les dernières lignes du *Cratyle* : 440).

Ce débat épistémologique sur l'impermanence des choses nous
entraîne vers un au-delà de l'opposition des contraires.
Permanence ? Impermanence ? Voilà des thèmes relevant de
l'hindouisme et du bouddhisme ! Or Aristoxène de Tarente,
philosophe grec péripatéticien, a été formé par son père, élève
de Socrate, et par les pythagoriciens avant d'étudier avec
Aristote. Il prétend que Socrate a croisé sur son chemin quelque
sage indien ?

BIBLIOGRAPHIE

BENOIST Luc, *Signes, symboles et mythes*, QSJ, 1975.
BOUR Pierre, *Le psychodrame et la vie.* Desclée de Brouwer, 1968.
CARTON (docteur), *Diagnostic et conduite des tempéraments.* Librairie Le François, 1961.
CHEMAMA Roland, *Dictionnaire de la psychanalyse.* Larousse - France-Loisirs, 1995.
CORBIN Henry, *L'homme et son ange.* Fayard, 1983.
de FREITAS Lima, *515 Le lieu du miroir.* Albin Michel, 1993.
FAGEZ J.B., *Comprendre Lacan.* Pensée/ Privat, 1979.
HERMES TRISMEGISTE, La Table d'Emeraude. Les Belles Lettres, 1995.
MASSON Michèle, *Science et Avenir*, science et connaissance : « les enfants devant le miroir ».
ROUGIER Louis, La religion astrale des pythagoriciens. P.U.F. 1959.
VIARD Marcel, (Professeur) Chacun face à son destin, Vigot Frères Editeurs, 1960.

SEMINAIRES – CONFERENCES

GARDINI Michela, (Professeur) Reflet de la modernité dans les miroirs magiques : conférence donnée à l' Université Via Domitia de Perpignan.
THOMAS Joël, (Professeur) Actualité de l'Antiquité : séminaire et cours magistraux sur l'imaginaire grec et romain, années 2007 et 2008, Université Via Domitia de Perpignan.

EMISSIONS RADIOPHONIQUES

ENTHOVEN Raphaël, Arte philosophie : « L'identité », interview du Professeur Elise Marrou. Emission du 7 octobre 2009.
METRA Claude, Emission radiophonique : « La lune et le voyage des âmes » (France-Culture).

LE PRINCIPE DE
LA VISUALISATION
DANS LES PRATIQUES DE
DEVELOPPEMENT SPIRITUEL

© E. Thibault, 2014

Cet article fait suite à un autre article du même auteur publié dans Historia Occultae *n° 5, intitulé « Aspects corporels de l'Initiation ».*

La visualisation est l'une des techniques fondamentales pour le développement spirituel de l'être humain. On y a recours dans quasiment tous les contextes culturels et religieux connus dans le monde, de nos jours comme par le passé, et à presque tous les niveaux de progression de la pratique. Dans leurs versions modernes, beaucoup plus explicites que les précédentes, ce principe jadis considéré comme ésotérique devient souvent l'un des piliers pratiques des nouveaux mouvements spirituels, tant ceux relevant du *new age* que les méthodes de développement personnel ou les versions révisées de voies plus traditionnelles. La visualisation reste toutefois généralement une notion peu claire pour les néophytes et on la confond trop souvent avec un travail de l'imaginaire, raison pour laquelle les résultats obtenus laissent nettement à désirer. Nous allons revenir ici sur cette notion essentielle, ses implications pratiques et ses objectifs.

Visualisation vs imagination

L'un des problèmes essentiels que l'on rencontre, surtout dans les pays de culture occidentale, est la confusion entre les notions de visualisation et d'imagination. Or ces deux fonctions de la psyché humaine sont rigoureusement distinctes. Il est donc nécessaire de les définir clairement. L'accent mis en Occident sur l'activité intellectuelle, ses dérivés et ses divers domaines d'application ont généré un certain nombre de malentendus et de contresens lourds de conséquences, surtout dans le domaine de l'éducation spirituelle. Nous avons ainsi déjà traité de la notion de méditation[1], pratique résolument étrangère à toute activité intellectuelle lorsque l'on emploie ce terme dans le contexte du développement spirituel, où divagations intellectuelles et philosophiques sont à proscrire car l'objectif consiste à transcender l'individualité, y compris dans ses aspects psychiques, pour parvenir précisément à ce que les traditions désignent par le terme : « état de méditation ».

Dans une perspective similaire, la confusion entre visualisation et imagination a beaucoup nui à une compréhension claire de ce principe qui constitue pourtant un outil de développement fondamental dans le domaine spirituel.

L'imagination est une activité purement psychique, plus ou moins contrôlée, mais qui autorise une certaine latitude de divagation, soit la représentation sous forme imagée de pensées dont on est bien conscient qu'elles ne correspondent pas à la réalité des faits et que ces images, pour vives et précises qu'elles puissent paraître, appartiennent clairement au domaine du fantasme. Elles s'élaborent à partir de matériaux mnésiques (souvenirs conscients ou subconscients), et de notions intellectuelles. Le terme décrit donc assez bien la notion commune de « rêve éveillé » (*daydreaming*), également utilisé dans la technique psychothérapeutique de Rêve Eveillé Dirigé proposée par Robert Desoille dès la fin des années 1930. Quoique Desoille ait, dans sa façon de conduire et d'analyser les rêves éveillés de ses patients, volontiers utilisé la notion d'archétypes jungiens, nous verrons plus loin que, pour plusieurs raisons, son usage des archétypes ne relève pas d'un processus de visualisation. Le domaine d'expression de l'imagination en général nourrit la fantaisie individuelle et participe de façon importante à la créativité et aux représentations mentales, lesquelles sont exploitées par les artistes de toutes tendances pour traduire dans leurs œuvres un univers personnel de surréalisme, de fiction ou de semi-fiction.

La visualisation est d'un ordre tout à fait différent. Il s'agit d'une construction mentale volontaire et contrôlée, faite d'ajustements infinis visant un raffinement dans le détail et l'intensité de cette projection mentale, qui est alors supposée avoir une influence sur la réalité concrète. Ce principe repose sur le postulat que la part subtile de l'univers a une influence sur son aspect concret, ou plus précisément que le noumène précède et influence le phénomène [2]. On cherche donc par la visualisation à modifier la réalité en commençant par réorganiser son propre univers mental, notamment grâce à l'usage d'images symboliques et archétypales. Cette forme de « ménage psychique » a un double effet de purification et de réorientation des processus subconscients sur lesquels reposent à la fois notre perception de la réalité, nos désirs et les actions qui en résultent. Selon les théories traditionnelles à propos de la nature de la psyché humaine, c'est uniquement par l'intermédiaire de ces outils symboliques que l'on peut exercer un certain contrôle conscient sur l'évolution des processus subconscients. L'image – qui est considérée comme une modulation complexe de la vibration lumineuse – constitue à cet égard un outil essentiel. La vibration sonore est le second, soit au moyen du chant, de la prière, des invocations, etc., voire de la musique, à un degré moindre lorsqu'elle est écoutée et non produite par la voix. Ces deux approches se subliment dans une méditation dite « sans objet » ou « sans support de stimulation », un état atteint graduellement dans lequel le méditant s'affranchit de tout intermédiaire sensoriel pour s'abîmer ou s'oublier dans l'observation du silence transcendantal. L'effet de réajustement de soi obtenu par la pratique assidue de ces techniques psychocorporelles fondamentales est une perception plus précise de l'environnement intérieur comme extérieur, ainsi qu'une conscience plus juste et plus consciente de ses propres désirs profonds sur laquelle peut ensuite se fonder l'action consciente.

La visualisation se fonde sur la capacité de l'être humain à projeter et à focaliser son attention mentale, une faculté qui lui est naturelle et s'est développée avec la posture verticale qu'il a adoptée au cours de l'évolution, laquelle a conféré à son bassin, sa colonne vertébrale, son système nerveux central, et par conséquent aux fonctions que celui-ci exprime, un potentiel inexistant chez les autres mammifères. De là, le fait que l'on ne puisse comprendre la notion de visualisation sans l'ancrer dans une juste compréhension du corps humain qui assure l'expression de cette faculté. L'attention n'est pas le fruit d'un effort, même mental, mais elle se rapproche davantage de la focalisation du regard intérieur : quel est l'objet ultime de l'observation ? Moins l'attention est diffuse, plus elle est intense ; c'est un peu comme une sorte de projecteur intérieur. Il ne s'agit pas de s'imaginer ce qui se produirait au niveau quasi « musculaire » d'un œil fictif – c'est ce qui génère cette fausse sensation d'effort, à proscrire – mais au contraire de considérer le faisceau de cette attention qui *relie* le centre de l'individu et la projection mentale qu'il construit dans son esprit. Si l'on devait décrire un aspect « mécanique » du processus, il conviendrait d'observer la position du bas de la colonne vertébrale (zone sacrum-bassin-lombaires 腰) et certainement pas les yeux ni l'expression concentrée du visage, qui n'est qu'effet secondaire, et plutôt parasite, de ce qui se produit en profondeur dans le bas du corps, lorsque la posture est correcte.

On comprend donc comment ces deux termes d'imagination et de visualisation ne doivent pas être confondus, car les processus mentaux qu'ils impliquent et leurs conséquences sur l'individu et ses actions ultérieures sont radicalement différents. Ils ne sont toutefois pas incompatibles et il arrive fréquemment dans la vie quotidienne que l'on passe d'un processus mental à l'autre, et qu'ainsi la frontière ne soit pas aussi clairement établie que je viens de le décrire. Par exemple, un artiste peut fort bien passer d'une phase de pure imagination créatrice à une phase de visualisation dans laquelle il projette mentalement les détails de l'œuvre à venir. A l'inverse, les néophytes manquant de concentration « décrochent » fréquemment de la visualisation vraie et laissent leur esprit divaguer, ou être accaparé par un détail insignifiant qui altère, voire annihile la projection mentale en cours.

Les bases techniques

Il convient de préciser que les projections mentales produites par la visualisation ne sont pas des images comparables à celles que nous voyons avec nos yeux, soit la réflexion de lumière telle qu'elle est perçue au moyen d'un organe physique. Il s'agit – selon la théorie traditionnelle – de créer complètement un objet mental en lui donnant forme, consistance et vitalité, utilisant à cet effet l'énergie vitale qui est la substance même de la vie physique et dont le relais physiologique et le siège anatomique se situe dans la partie centrale de l'organisme, au niveau du bas-ventre et de la région sacrée (en japonais *kikaï tanden* ou *seika tanden (聖火 丹田),* en chinois *dandien*, etc). D'où cette importance cruciale attribuée ici à la posture physique, combinant un fonctionnement optimal du *seika tanden*, alors décrit comme « plein » (実), un apaisement maximal des stimuli sensorimoteurs obtenu grâce à une posture naturellement droite, détendue et libérée de ses penchants (体壁), et un fonctionnement optimal du système nerveux central (nerfs (神経 litt. « chemin des dieux »), moëlle épinière et cerveau dans sa totalité). Le terme de visualisation a sans doute été choisi pour l'analogie entre vison oculaire et projection mentale, mais il entraîne une certaine confusion.

C'est cet objet nouvellement crée sur un plan d'existence mental - plus précisément sur le plan de conscience désigné comme « mental supérieur », par opposition au mental inférieur correspondant à la pensée intellectuelle - qui pourra avoir une influence effective sur l'organisation de la structure subconsciente du visualisant. Le niveau « du contexte des traditions spirituelles à des notions archétypales communes à toute l'humanité, notions archétypales qui se situent donc au-delà de la sphère individuelle à proprement parler et de tous les particularismes culturels ou personnels. Le mental supérieur a dans cette perspective une action coordinatrice sur le mental inférieur qui, lui, constitue un plan de conscience déjà individualisé.

Dans la pratique, le visualisant adopte par conséquent une posture et une attitude adéquates qui permettent une réalisation efficace de la visualisation, apaisent son activité intellectuelle et laissent sa respiration s'approfondir. Puis, il initie souvent le processus en observant de la façon la plus neutre possible, les yeux ouverts, un certain nombre de supports de référence en rapport avec la visualisation qui va suivre, comme par exemple des couleurs, des objets ou représentations symboliques, etc. Il ferme ensuite les yeux et procède étape par étape à la construction de la structure mentale, parfois en suivant les instructions d'un directeur de séance, notamment dans le cas de pratiques collectives.

Il est judicieux de suivre le flux naturel de la respiration pour recentrer sa conscience dans la région lombaire lors de l'inspiration et d'ajouter chaque détail à la projection mentale pendant l'expiration. Selon les individus, certaines personnes ressentent davantage de facilité à progresser élément par élément, d'autres à visualiser une forme globale qu'ils affinent et vivifient par la suite. Les deux formules sont valables. Certains ont beaucoup de facilité avec les formes, d'autres plus avec les couleurs. Il est important d'observer attentivement ce qui nous est le plus naturel, afin que la pratique gagne en fluidité et donc en efficacité. Le fait de diriger son intention dans un but précis implique une concentration indéniable, mais ne devrait pas nécessiter d'effort au sens physique du terme, comme nous l'avons mentionné. Si tel est le cas, on peut supposer que la posture ou l'attitude laissent à désirer.

Lorsque la structure mentale a atteint un niveau de qualité correct, on peut lui adjoindre une dimension d'ordre émotionnel – le terme adéquat étant d'ailleurs « dévotionnel » plutôt qu'émotionnel. Tandis que l'intention concerne la conduction d'énergie vitale sur un plan mental, la dévotion est une conduction d'énergie sur un plan émotionnel. Durant une visualisation complète, l'intégralité du psychisme est concernée et unifiée dans le processus, soit à la fois l'intention et la dévotion, pendant que le plan physique reste, lui, dans un état de neutralité le plus complet possible, mais fonctionne comme un moteur, siège de l'énergie vitale utilisée pour la visualisation.

L'importance déterminante de la posture physique et de l'attitude mentale

Contrairement à ce que l'on pourrait croire de prime abord et à l'attitude adoptée en général, il est fondamental dans le processus de visualisation de ne pas centrer son attention sur le résultat recherché, c'est-à-dire la projection mentale en construction, mais plutôt sur l'origine de l'action, qui se situe physiquement non pas dans le cerveau, mais dans la région sacro-lombaire. Il peut paraître étrange à la majorité d'affirmer qu'un processus mental prend sa source dans le bas du dos (腰 région du sacrum et de la cambrure lombaire), mais tel est pourtant bien le cas. Il est impossible de parvenir à une visualisation correcte et efficace sans adopter une posture physique juste qui permette au système nerveux central de fonctionner sans qu'aucune tension physique ne vienne interférer et altérer la visualisation par des perturbations sensorimotrices indésirables.

La posture correcte implique un minimum de sollicitations sensorimotrices, c'est-à-dire une position naturellement droite, sans raideur, qui permette à la colonne vertébrale de se placer dans son axe sans tensions superflues. On assure ainsi un état de neutralité intérieur qui permet de se concentrer sur l'activité mentale, ce qui se manifeste notamment par une respiration naturellement calme et profonde.

On peut même raisonnablement poser l'hypothèse que c'est la posture corporelle qui détermine la différence entre processus imaginaire et visualisation, mais ce point reste à étudier. Dans cette perspective, on comprend que la pratique du RED de Desoille, effectuée en position allongée sur un divan, ou plus ou moins avachi dans un fauteuil, ne puisse impliquer de visualisation au sens propre du terme, mais fasse recours à l'imaginaire – ce que Desoille lui-même revendiquait, d'ailleurs.

On remarque de surcroît que si l'on focalise son attention sur l'objectif, soit la projection mentale elle-même, sa construction s'avère laborieuse et la structure mentale est difficile à maintenir. Par contre, lorsque l'attention se porte sur le pivot de la posture, c'est-à-dire dans la région sacro-lombaire, et plus précisément au niveau de la troisième vertèbre lombaire qui est située exactement au creux de la lordose naturelle, soit à l'origine de l'action, et la quatrième vertèbre lombaire qui régit l'ouverture du bassin et la qualité de la concentration mentale, le résultat obtenu est bien plus précis, plus intense et plus stable.

La projection mentale n'est pas en effet un processus purement cérébral ; il implique l'intégralité de l'être et repose sur une bonne coordination de l'ensemble de l'individu. Selon la théorie évoquée, pour pouvoir appliquer une action à partir du domaine du noumène dans celui du phénomène, il faut s'intégrer en tant qu'acteur au processus d'altération d'un état passé insatisfaisant et le réorganiser dans l'espoir de moduler l'avenir. On pourrait dire qu'il s'agit d'une participation consciente à l'évolution tant de sa vie personnelle, sa « destinée », qu'à l'évolution globale. Ce n'est pas un hasard que ce processus implique la conduction d'une énergie condensée au niveau du bas du dos qui est ensuite projetée plus haut et vers l'avant, à peu près au niveau de l'organe de la vue physique. C'est le fondement même de la notion d'intention selon les théories traditionnelles. Appliquer une intention ne signifie pas simplement, comme on le croit souvent, ressentir un désir. Il s'agit d'orienter consciemment l'énergie de ce désir en respectant au mieux les conditions de l'environnement, tout en impliquant au minimum ses interprétations personnelles afin d'éviter les décalages et d'assurer une efficacité maximale au processus en profitant du fonctionnement normal de la nature. Or celui-ci ne dépend jamais de nos croyances, ni de nos interprétations personnelles.

On peut comparer avec bonheur la façon d'aborder cette action à l'attitude préconisée dans l'art traditionnel du tir à l'arc japonais, le *Kyudô*, tel qu'il a été magistralement exposé par Eugen Herrigel : l'objectif, soit la cible et ici la projection mentale, reste toujours secondaire par rapport à l'ajustement de la posture et de l'attitude de celui qui se place à l'origine de l'action [3].

Le cas des visions sous influence de produits psychotropes

La consommation de produits psychoactifs génère des effets secondaires importants. Ceux-ci viennent bouleverser l'équilibre biochimique du système nerveux central, stimulant souvent des fonctions liées à la vision et à la représentation mentale, mais d'une manière anarchique. Les produits utilisés sont très variés et les environnements particuliers que constitue la psyché de chaque individu également. On ne peut donc tirer aucune généralité de ces effets secondaires, même si de nombreuses études ont été réalisées en ce sens [4]. Toutefois, au vu de ce qui a été dit plus haut, il est évident qu'un contrôle adéquat du processus de visualisation se révèle impossible sous l'effet de substances fortement psychoactives. Ni la concentration mentale, ni la posture, ni les subtiles modulations indispensables à une visualisation correcte ne peuvent être assurées de manière satisfaisante.

De nombreux produits provoquent toutefois des visions dites « psychédéliques » qui peuvent apporter un regard nouveau sur l'activité subconsciente du sujet, sur son équilibre intérieur, voire autorisent parfois une certaine forme de conduite de l'évolution des visions ainsi obtenues. Mais on ne peut pas parler dans ces conditions de visualisation au sens traditionnel du mot et on utilisera donc plutôt le terme de « vision » [5].

Le concept d'égrégore

Cette étude succincte de la visualisation met en évidence la subdivision de la dimension psychique chez l'être humain en une partie consciente et une partie, beaucoup plus importante, qui échappe à la conscience, quoiqu'elle s'enracine profondément dans le corps et dans l'organisation des tissus qui le constituent. L'image de l'iceberg convient parfaitement à se la représenter: une petite partie émergente, une majeure partie submergée et parfois affleurante baignant dans la même substance, l'eau, sous la forme d'un liquide indifférencié. On peut également considérer la psyché comme conjointement émotionnelle, intellectuelle et archétypale, ou de bien d'autres façons encore. Ce qui est évident, c'est que ce domaine n'a pas été encore entièrement exploré, ni à plus forte raison expliqué.

Parmi les notions spécifiques à l'ésotérisme occidental, on rencontre le concept d'égrégore, c'est-à-dire d'une entité purement mentale qui rassemble plusieurs individus impliqués dans une activité mentale ou spirituelle commune. Il s'agit en fait simplement d'une collectivité dont l'existence est déterminée par la participation à des actions communes d'ordre abstrait, comme la participation à des rituels ou à une visualisation, par exemple. De fait, on comprend mieux cette notion si l'on se représente un groupe d'individus en train de participer tous ensemble à l'élaboration d'une projection mentale. Cet objet mental créé en commun existera ensuite sur un plan intermédiaire entre le monde purement nouménal, non formé, et la réalité physique concrète. Il a toutefois une existence propre qui se poursuit tant que la communauté entretient cette projection. Il en découle évidemment que, nombre de projections mentales, individuelles ou collectives n'étant pas pleinement conscientes, un grand nombre de ces « entités » artificielles exercent une influence notable sur nos existences, comme par exemple la notion d'appartenance à une nation, à une religion, et bien d'autres encore.

Evolution de l'importance et du mode d'utilisation de la visualisation

On pourrait penser que le principe de la visualisation est absent des rituels traditionnels les plus anciens, car les ethnologues ne le mentionnent pas dans leurs descriptions. J'en doute fort, pour deux raisons : tout d'abord, rien ne transparaît de manière visible des projections mentales d'un impétrant ou d'un initiateur lors d'un rituel. Même si on les interroge, ceux-ci sont bien mal à l'aise de devoir décrire leur activité psychique, alors que le centre de l'attention est porté sur l'action elle-même. On pourrait ajouter d'ailleurs que, par respect ou par pudeur, on ne parle guère de ces choses-là dans les sociétés traditionnelles, considérant la sphère individuelle comme privée. Par ailleurs, l'explicitation de techniques comme celle de la visualisation – bien connues dans certaines cultures, puisque Platon par exemple parle déjà des formes mentales et de leur influence sur la réalité, ou que l'ésotérisme de l'Inde connaît une cartographie très élaborée des plans subtils de l'existence, entres autres – cette explicitation relevait alors du domaine du secret, de l'ésotérisme, et que l'on n'abordait pas ces sujets ouvertement, à plus forte raison par écrit. La transmission au fil des siècles de nombreux rituels ésotériques y fait appel, mais ceux-ci ont peu été étudiés de manière académique.

Toutefois, la façon d'aborder ce domaine a récemment beaucoup évolué. On ne peut contester la grande « démocratisation » de l'ésotérisme – qui a d'ailleurs fait perdre presque tout son sens à cette expression. L'usage des « techniques secrètes » est maintenant devenu courant, voire galvaudé, et la visualisation en fait certainement partie. Cependant, si celle-ci relevait jadis d'un certain niveau d'expertise, c'est qu'elle suppose au préalable, comme nous l'avons montré, un état d'équilibre psychique et corporel qui permette à ce processus d'opérer de façon satisfaisante.

L'évolution historique du milieu et des pratiques occultes nous éclaire un peu à ce propos. On peut notamment comprendre ces changements en se rappelant l'immense essor du spiritisme et de ses dérivés vers la fin du XIXe siècle, pratique qui suppose des visions de personnes décédées. Ce phénomène encouragea les pratiques médiumniques en général et toutes sortes de techniques fondées sur la vision mentale purement réceptive ou passive – et non sur la visualisation proprement dite. Il eut également son parallèle dans le développement des psychothérapies. Cet engouement a certes largement contribué à ce que chacun revendique aujourd'hui haut et fort son droit de « voir l'invisible ». Par la suite, la diffusion de l'usage des drogues psychotropes vers la fin du XXe siècle, souvent conjointe à un intérêt pour les nouvelles théories psychologiques et les nouveaux mouvements spirituels, n'a fait qu'accentuer ce phénomène. On peut supposer de surcroît que l'usage intensif du cinéma, de la télévision et des jeux vidéo en 3D le renforcera encore davantage, et que les techniques de visualisation vont continuer d'évoluer et de changer de contexte.

Quoi qu'il en soit, l'intérêt général s'est reporté de l'action rituelle traditionnelle vers son expression intime, du geste vers le ressenti, souvent au détriment d'une application des principes naturels fondamentaux et, par conséquent, de l'efficacité de ces pratiques. On glose aujourd'hui beaucoup sur les jolis détails de sa petite visualisation personnelle, tout simplement parce que les effets de cet exercice tardent à se manifester... et pour cause ! Ce constat permet cependant de mieux comprendre les modifications importantes intervenues dans certains milieux et ces dernières années autour des diverses pratiques d'éducation spirituelle.

Visualisation et rituel

La visualisation comme technique de développement spirituel, telle que nous l'avons décrite, entre-t-elle dans le champs du rituel, même si elle n'implique que des objets psychiques et le corps du pratiquant lui-même ?

Le principe de la condensation symbolique a été décrit par Michael Houseman et Carlo Severi comme des séquences d'actions, plus précisément d'interactions, impliquant la réalisation simultanée de modalités relationnelles nominalement incompatibles [6]. Ce type d'interactions est typique des rituels traditionnels. Il est pertinent de s'interroger si le processus de visualisation entraîne une telle condensation par sa nature même. Le fait de visualiser représente bien en soi un acte rituel où l'image projetée constitue l'objet rituel manipulé par l'opérateur. Cet objet rituel mental concentre effectivement sur lui une condensation symbolique. Notons toutefois que c'est en tant qu'*objet rituel*, et non pas en tant que symbole archétypal, que cette figure devient un support de condensation.

La visualisation consiste en effet à suivre une multitude d'instructions différentes, parfois paradoxales, qui visent à donner corps à la projection mentale que l'on cherche à réaliser. Ces instructions mettent généralement en œuvre différents niveaux de conscience de l'individu, par exemple le mental supérieur, le mental inférieur, le niveau émotionnel et divers aspects posturaux, on l'a vu. La structure visualisée est donc le support de la condensation de ses différents aspects. Plus précisément, visualiser implique à la fois de centrer sa conscience dans le corps, notamment cette région sacro-lombaire qui constitue la base de la posture et le siège du processus, tout en se projetant dans le même temps dans l'image mentale patiemment élaborée, mais surtout de maintenir un lien conscient, une coexistence entre ces deux réalités. C'est cette coexistence qui assure la réussite de l'opération. On peut s'interroger à juste titre si ce n'est pas précisément à cause de ce statut d'objet rituel accordé à la projection mentale ainsi visualisée qu'on lui attribue une influence sur l'organisation subconsciente du visualisant, et par ricochet, sur la réalité concrète. La question est passionnante et mérite qu'on y réfléchisse.

Michael Houseman complète son modèle théorique du rituel par une notion corollaire qui vient s'appliquer aux nouveaux rituels contemporains, ceux couramment utilisés dans les nouveaux mouvements religieux (NMR). Il s'agit de la réfraction symbolique. La plupart des rituels contemporains ont en effet fait abstraction de la manipulation d'objets rituels constituant de réels supports de condensation symbolique, pour transférer cette condensation sur un processus intériorisé. L'opérateur du rituel actualise simultanément plusieurs identités antinomiques, dont celle qui inspire les actions rituelles exécutées par le pratiquant et, d'autre part, celle qui est affectée par la réalisation de ces actions [7]. Il devient ainsi le siège de modalités relationnelles nominalement incompatibles, mais il convient mieux dans ce cas de parler de réfraction, plutôt que de dissociation – un terme peu précis utilisé dans d'autres contextes – ou de diffraction.

Dans le contexte de la visualisation, cette conjonction de percepts existe également, puisque le visualisant est à la fois concentré sur l'objet de sa visualisation et sur son propre corps en train de visualiser, et surtout sur le maintien d'un liaison assurant la coexistence consciente des deux états. En cela, la visualisation constitue un acte rituel très particulier qui réunit les deux aspects : à la fois le mode traditionnel de condensation symbolique, si on la considère du point de vue de l'objet visualisé, et la réfraction symbolique, si on la considère du point de vue du sujet visualisant. Ce statut très particulier en fait une technique particulièrement intéressante pour l'étude des rituels en général, et pour comprendre ce qui relie et comment se transmettent certaines techniques traditionnelles à de nouveaux contextes de pratique contemporains. Si la visualisation est aujourd'hui si souvent utilisée, c'est sans doute que la seule réfraction symbolique se révèle souvent frustrante en termes d'efficacité concrète, comparée au mode traditionnel impliquant des objets chargés de condensation. Comportant ce double aspect de condensation et de réfraction, la visualisation permet à l'opérateur de rituels contemporains de trouver une certaine efficacité qui renforce la pertinence de sa pratique.

Il se pourrait également que ce double aspect présent dans la visualisation soit ce qui intervient dans certaines de ses applications au contexte thérapeutique, un terrain fort prisé par les adeptes des NMR, la visualisation servant alors d'outil d'activation, ou de réactivation, de représentations mentales du corps. Là encore s'ouvre une piste d'étude particulièrement intéressante pour l'étude des thérapies en mode rituel, tant traditionnel que contemporain, une recherche que la psychologie pourra grandement éclairer.

En conclusion, nous pouvons constater qu'une brève étude de l'outil de développement spirituel pratique que constitue la visualisation suffit à mettre en évidence que, loin de se révéler un exercice mental basique et mal défini, comme son usage courant aurait pu le laisser supposer, la visualisation se révèle non seulement une technique absolument fondamentale dans ce domaine, mais aussi que cette pratique mérite grandement que l'on s'y intéresse davantage avec l'apport des instruments de l'anthropologie, de la métaphysique et de la psychologie les plus récents. On comprendra mieux ainsi comment cette pratique tient le rôle central qui est le sien dans la spiritualité traditionnelle et actuelle.

NOTES :

1- cf. E.Thibault, « Pourquoi méditer ? » in *Murmures d'Irem* n° 5, Ed. Oeil du Sphinx.

2- voir à ce sujet la théorie des formes selon Platon.

3- voir Eugen Herrigel, *Le Zen dans l'art chevaleresque du tir à l'arc*, Dervy, réed. 1998.

4- voir par exemple Rick Strassmann, *DMT the spirit molecule*, Park Street Press, 2001.

5- cf. E. Thibault, *Innovations formelles et sens du chamanisme contemporain* in *Gazette Fortéenne* n° 6, Ed. de l'Oeil du Sphinx, à paraître en 2015.

6- Michael Houseman & Carlo Severi, *Le naven ou le donner à voir : vers une théorie de l'action rituelle*, Paris, Ed. MSH / CNRS.

7- *« En me confrontant à ces pratiques, j'ai été amené à envisager deux fondements possibles de la complexité caractéristique des actes rituels, procédant tous deux de l'association interdépendante d'éléments contraires. L'un, la condensation rituelle, typique des rituels « traditionnels », consiste en la réalisation simultanée de modes de relations antithétiques. Il produit des actions concentrées dont la nature est difficile à définir, mais dont l'accomplissement engendre chez les participants l'expérience de relations (rituelles) singulières. L'autre, caractéristique des pratiques New Age et néopaïennes, que j'ai appelé la « réfraction rituelle », consiste en l'actualisation simultanée d'identités antinomiques : d'un côté, celle dont l'imitation est à l'origine des actions rituelles, et de l'autre, celle qui est affectée par la poursuite de ces actions. Il produit des agents dilatés dont la nature est également difficile à saisir, mais chez qui la revendication de ces identités engendre l'expérience de devenir des sujets (rituels) exceptionnels. »* (Michael Houseman, *Le Rouge est le Noir*, Presses Universitaires du Mirail, 2012, introduction ; voir aussi chap. 6).

BROTHER PHILIP
& SISTER THEDRA.
EXTRATERRESTRES,
APOCALYPSES, THÉOSOPHIE ET
MONTAGNES SACRÉES

© Véronique Campion-Vincent
D'après un exposé présenté à Espéraza (Aude) le 16 janvier 2014

Ayant récemment découvert la saga de « Brother Philip et Sister Thedra » j'ai pensé qu'elle pourrait aisément s'intégrer dans le contexte du Colloque annuel sur Rennes-le-Château, ainsi que dans notre revue *Historia Occultae*. On y trouve « Extraterrestres, Apocalypses, Théosophie & Montagnes Sacrées » ce qui vous dit sûrement quelque chose. Dans la lignée de l'article de Philippe Marlin. sur *L'affaire du monastère dynamité* je me propose de souligner des points communs entre des cas à première vue fort lointains qui seront cependant éclairés par cette comparaison.

Notre saga se situe dans le vaste ensemble des contactés qui, dès les années 1950, apportèrent au mouvement UFO les idées et pratiques des spirites et théosophes. Ils sont trop nombreux pour les évoquer tous ici. On se concentrera sur Dorothy Martin, alias Sister Thedra (1900-1992), et Georges Hunt Williamson, alias Brother Philip (1926-1986). Nous les verrons se retrouver au Pérou à la fin des années 1950, mais auparavant chacun avait fait du bruit dans le monde des contactés aux États-Unis.

Dorothy Martin aux États-Unis : Clarion et *When Prophecy Fails*

C'est en 1954 que Dorothy Martin prédit la fin du monde. Deux ans plus tard la publication de *When Prophecy Fails* (1956) fit d'elle – sous le pseudonyme de Marian Keech – un cas célèbre de la psychologie sociale illustrant la théorie de la dissonance cognitive développée par le principal auteur, Léon Festinger (1919-1989).

Née en 1900 à Mount Shasta, Californie, Dorothy Martin était une femme au foyer vivant près de Chicago lorsqu'elle attira pour la première fois l'attention de la nation. S'intéressant de longue date aux phénomènes psychiques et à la théosophie – elle avait également été « clarifiée » (*cleared*) par un groupe de dianétique (premières étapes de la scientologie encore à venir) – elle entra en contact par ses expériences d'écriture automatique avec des êtres supérieurs de la planète Clarion. Ces êtres – le plus important étant son mentor personnel Sananda – l'informèrent de leurs visites à la Terre où ils relevaient les failles de la croûte terrestre. Ils lui annoncèrent également qu'un grand déluge allait frapper Chicago et ses environs juste avant l'aube du 21 décembre 1954. Le déluge formerait alors une mer intérieure s'étendant de l'océan Arctique au golfe du Mexique, puis un autre cataclysme détruirait la majeure partie de la Côte Ouest de Seattle (Washington) jusqu'à l'Amérique du Sud. Une soucoupe volante viendrait sauver les vrais croyants.

Dorothy Martin était déjà en relation avec un groupe local centré sur les soucoupes volantes, « Les Chercheurs » (*Seekers*), qui répondirent favorablement aux messages de Sananda et autres habitants de Clarion. Leurs efforts pour prévenir le public entraînèrent la publication d'un article – pas en page 1 – dans le journal local sous le titre : « *Prophétie depuis planète. Appel d'urgence (clarion call) à la ville ; fuyez ce déluge. Il nous engloutira le 21 décembre, annonce l'espace lointain à la banlieusarde.* » L'article faisait deux colonnes et était accompagné d'une photographie de Dorothy Martin, crayon et bloc papier en main, décrivant ses expériences de communication avec les « êtres supérieurs » qui l'avaient prévenue. Il attira l'attention de Leon Festinger. Lui et ses collaborateurs (alors étudiants avancés) Stanley Schacter et Henry Riecken, interviewèrent Dorothy Martin en octobre 1954. Ils décidèrent ensuite de conduire une étude de terrain sur ce cas idéal pour tester la théorie de la dissonance cognitive : comment le groupe allait-il réagir à ce hiatus entre les prédictions et les faits lorsque les prédictions d'apocalypse se révèleraient fausses ?

Les trois psychologues sociaux purent infiltrer le groupe. Les « Chercheurs » et Dorothy Martin croyaient fortement à la prédiction et tous faisaient des préparatifs de départ. Après quelques efforts pour annoncer la nouvelle, les activités de prosélytisme avaient cessé en septembre lorsque Dorothy Martin annonça que deux visiteurs lui avaient intimé l'ordre de cesser ses tentatives d'avertissement et « d'attendre de nouveaux ordres ».

Si la liste de diffusion des « Chercheurs » comprenait plusieurs centaines de noms, leur nombre exact était peu clair. Ils ne cherchaient pas à recruter et l'infiltration des psychologues sociaux ne fut pas facile. Les réunions consistaient surtout dans la lecture des enseignements de Dorothy Martin, l'échange d'expériences mystiques et l'écriture de lettres à la Maison Blanche demandant au Président Eisenhower de révéler les informations secrètes recueillies par l'aviation américaine sur les soucoupes volantes. Après avoir songé à se réfugier dans les montagnes, le groupe décida d'attendre l'arrivée de Sananda et des autres « gardiens ».

Le 20 décembre, quelque 15 à 20 « Chercheurs » attendaient le salut. Les messages reçus par Dorothy Martin indiquaient qu'à minuit les *aliens* viendraient les chercher. Afin de ne pas être brûlés par le contact avec l'engin volant, les « Chercheurs » s'étaient débarrassés de tout élément métallique (y compris les fermetures éclair et les attaches de soutien-gorge). Minuit approcha puis passa, au grand désappointement des « Chercheurs ». Finalement, à 4h45, Dorothy Martin reçut un autre message indiquant que le cataclysme avait été annulé par le « Dieu de la Terre ». Impressionné par la foi du groupe, il avait en conséquence décidé d'épargner l'humanité.

Expliquer tout ceci au monde extérieur allait se révéler difficile. Dorothy Martin et ses groupies furent désarçonnés par les réponses négatives des journaux et agences de presse qu'ils avaient contactés. Dorothy Martin accueillait les annonces de tremblements de terre en Italie et en Californie comme une validation de ses prédictions de désastre. Tandis que l'intérêt des médias s'évanouissait, le groupe se disloquait lentement. Les messages suivants reçus par Dorothy Martin devenaient de plus en plus incompréhensibles...

A la suite de plaintes des voisins, la police prévint Dorothy Martin que, si elle persistait dans ses activités, elle serait arrêtée et peut-être internée en hôpital psychiatrique. Elle se cacha, pour rejoindre un centre de dianétique en Arizona. Le livre se termine par la dispersion complète du groupe, ce qui ne sera pas le cas cependant.

When Prophecy Fails ne sera traduit en français et publié aux PUF qu'en 1993 mais des générations d'étudiants en psychologie sociale dont j'ai fait partie ont planché sur ce livre dont les conclusions validant la théorie de la dissonance cognitive nous étaient longuement expliquées. On nous expliquait les raisons pour lesquelles le groupe avait continué à croire en Dorothy Martin, en dépit de l'échec de la prédiction apocalyptique. Bien que les conclusions de Festinger n'aient jamais été testées par une autre étude sur des groupes apocalyptiques, *When Prophecy Fails* représente un fascinant regard de l'intérieur sur les mécanismes de la croyance et ses interactions avec le comportement humain.
(Source http://drvitelli.typepad.com/providentia/2008/07/after-the-prophecy.html)

Cinquante quatre ans après sa publication *When Prophecy Fails* sera réédité. La branche américaine de la sociologie des religions qui étudie avec sérieux les mouvements religieux analogues à celui étudié par Festinger remettra en cause les conclusions de cet ouvrage et publiera en 2011 un collectif *How Prophecy Lives* édité par Diane Tumminia, déjà auteur en 2005 de *When Prophecy Never Fails* (livre basé sur l'étude d'un groupe de contactés que les déceptions successives ne font qu'ancrer dans leur attente).

GHW aux États-Unis parmi les premiers contactés

Présentons maintenant notre second personnage : George Hunt Williamson (1926-1986). Sa notice Wikipedia nous l'indique comme né à Chicago et renvoyé de l'Université d'Arizona en 1951 « pour raisons universitaires » (*academic*).

George Hunt Williamson, author, "Road in the Sky"
Markawasi Markawasi Stone Forest, Peru 1990

GHW, alias Brother Philip

William Dudley Pelley

GHW travailla à Noblesville (Indiana) pour *Valor,* la revue animée par William Dudley Pelley (1890-1965). Celui-ci venait tout juste, en 1950, d'être mis en liberté conditionnelle après sa condamnation en 1492 à quinze ans de prison pour activités subversives et appel à la trahison, en acceptant de renoncer aux activités politiques. Pourfendeur du « judéo communisme », admirateur d'Hitler et fondateur en 1934 d'une « Légion d'argent » (*Silver Legion*), Pelley avait eu une riche carrière d'agitateur antisémite. Son idéologie politique mêlait anticommunisme, ántisémitisme, racisme, ultra-patriotisme, isolationnisme, pyramidologie, et Israélisme britannique *(British*

Israelism, mouvement du XIXe siècle affirmant que les véritables israélites étaient les habitants des îles britanniques et non les Hébreux). Ici cependant, on s'intéressera plutôt à son parcours dans le mysticisme et l'occultisme qui remonte aux années 1920. En 1928, Pelley décrivit pour *American Magazine* ses « Sept minutes d'éternité », soit son expérience NDE (*Near Death Experience* ou EMI Expérience de Mort Imminente) durant laquelle Dieu et le Christ lui avaient ordonné d'entreprendre la transformation spirituelle de l'Amérique. Une petite chapelle se forma autour de Pelley qui affirmait pouvoir quitter son corps, léviter et voir au travers des murs. Certains membres du groupe Pelley rejoignirent le mouvement I AM (AM = *Ascended Masters* ou Maîtres ascensionnés) initié par Guy Ballard (1878-1939).

Paru en 1950, *Star Guests* expose les vues de Pelley – qui se réfère souvent à la Bible mais en y incorporant les Anciens Astronautes civilisateurs et créateurs – sur la naissance de l'humanité. Tout commence voilà 17 millions d'années avec l'arrivée d'esprits semi-intelligents de Sirius. Mais ceux-ci s'unissent aux êtres simiesques déjà présents sur la Terre : c'est la Chute causée par l'union des Nephilim fils de Dieu avec les filles des hommes (Genèse 6, 1-4). Puis arrivent « les gens du Christ » qui restaurent l'humanité. Mais le mal reste bien présent, comme le montre l'arrivée d'esprits malins extérieurs qui se sont incarnés tout d'abord en Napoléon puis dans l'Union Soviétique et, si l'on n'y prend garde : « une coalition de nations orientales – conduite par la Russie – subjuguera le globe, réduisant en esclavage les peuples blancs et Chrétiens » (*Star Guests* p. 242 cité par Barkun p. 155).

Dans *Other Tongues Other Flesh* (1953), George Hunt Williamson (GHW) rebondit sur les théories de *Star Guests* et précise la carte du cosmos civilisateur : les bons esprits viennent des Pléiades, les mauvais d'Orion. Ces mauvais esprits sont aidés sur terre par des peuples que GHW décrit en utilisant la traditionnelle panoplie antisémite : petite taille, yeux orientaux inquiétants et séduisant, bagout incomparable cachant un solide matérialisme (*Other Tongues* p. 288 cité par Barkun p. 155).

Dans *UFOs Confidential : The Meaning Behind the Most Closely Guarded Secrets of All Time* publié en 1958 avec John McCoy les chapitres antisémites sont signés GHW. Il cite Bernard Baruch, Herbert Lehman, Félix Frankfurter (juge à la Court Suprême) et les Warburgs parmi ceux qui contrôlent le gouvernement des États-Unis et ont déjà supprimé d'importants livres de la Bible. Ils agissent à travers les Nations-Unies. Tout ceci est une rhétorique standard des mouvements antisémites des années 1950.

George Adamski

S'associant à un autre couple, Alfred et Betty Bailey, GHW rejoignit le petit groupe animé par George Adamski (1891-1965) à Palomar Gardens. Dans la lignée de Madame Blavatsky et de la Théosophie Adamski (fondateur dans les années 1930 de l'Ordre royal du Tibet) recevait des messages de bienveillants humanoïdes, les « Frères de l'espace » (*Space Brothers*). GHW et les Baileys étaient présents le 20 novembre 1952, jour où GHW rencontra le Vénusien Orthon, comme vous le savez tous ayant lu *Flying Saucers Are Landed* (1953) traduit en français dès 1954 sous le titre *Les soucoupes volantes ont atterri*. La « rencontre » fut bien frustrante : « En fait, les "témoins" virent seulement Adamski s'éloigner au-delà de la colline après leur avoir dit de l'attendre, puis revenir une heure après avec un récit de son expérience ».
(Source:http://en.wikipedia.org/wiki/George_Hunt_Williamson)

Mais après le départ d'Orthon, GHW et Adamski effectuèrent un moulage en plâtre de l'empreinte de son pied qui contenait de mystérieux symboles.
(Source http://en.wikipedia.org/wiki/George_Adamski)

Le récit de la rencontre avec Orthon parut dans un journal de l'Arizona le 24 novembre 1952, entraînant une croissance explosive du groupe Adamski, qui ne résista pas au succès. Les Williamson et les Baileys continuèrent de leur côté à entrer en communication avec les « Frères de l'espace » par tablette Ouija et radiotélégraphie. Pour ce second procédé, Richard T. Miller, réparateur de télévision convaincu par une conférence de GHW avait prêté son concours. Cependant l'ouvrage publié en 1954,

The Saucers Speak! A Documentary Report of Interstellar Communication by Radiotelegraphy, n'était signé que de GHW et Alfred Bailey ; de plus, dans les années 1970, Miller allait dénoncer GHW comme un menteur. Cet ouvrage mélangeait – dans la proportion du cheval au pâté d'alouette – de nombreux messages reçus par tablette Ouija énumérant un grand nombre d'entités planétaires depuis « Actar de Mercure, Adu de Hatonn dans Andromède, Agfa-Affa d'Uranus » jusqu'à « Ro de Torresoton, Sedat de Hatonn, Suttku de Saturne, Terra de Vénus, Wan-4 des planètes Safaniennes, Zago de Mars et Zo de Neptune » et quelques messages fort obscurs reçus par radio en utilisant le codage morse : « AFFA FROM THE P. RA RRR OK K5 K5 FROM THE PLA CHANT RRT IT ». (Source:http://en.wikipedia.org/wiki/George_Hunt_Williamson)

GHW au Pérou : Brother Philips et *Le secret des Andes*

En décembre 1956 GHW part pour le Pérou et y passe toute l'année 1957, en grande partie sur les rives du lac Titicaca. En compagnie d'un groupe de fidèles baptisé « La fraternité des sept rayons » (*Brotherhood of the Seven Rays*), il explore les traces des civilisations disparues.

Un riche terreau légendaire

Le pays est une caverne d'Ali Baba pour un chercheur comme GHW. S'y entrecroisent bien des traditions légendaires. Traditions de trésors fabuleux – dissimulés par les Incas à Pizarro – au sujet desquels les histoires stéréotypées se succèdent depuis le XVIe siècle et sont encore très présentes de nos jours. En France, on peut citer Philippe Esnos, écrivain et cinéaste prolifique ; en langue anglaise, David Hatcher Childress (auteur très présent sur tous les continents et tous les mystères depuis les civilisations disparues jusqu'à Nicolas Tesla) que l'on suivra brièvement dans une description, publiée en 2003 :

**De l'origine du trésor Inca : avertie par son miroir magique – un peu analogue à celui de Blanche-Neige précise DHC – du sort d'Atahualpa exécuté par les Espagnols, son épouse horrifiée par cette révélation fait déposer dans une chambre secrète creusée dans le roc près de Cuzco de fabuleux trésors. L'entrée en est murée et dissimulée.

** De la quête du trésor Inca: « *Conquistadors, aventuriers, chasseurs de trésor et historiens se sont interrogés et ont poursuivi cette légende. Quel trésors incroyables les Incas avaient-ils scellés dans ces tunnels ? Et les tunnels comment avaient-ils été faits et où allaient-ils ?* » (*Childress*, 2003)

** Un épisode de la quête (tiré de *Jungle Paths et Inca Ruins*, 1927 du flamboyant William Montgomery McGovern (1897-1964), aventurier et universitaire présenté comme le modèle d'Indiana Jones, et situé dans la forteresse mégalithique de Sacsayhuaman près de Cuzco), rappellera quelque chose à ceux qui ont entendu parler de l'affaire Bettex du Bugarach * « *Un homme avait trouvé le chemin vers le temple du Soleil et quand il revint à la surface il portait deux barres d'or. Mais son esprit avait été si affecté par ces jours passés dans les souterrains qu'il mourut peu après. Depuis lors nombreux sont ceux qui ont pénétré dans la caverne pour ne plus en ressortir. Un mois ou deux avant mon arrivée la disparition de trois personnes d'importance avait conduit le Préfet de la Province de Cuzco à murer l'entrée de la caverne* » (*Childress*, 2003)

** D'une déclaration désabusée du Commissaire américain au Pérou, faite dès 1870 : « *Tout ce que je peux dire est que si cette chambre secrète n'a pas été trouvée et pillée ce n'est pas faute d'excavations. Trois cent années de quête infructueuse n'ont pas suffit à éradiquer la certitude que d'immenses trésors sont dissimulés dans la forteresse de Cuzco. Et trois cent ans d'excavations quasi continues n'ont pas découragé les chercheurs en quête de* tapadas, *monticules de trésors* » (*Childress*, 2003)

** La conclusion de ce long article qui revient à l'incertitude passionnée génératrice de nouvelles recherches vaut d'être citée : « Nombreux sont ceux qui sentent que des choses inhabituelles se passent sous terre [*There are plenty of people who feel that something unusual is going on underground*] non seulement en Amérique du Sud, mais aussi dans le monde entier. Un immense système de tunnels réunissant des points très éloignés du globe est une hypothèse fascinante. Existe-t-il ? Qui le trouvera ? Quand a-t-il été construit ? Le temps nous le dira ». (*Childress*, 2003)

Une seconde tradition légendaire se centre sur les vrais constructeurs des ruines mégalithiques du Pérou, parfois étendues à des amas rocheux abusivement déchiffrés comme sur le plateau de Markavassi (ou Marcahuasi). Elle déchiffre dans ces ruines les preuves de l'existence d'anciennes civilisations fabuleuses : Atlantes, Lémuriens, Serpents des Annunaki tout y passe. C'est dans cette tradition que se situe GHW.

Peca Gasha, Markawasi

Les apports de GHW

Je me baserai sur les chapitres accessibles en ligne de *Road in the Sky* (1959) [http://www.markawasi.com/sacredforest.html], et de *Secret of the Andes* (1961) [http://www.sevenraystoday.com/secretof-theandes.htm] de GHW – Brother Philip pour *Secret*.

Road in the Sky
Dans le chapitre « *Sacred Forests* » GHW relate avec vivacité son expédition de 1957 sur le plateau de Markawasi qui surplombe San Pedro de Casta, au Nord-Est de Lima. Il y suit les traces de Daniel Ruzo (1900-1993), juriste mais surtout auteur de nombreux ouvrages sur Nostradamus et maçon du 33° degré. Ruzo a repris les visions de Pedro Astete (1871-1940) qui situait dans la région des Huanca la civilisation ancienne Masma et avait vu en 1905 une énorme chambre souterraine remplie de parchemins contenant la sagesse des anciens (le Bugarach et Jean d'Argoun ne sont pas loin).

La culture Masma aurait été dispersée par un grand cataclysme (déluge) voilà bien longtemps. En cherchant depuis les années 1920 les traces de cette culture ancienne, ce n'est qu'en 1952 que Ruzo découvrit le plateau de Marcahuasi qui lui fournit la « preuve » qu'il cherchait. Interprétant des rocher impressionnants déformés par l'érosion comme un monument à l'humanité – car plusieurs têtes humaines lui apparaissaient dans le Peca Gasha – ou comme des animaux fantastiques, tortue ou hippopotame, Ruzo fit des relevés et publia *La cultura Masma* (1954). Cette publication en espagnol et en anglais fut élogieusement décrite par un bibliothécaire spécialisé de la Société de Géographie :

« *Une passionnante brochure sur le site archéologique de Marcahuasi, à 3600 m d'altitude non loin de Lima, que l'Auteur étudie depuis 1952 et qui pose encore une fois le problème de l'origine du peuplement sud-américain ; en effet, Daniel Ruzo a découvert, taillées dans la roche en place, des représentations indiscutables d'animaux extra-américains (lion d'Afrique, chameau, cheval etc...), dont la présence en Amérique du sud ne peut s'expliquer que par l'existence, il y a des millénaires, des migrations transpacifiques ; les rapprochements linguistiques que l'on peut faire entre les dialectes amérindiens et certaines langues mélanésiennes, [...], voir malgaches, confirment encore cette hypothèse d'une civilisation commune... que l'Auteur appelle la "culture masma"* » [accessible sur : http://catalogue.bnf.fr/ark:/12148/cb32594653k/PUBLIC]

Tortue, Markawasi

Hippopotame, Markawasi

Il voyagea en France et donna sur la cuture Masma une conférence à la Société d'Ethnographie de Paris, donnant lieu à la
publication d'articles dans le *Bulletin de la Société* en 1956 et
1959. Williamson énumère les lettres flatteuses reçues par Ruzo
– dont celle d'un certain Denis Saurat (1890-1958) auteur qu'on
ne présente plus. Quelques lignes du *Matin des Magiciens*
(1960) présentent de façon flatteuse Ruzo et ses découvertes sur
le Plateau de Marcahuasi (Markawasi dans les textes en anglais) :

*« Notre ami, l'explorateur et philosophe péruvien Daniel Ruzo,
part étudier en 1952 le plateau désertique de Marcahuasi, à
3 800 mètres d'altitude, à l'ouest de la Cordillère des
Andes(42). Ce plateau sans vie, que l'on ne peut atteindre qu'à
dos de mule, mesure trois kilomètres carrés. Ruzo y découvre
des animaux et des visages humains taillés dans le roc, et
visibles seulement au solstice d'été, par le jeu des lumières et
des ombres. Il y retrouve des statues d'animaux de l'ère secondaire comme le stégosaure ; de lions, de tortues, de chameaux,
inconnus en Amérique du Sud. Une colline taillée représente
une tête de vieillard. Le négatif de la photographie révèle un*

n° 6

jeune homme radiant. Visible au cours de quel rite d'initiation ? Le datage au carbone 14 n'a pas encore été possible : aucun vestige organique sur Marcahuasi. Les indices géologiques font remonter vers la nuit des temps. Ruzo pense que ce plateau serait le berceau de la civilisation Masma, peut-être la plus ancienne du monde. » (*Le Matin des Magiciens*, p. 43)

Ruzo quitta Lima pour Rio puis termina sa vie à Cuernavaca (Mexique).

Williamson rencontra Ruzo à Lima et alla visiter le plateau de Markawasi. On le voit s'y occuper à des pillages de tombes – il se prend en photo au milieu de quelques squelettes. Mais il nous affirme que Markawasi est la dernière de ces forêts sacrées où les dieux – entités extraterrestres ou êtres résultant des unions entre extraterrestres et humaines – se réunissent pour tracer le cours de la destinée humaine. Le chapitre se poursuit par des spéculations sur les ressemblances entre certaines « sculptures » de Markawasi et Thoth de l'Ancienne Égypte ; puis on aborde les lignes de Nazca, suivies de certaines poteries des Indiens Pueblo où GHW déchiffre des cartes de Mars. Puis GHW passe à la vitesse supérieure et les rencontres avec des géants, OVNI, traces de civilisations disparues d'autres régions dont le Kilimandjaro et la célèbre Barranca de Cobre au Mexique sont évoquées à grande vitesse comme preuves supplémentaires.

n° 6

Le Secret des Andes est principalement consacré aux messages des « Maîtres Ascensionnés » recueillis par GHW et son groupe durant leur retraite sur les bords du lac Titicaca en 1957. Façonné « dans l'impénétrable langue de la néo-Théosophie », l'ouvrage contenait des passages pourfendant les Nations Unies et les banquiers internationaux dans la lignée de *UFO Confidential* : « *Les prévisions de Nostradamus sont exactes : les seigneurs de guerre, les banquiers internationaux utiliseront les Nations Unies pour former leur super-gouvernement. Mais ceci n'aura pas lieu. Nous pouvons écraser serpents et scorpions. Le Père nous en donne le pouvoir. Et Sa promesse additionnelle de pouvoir sur l'ennemi. Cet ennemi qui est l'Antéchrist que nous reconnaissons dans les banquiers internationaux et les autres qui veulent réduire en esclavage l'homme sur terre* » (Williamson 1961 p. 118 et 138 cité par Barkun, 2003, p. 156).

Dans un chapitre, GHW relate les origines de la Fraternité des sept rayons (*Brotherhood of the Seven Rays*). Dans cette version, la Lémurie est le dernier bastion de Mu – dont la destruction a commencé dès 30.000 avant J.C. – et disparaît dans une suite de désastres entre 12.000 et 10.000 avant J.C.

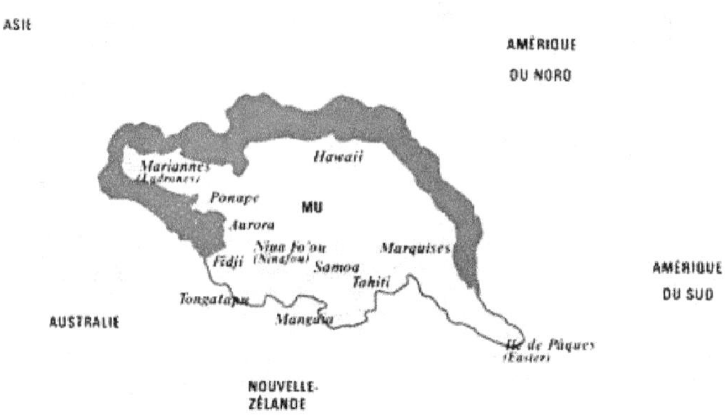

Carte du continent Mu

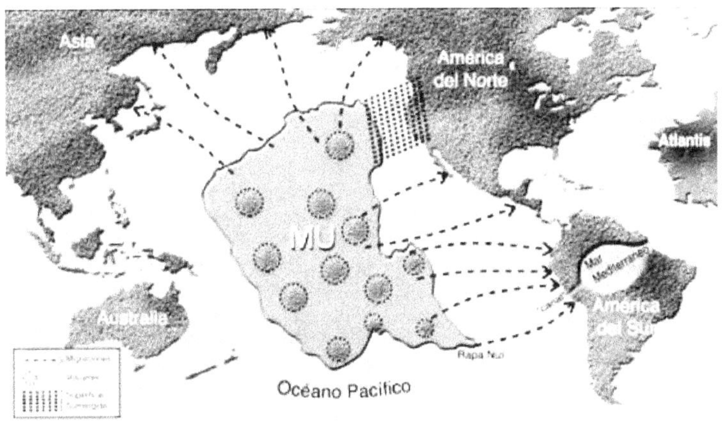

Migrations possibles depuis Mu

Ce sont les activités néfastes de ceux qui avaient choisi le chemin de gauche et poursuivaient leurs expériences diaboliques sans prêter attention « à la phrase écrite sur le mur » (*Mané Thecel Pharès* [Compté Pesé Divisé], l'avertissement à Balhtazar, dernier roi de Babylone, interprété par le prophète Daniel 5, 24-29).

Le seigneur Aramu-Muru, un des grands sages de la Lémurie, organisa la sauvegarde du savoir en faisant recruter par le Conseil de la grande hiérarchie blanche des maîtres et sages du chemin de droite. Chaque maître fut assigné à une région du monde pour y établir une école afin de préserver le savoir scientifique et spirituel du passé. Pendant plusieurs milliers d'années ces écoles – les Shangri-Las de la Terre – œuvrèrent dans le secret, inconnues des populations au milieu desquelles elles habitaient.

Aramu-Muru

n° 6

Porte d'Aramu-Muru

Aramu-Muru fut chargé des parchemins sacrés et du grand disque solaire (que les Incas allaient utiliser plus tard). Il les conduisit (par les vaisseaux spatiaux en forme d'aiguille argentée qui servaient à l'époque aux communications entre les grandes civilisations) au bord lac Titicaca (qui venait de s'élever de 3600 mètres, en même temps que la cité de Tiahuanaco autrefois principal port maritime de la Lémurie). Après de longues années de retraite solitaire il retrouva des survivants et fit ériger une structure cyclopéenne – les blocs étant façonnée par « l'énergie de la lumière première » - qui continue à être le refuge de la science et culture de la Lémurie et de ses savoirs secrets. Dans ce monastère les trésors sont demeurés cachés jusqu'à ce que les enfants de la terre aient suffisamment progressé spirituellement pour retrouver la vérité divine. Là les étudiants avancés sur le chemin de l'initiation mêlent les sept grands rayons de la vie « dans la tapisserie qui symbolise la vie spirituelle du monastère ».

Cinquante ans plus tard de nombreux tours spirituels du Pérou vont jusqu'au lac Titicaca mais si l'on montre « la porte d'Aramu-Muru » on ne peut faire visiter le monastère des sept rayons dont la localisation demeure inconnue. « Jorge – l'accompagnateur – a conduit plusieurs pèlerinages infructueux.

Peut-être qu'un jour il sera trouvé et que le savoir secret et les vérités divines du passé seront révélées à nouveau » (Source http://www.sacredearthjourneys.ca/old-newsletters/02/Peru-tour.htm)

Après 1961, date de publication du *Secret des Andes* la carrière de GHW devient obscure. Sa notice Wikipedia dit qu'il a changé de nom et évoque une « prêtrise nestorienne ». La solution sera-t-elle dans l'ouvrage le plus connu de GHW *Secret Places of the Lion : Alien Influences on Earth's Destiny* (1958) traduit en français en 1972 (*Les gîtes secrets du lion*) et réédité en 1991 que je n'ai pas eu le temps de consulter ? Ou encore dans la biographie italienne qui lui est consacrée en 2013, signalée par la Library of Congress ? Peut-être.

Lac Titicaca

Dorothy Martin au Pérou

Dorothy Martin, que nous avons laissée dans un centre de dianétique en Arizona où elle s'était réfugiée pour éviter l'internement psychiatrique, vint à son tour au Pérou où elle rejoignit le groupe sur les bords du lac Titicaca. Une source nous précise : « *Elle y avait été envoyée par le Christ qui lui était apparu et l'avait guérie d'un cancer (de la lymphe précise une autre source péruvienne). Le Christ se présenta sous son vrai nom ésotérique, Sananda Kumara, révélant ainsi son affiliation avec les fondateurs vénusiens des Grande Fraternité Blanche et de la Fraternité Solaire* ».
(Source:http://www.bibliotecapleyades.net/sumer_anunnaki/reptiles/reptiles21.htm).

GHW et son groupe rentrèrent rapidement aux États-Unis mais Dorothy Martin demeura au Pérou jusqu'en 1961. Ensuite elle séjourna en Arizona où, en 1965, elle fonda l'Association de Sananda et Sanat Kumara et partit au Mont Shasta (Californie) où elle demeura avec son groupe jusqu'en 1988, date à laquelle Dorothy Martin et son groupe s'installèrent à Sedona (Arizona) haut-lieu du New Age Américain. C'est là qu'elle mourut en 1992.
(Source http://www.answers.com/topic/association-of-sananda-and-sanat-kumara qui cite la notice de L'*Encyclopedia of Occultism and Parapsychology* dirigée par J. Gordon Melton, 5° édition 2002)

Selon la source péruvienne – qui dit l'avoir consulté –, dans une éditions nouvelle du *Registre Thedra,* catalogue des visions de Dorothy Martin sous son nouveau nom –, Sister Thedra dénonce le plagiat par GHW des révélations qu'elle a reçues : « *En 1955 [la date ne colle pas] ces transcriptions ont été données au public pour la première fois. Bien des mains, bien des travaux vers la lumière ont aidé à leur préparation. Malheureusement ce matériel a récemment été plagié et publié dans un livre intitulé* Le Secret des Andes. *Ceci a été fait sans permission de la Fraternité des Sept Rayons (Registro Thedra)* ».
(Source:http://www.legadocosmico.com/articulos_detalle.php?id=185)

Un long article de Jerome Clarke – auteur d'une importante *Enyclopédie du phénomène UFO* en 1991 (3 vols) et 1998 (2 vols) – a été consacré en 2007 à Sister Thedra dans *Alien Worlds : Social and Religious Dimensions of Extraterrestrial Contact,* collectif de niveau universitaire édité par Diane Tumminia. La préface précise que les messages de Sister Thedra sont toujours suivis par des fidèles dans le monde entier.

Sister Thedra et Anton Ponce de Leon

Conclusion

Dans *Des amis imaginaires*, publié en 1991 en France, mais paru dès 1967, la romancière américaine Alison Lurie raconte l'histoire de *When Prophecy Fails* du point de vue d'un assistant, Roger, recruté par le professeur principal, le flamboyant Thomas McMann. Mais la fin est inattendue : McMann fait une crise nerveuse après l'échec et quand l'assistant lui rend visite à l'hôpital psychiatrique, il lui révèle qu'il continue à voir la medium – devenue sa maîtresse, et ce manquement grave à l'éthique scientifique horrifie Roger – mais aussi qu'il EST Ro de Varna, l'entité dont la medium recevait les messages. Remontant en hâte dans sa voiture, Roger s'interroge. A partir de combien d'adhésions, un fantasme collectif devient-il une religion ? Pour l'instant Ro de Varna n'a qu'une dizaine de fidèles, mais qui sait ? Cette théologie est parfaite pour la période (il s'agit des années 1960 mais en 2014 bien des traits sont identiques) : « *Tout le monde est sur le point de croire à la communication avec d'autres mondes – plus avancés que le nôtre. Nous ne cessons pas de lancer des fusées, et nous ravalons notre déception quand nous découvrons successivement que toutes les planètes sont composées de gaz toxique chaud ou de poussière froide. Une civilisation scientifiquement et moralement supérieure à la nôtre, pleine d'intérêt et de bienveillance pour nous, avec un "maître et guide" personnel pour chaque terrien : que demander de plus ?* » (Lurie 1991 p. 279)

Ro de Varna est resté peu connu mais l'ensemble des religions liées aux extraterrestres est toujours vivace bien que d'importance limitée. Ce phénomène est devenu un sujet légitime d'études universitaires et l'on citera pour conclure l'introduction à un support de cours qui propose le nouveau terme de religions cosmiques : « *Certaines des premières religions de l'humanité ont lié les étoiles au divin. La possibilité d'intelligence extraterrestre dans et depuis l'espace extérieur a été mêlée à la vie religieuse du monde moderne, spécialement aux États-Unis. Nous étudierons avec soin les textes d'orientation céleste de divers mystiques ; l'impact des révélations de mondes habités extraterrestres de Joseph Smith [Mormons. Voir discussion sur Kolob http://bycommonconsent.com/2006/11/18/kolob-as-sirius/] ; la cosmologie de L. Ron Hubbard [Scientologie] ; les spéculations de Jésuites sur l'exothéologie, c'est-à-dire l'impact de la découverte d'intelligence extraterrestre sur la théologie chrétienne [Voir les productions du Jésuite attaché au Vatican Guy Consolmagno] ; les théories, surtout psychologiques et sociales présentées au sujet de l'évolution des religions liées aux extra-terrestres. Ce que tous ces phénomènes ont en commun est l'idée que la signification religieuse humaine doit s'inscrire dans un contexte cosmique et non simplement terrestre. Le terme de "religions cosmiques" serait sans doute plus approprié que celui de "religions UFO". »*

[Séminaire d'études religieuses intitulé Worlds without End: UFOs, ETs, and Deep Space Divinity , dispensé en 2011 au College of Charleston (Virginie) par Eric L.L. Thomas ; descriptif accessible à http://religiousstudies.cofc.edu/about/faculty-staff-listing/sp11%20R450%20syllabi%20thomas.pdf] & [http://en.wikipedia.org/wiki/Guy_Consolmagno]

NdE :

* « Affaire Bettex », du nom de Daniel Bettex, chercheur d'origine helvétique décédé durant ses recherches dans les grottes situées sous le Mont Bugarach.

BIBLIOGRAPHIE CITÉE :

Barkun, Michael, *A Culture of Conspiracy. Apocalyptic Visions in Contemporary America*, 2003, Berkeley, U. of California Press, Ch 8. UFOs and the search for scapegoats II: anti-semitism among the aliens.

Childress, David Hatcher, *Ancient Subterranean Tunnels Of South America*, 2003, World Explorer 2, 3, Accessible à http://chapmanresearch.org/PDF/Ancient%20Subterranean%20Tunnels%20of%20South%20America.pdf.

Clarke, Jerome, "The Odyssey of Sister Thedra", 2007, Syracuse University Press., p 25-41 In Diane Tumminia ed. *Alien Worlds: Social and Religious Dimensions of Extraterrestrial Contact.*

Denzler, Brenda, *The Lure of the Edge ; Scientific Passions, Religious Beliefs, and the Pursuit of UFOs*, 2001, Berkeley, U. of California Press.

Festinger, Leon, *When Prophecy Fails: A Social and Psychological Study of a Modern Group that Predicted the Destruction of the World.*, 1956, U. of Minnesota Press, (Autres auteurs : Henry W. Riecken, Stanley Schachter), Republié en 2009.

Festinger, Léon, *L'échec d'une prophétie,* 1993, Paris, PUF, (Autres auteurs : Henry W. Riecken, Stanley Schachter).

Lurie, Alison, *Des amis imaginaires*, 1991, Paris, Payot Rivages, Edition originale 1967, Citation pp 277-278.

Marlin, Philippe, « L'affaire du monastère dynamité », 2013, Paris, ODS, In *Le bibliothécaire du Razès* p.228-243.

McGovern, William Montgomery, *Jungle Paths and* Inca *Ruins*, 1927.

Pauwels, Louis, & Bergier, Jacques, *Le matin des magiciens. Introduction au réalisme fantastique*, 1960.

Pelley, William Dudley, *Star Guests*, 1950.

Philip, Brother, *The Brotherhood of the Seven Rays* (titre américain) *Secret of the Andes,* 1961 (Brother Philip est le pseudonyme de George Hunt Williamson).

Ruzo, Daniel, La culture Masma, *Revue de la Société d'Ethnographie de Paris*, n°51, 1956, p. 45-63 etn° 53, 1959, p. 75-87.

Saurat, Denis, *L'Atlantide et le règne des géants*, 1954, Paris, Éditions J'ai lu L'Aventure mystérieuse N°A187.

Saurat, Denis, *La religion des géants et la civilisation des insectes*, 1955, Paris, Éditions J'ai lu L'Aventure mystérieuse N°A1206.

Tumminia, Diane, *When Prophecy Never Fails : Myth and Reality in a Flying-Saucer Group*, 2005, Oxford U. Press.

Tumminia, Diane (ed.), *How Prophecy Lives* , 2011, Leiden, Brill [Religion and the Social Order 21].

Williamson, George Hunt, *Other tongues-other flesh.*, 1953.

Williamson, George Hunt, *UFOs Confidential The meaning behind the most closely guarded secrets of all time*, 1958, (Autre auteur John McCoy).
Williamson, George Hunt, *Secret places of the lion : alien influences on earth's destiny*, 1958. Constamment réédité. Édition française *Les gîtes secrets du lion* 1972, réédité en 1991.

Williamson, George Hunt, *Road in the sky*, 1959 .

Franz Hartmann (1838-1912)

n° 6

LE VRAI VISAGE DE FRANZ HARTMANN (1838-1912)

© Dominique Dubois

Tout comme Papus en France, Franz Hartmann fut un prolixe écrivain de l'occultisme. Mais encore ! Franz Hartmann était lié dans la deuxième moitié du XIXe siècle et début du XXe siècle à presque toute l'histoire de l'occultisme en Allemagne, comme l'était en France Gérard Encausse (1865-1916) *alias* Papus. Là s'arrête toutefois la comparaison, puisque l'un d'eux resta fidèle à la Société Théosophique de Madame Helena Petrovnav Blavatsky (1831-1891) et que Papus s'en démarqua afin de promulguer ouvertement un ésotérisme proprement occidental et chrétien, tout en s'inspirant tout de même dans ses nombreux livres de nombreux emprunts « théosophiques ».

Les activités ésotériques de Hartmann, il est bien de le dire d'emblée, ne se limitaient pas seulement à la Théosophie, même si elles furent toute sa vie durant prédominantes[1]. Pour l'heure brossons son portrait, d'autant que dans notre hexagone la biographie de ce personnage haut en couleur est peu courante ; et lorsqu'on en découvre une, que ce soit sur internet ou dans un livre, elle se présente sous la forme d'un petit résumé succinct. Nous la jugeons naturellement insuffisante. Comblons donc cette lacune, en prenant pour référence les maintes informations signalées dans les *Collected Writings de H. P. Blavatsky*, une collection réunie en 15 gros volumes et toujours éditée aux Etats-Unis. On relèvera que cette utile compilation fut l'œuvre du petit-neveu d'H. P. Blavatsky, Boris de Zircoff (1902-1981). Fils du Dr Karl Hartmann (célèbre médecin de sa ville), Franz Hartmann est né à Donauwörth, en Bavière, le 22 novembre 1838. Etudiant dans une pharmacie de Kempten, il se porte d'un coup de tête volontaire, lors de la Campagne d'Italie en 1859, en s'enrôlant en Bavière dans un « Régiment d'Artillerie ». La guerre terminée, il reprend ses études de médecine à l'Université de Munich jusqu'en 1865, date à laquelle il décide de s'exiler aux Etats-Unis. Le 28 août de la même année il arrive à New York, puis conquiert son diplôme de médecine à Saint-Louis tout en obtenant en 1867 la citoyenneté américaine.

Il trouve cependant sa nouvelle vie monotone. L'envie impérieuse de voyager le reprend de nouveau en pensant que son mal-être (il envisagea à plusieurs reprises le suicide) trouverait aussi une réponse, voire des réponses aux nombreuses questions qu'il se posait. Sur ce propos ou ce mal-être qui le torturait pendant cette période précise de sa vie, Franz Hartmann disait dans son autobiographie, *The Occult Review* : *Qu'il était né avec une propension pour le Mystère. Le monde invisible a attiré mon désir de la connaissance... Qu'il était sous l'emprise d'un découragement permanent parce qu'il voulait connaître la vérité, comprendre la raison de l'existence humaine et saisir la signification de la vie...*

Franz Hartmann, dans sa prime enfance, manifestait déjà un besoin instinctif ou inné de comprendre. Pour l'exemple relevons : *qu'il fut instruit dans la doctrine de l'église catholique et qu'il portait un attrait sur ses cérémonies. Il fut déçu parce qu'aucun prêtre n'avait été capable ne lui donner une explication satisfaisante du Mystère...* On l'aura compris, cette inquiétude d'esprit relevait chez Franz Hartmann de l'ontologie. Ce particularisme inextinguible et bien ancré en lui faisait office d'une prometteuse destinée. Sur ce dernier point, justement, il allait trouver des réponses à quelques-unes de ses questions.

En effet, après avoir quitté la Nouvelle Orléans, il part pour le Mexique et arrive le 17 février 1871 à Vera Cruz. Dans cette nouvelle contrée, il visite Cordova et Orizabaz, où il est bien accueilli par les autochtones, particulièrement des Indiens. Il réside aussi chez un rabbin. A Mexico ou à ses alentours, il rencontre un homme versé dans la science ou la connaissance occulte, probablement un « introduit » ou un initié qui lui dit beaucoup de choses de sa vie future et de son travail. Il retourne dès lors aux Etats-Unis et embarque à Vera Cruz à destination de la New Orléans.

Le spiritisme, fort en vogue dans cette période, l'attire. Il participe ainsi à quelques séances, mais la littérature théosophique « blavatskienne » nous fait part de son aversion ou de sa méfiance dans de telle pratique. Il est vrai, entre autres raisons, que le Dr Hartmann n'avait pas oublié la mésaventure dramatique d'un de ses patients, qu'il connut fort bien. En effet, cette personne répondant du nom de Kathie Wenthworth était une sensitive très douée et se prêtait volontiers et en tant qu'instrument occulte dans les divers groupes spirites. Cette dame finit paralysée et décéda peu de temps après. En revanche il fut pour un temps séduit par la philosophie spiritualiste du médium James Martin Peebles (1822-1922), journaliste et chroniqueur régulier du célèbre journal *The Banner of Ligth*.

En 1873, il rejoint le Texas. Il découvre ainsi le Far West (l'ouest américain) et vit plusieurs aventures. Il achète notamment une parcelle de terrain, épouse ensuite la sœur de la femme d'un propriétaire terrien, qu'il perd cependant sept mois plus tard pour cause de décès. Veuf, Franz Hartmann part en 1879 au Texas. Dans cette contrée, la ruée de l'or était omniprésente. Hartmann s'engage dans l'extraction de l'or et sert aussi en tant que médecin légiste du comté.

Hartmann et la Théosophie

Au tout début des années 1880, il tombe sur *The Occult World* (1881) d'Alfred Percy Sinnett (1840-1921). Irrité par certains aspects doctrinaux du livre, il écrit au Colonel Henry Steel Olcott (1832-1907) et donne son avis sur la question. Une correspondance s'ensuivit et Hartmann reçut en retour une copie d'un article du *The Theosophist* qui décrivait notamment la constitution septuple de l'homme et les sept principes de l'univers. Ce fut pour Franz Hartmann une révélation, une nouvelle manière d'aborder et de considérer les sciences occultes et ses mystères. Il trouvait dans la littérature théosophique des explications enfin convaincantes, qu'il avait recherchées par ailleurs si longtemps et en vain. La troisième lettre de Olcott, fondateur en 1875 à New York de « La Société Théosophique » (en abrégé : S. T.), contenait une brochure sur *La Théosophie ésotérique* et quelques mots écrits de H. P. Blavatsky, cofondatrice de la dite société. Franz Hartmann, qui avait encore un peu de mal à se détacher des doctrines spiritualistes rapportées par quelques spirites qui affirmaient que la personnalité de l'être humain survivait après la mort, trouva à la lumière occulte de la théosophie beaucoup de ses doutes éclaircis. Il répondit dès lors à Olcott d'une façon conciliante, et le résultat de cette correspondance fut qu'il reçut une invitation pour venir à Adyar et collaborer dans le travail du « mouvement théosophique ».

L'année suivante, précisément en septembre 1883, il quitte le Colorado, en vue d'embarquer en Californie pour l'Inde. Chemin faisant il s'arrête à Salt Lake City et San Francisco pour étudier la vie des Mormons. En fait, il tomba éperdument amoureux d'une jeune dame hispano-américaine. Il écrira plus tard : *si une personne désire faire un pas en avant sur la route du progrès dans la spiritualité quelques imprévus obstacles surgiront.* Il la délaisse et rejoint au plus vite la Californie. Le 11 décembre 1883 il embarque à bord du « SS Coptic » qui était en partance pour Hong-Kong. Le 4 décembre de la même année il arrive à Madras puis, à Adyar[2], est accueilli en personne par H. P. Blavatsky. Il y demeure jusqu'au 31 mars 1885.

Durant son long séjour à Adyar, il accompagne H. P. B. à Wadhwan et Bombay, puis retourne derechef à Adyar (20 février 1884) où il est investi par les fondateurs d'un certain degré d'autorité au siège de la S. T.. C'est dans cette période précise qu'éclate un scandale, dû à la malveillance d'un couple français, les Coulomb (avec l'aide des missionnaires protestants de Madras qui furent désireux de discréditer et d'évincer les théosophes). Madame Blavatsky fut en effet accusée d'avoir falsifié les lettres des Mahatmas. Décrire en détail l'affaire « Coulomb » serait ici trop fastidieux[3], mais d'une manière générale cette période trouble jeta la suspicion parmi les membres et Hartmann lui-même ne fut pas épargné puisqu'il lui fut reproché d'avoir fait quelques pénibles erreurs de jugement à l'égard de madame Blavatsky. En dépit de cela, Hartmann resta fidèle à Blavatsky et aux Mahatmas en démontrant, soit par lettre ou oralement et en plusieurs occasions, le malentendu. Blavatsky, au demeurant, ne lui en tint pas rigueur, mais sut vis à vis de lui à quoi s'en tenir : *Pauvre Hartmann. Il est mauvais, mais il donnerait sa vie pour les maîtres et pour l'occultisme* écrivait-elle à Sinnett en septembre 1885 [4]. Cette dernière semble à ce propos avoir bien décerné la personnalité de Hartmann qui confiait des années plus tard et dans son autobiographie : *qu'il s'était senti comme si il avait deux personnalités distinctes dans lui : un mystique, un rêveur et un idéaliste, tandis que de l'autre un obstiné qui était enclin à toutes sortes d'espièglerie.*

Au printemps 1885 il quitte définitivement l'Inde et embarque pour l'Europe, accompagné par H. P. B., Mlle Mary Flynn et Bowaji. Une lettre de Hartmann, datée du 2 juin 1893 et adressée à Madame Vera Johnstone (nièce de H.P.B.), nous donne un aperçu du voyage retour : *Comme suite à notre conversation au sujet de la manière dont* La Doctrine Secrète *fut écrite, j'ai l'honneur de vous dire que, en avril 1885, quand j'accompagnais H. P. Blavatsky de Madras en Europe et pendant que nous étions à bord du « Tibre », en pleine mer, elle recevait très fréquemment de quelque occulte manière des pages manuscrites se rapportant à* La Doctrine Secrète, *livre pour la composition duquel elle rassemblait à ce moment les matériaux nécessaires. Mlle Mary Flynn était avec nous et en connaît plus long que moi sur ce sujet. Je ne prenais, en effet, qu'un médiocre intérêt à tout cela, car la réception de la « correspondance occulte » était devenue pour nous un événement presque journalier.*

Arrivé en Europe, le Dr Hartmann accompagne Blavatsky à Naples et en Bavière. En 1886, il fait paraître à Londres chez George Redway son premier ouvrage occulte, *Magic, White and Black* (Magie blanche et magie noire), qui sera par la suite publié en plusieurs parties dans les revues théosophiques[5]. Ce livre était, en fait, la résultante des discutions occultes à Adyar entre HPB et Hartmann[6]. On relèvera par ailleurs que le contenu a été publié en feuilleton dans le *Theosophist* (1884-1885) et sous le titre « Practical Instructions for Students of Occultism ». Cette série d'articles consacrée aux étudiants de l'occultisme a été signée : « American Buddhist ». Il est vrai, pour information, que trois semaines après son arrivée à Adyar, plus précisément le 26 décembre 1883, Franz Hartmann s'initia au Bouddhisme. Son deuxième livre, toujours chez le même éditeur londonien, voit le jour en 1887 et sous le titre de : *The Life of Paracelsus and the Substance of his Teachings* (La vie de Paracelse et la substance de ses enseignements). Hartmann étant lui même médecin, il montra une compréhension profonde de la philosophie occulte de Paracelse en produisant pour la première fois dans son livre un compte-rendu de « ses enseignements », en forme lisible et facilement accessible. Le travail contient tout naturellement beaucoup de passages cités des écritures du grand mystique médiéval, et ceux-ci sont remplis d'informations occultes, d'allusions aussi et qui doivent s'avérer de grande valeur à l'étudiant intuitif.

La Rose-Croix de Franz Hartmann

Son troisième ouvrage, *An Adventure among the Rosicrucians* (Une aventure chez les Rose-Croix), Boston, 1887, est un roman, une petite histoire étrange et originale, pleine de poésies charmantes et sur fond de philosophies occultes et d'idéalisme (Dr Lewins, le druide). Le début narratif de l'histoire nous renvoie sur un homme plongé dans un monde éthéré, une sorte de rêve éveillé qui soudainement le transpose en Tyrol, dans un monastère rosicrucien où il rencontre des Frères de la Rose-Croix d'Or et leur Imperator. Lors de sa visite au sein de cette confrérie, il découvre leur façon de vivre, et dans leur laboratoire alchimique il se fait remettre en main propre *Les Symboles secrets des Rosicruciens du XVIe et XVIIe siècle* (un petit clin d'œil d'Hartmann qui publia l'année suivante ces fameux symboles). Notons par ailleurs qu'un extrait de ce roman fut publié par l'entremise d'H. P. Blavatsky dans les pages de *Lucifer* d'octobre 1887[7].

En 1888, il fait publier *The Secret Symbols of the Rosicrucians of the 16th and 17th Century*, en français *Les Symboles secrets des Rosicruciens du XVIe et XVIIe siècle*. Ce bel ouvrage au grand format fut édité à Boston et sous titré *Cosmology or*

Universal Science. Cette première édition, presque introuvable de nos jours, comprenait une introduction de 16 pages, 25 belles planches colorées et agrémentées de deux principaux traités de 54 pages, dont l'un de Madathanus : *Aureum Seculum Redividum* (Le siècle d'or restauré) et l'autre d'un philosophe inconnu *Tractatus Aureus de Lapide Philosophorum* (Traité d'or de la pierre du philosophe). En revanche, l'AMORC fait cas de la version non complète de Hartmann. En effet, l'édition de l'AMORC, publiée encore de nos jours, comprend deux livres en un volume, avec 24 planches dans le premier et 12 dans le second. Au réel, la version de l'AMORC correspond à celle d'Altona, en Suisse alémanique : 1785 pour le premier livre et 1788 pour le second[8].

Les deux ouvrages évoqués ci-dessus et publiés presque simultanément ne sont pas dus à un hasard. Ils se renvoient plutôt et d'une certaine façon l'un à l'autre. L'excellente introduction de Franz Hartmann incluse dans *Les symboles secrets des Rosicruciens du XVIe et XVIIe siècle* l'atteste sur bien des points. A titre d'exemple, il interpelle dans son histoire romanesque l'esprit d'une mystérieuse fraternité rosicrucienne à vocation alchimique : « Frères de la Croix d'Or » ou la « Fraternitate Aurea et Rosae Crucis », la branche la plus ancienne des Rose-Croix est-il écrit...[9].

En parallèle, donc en 1888, il fonde son mouvement : « La Rose-Croix ésotérique ». Nous ignorons toutefois la consistance de son ordre et son mode de fonctionnement, mais il paraît évident que la Rose-Croix ésotérique de Franz Hartmann ne procède d'aucune filiation directe, comme au demeurant la plupart des autres ordres qui ont pris naissance au cours du XIXe et du XXe siècle. Elle s'inscrit en somme dans un courant de filiation de « désir » et « d'esprit ».

En 1889, l'infatigable Hartmann fait éditer deux autres livres. Son premier de 208 pages, publié à Boston, *The Life of Jehoshua, the Prophet of Nazareth* (La vie de Jésus, le prophète de Nazareth) s'attarde sur le sens ésotérique des paroles de Jésus, à la lumière du cursus théosophique. Son deuxième livre, *The Principles of Astrological Geomancy* (Les principes de

Géomancie astrologique), s'inspire des auteurs anciens, Robert Fludd et Cornelius Agrippa notamment.

L'année suivante, il clôt son triptyque sur les Rose-Croix *Dans le Pronaos du Temple de la Sagesse*, avec pour préface un *Résumé de l'histoire des véritables et des faux Rose-Croix* et dédiée à Lady Caïthness alias Duchesse de Pomar (1830-1895) – une grande dame de l'occultisme à la Belle Epoque, écrivait Robert Amadou (1924-2006)[10]. Dans cet ouvrage, Franz Hartmann s'évertue par ses diverses explications ésotériques[11] à démontrer que les véritables frères de la Rose-Croix d'Or formaient et forment encore aujourd'hui une société spirituelle. Il croyait avec une inébranlable conviction qu'il serait vain : *de chercher un véritable Rose-Croix en chair et en os, tout comme vouloir établir la preuve de l'existence de véritables adeptes vivants*[12]... *Nous nous contenterons de savoir que les Adeptes existent et que l'Alchimie est un fait*[13]...

Fraternitas

En 1889, un petit comité de théosophes fonde l'éphémère « Fraternitas ». A la tête de ce couvent laïque, il y avait la comtesse Constance Wachtmeister (1838-1910) et Franz Hartmann, puis le Dr R Thurman et l'helvétique Alfredo Pioda[14] qui en était le Secrétaire.

A s'y méprendre, la « Fraternitas » (une succursale de la Rose-Croix ésotérique de Hartmann ?) nous rappelle sur bien des points certaines caractéristiques décrites dans une *Aventure chez les Rose-Croix* de Franz Hartmann. On y évoquait l'air pur, le végétarisme, la retraite... La revue *L'Initiation* de Papus, du mois de septembre 1889, signalait justement dans ses colonnes la naissance de ce mouvement : « Une société par action, anonyme, est fondée, sous le nom de *Fraternitas* dans le but de construire une maison, non loin du lac Majeur sur le sommet d'une des collines environnant : Locarno. La dite maison sera une retraite, un lieu de réunion ; elle sera située dans un pays libre, au milieu d'un air pur, loin du monde. Elle est destinée à accueillir les étudiants en théosophie et en occultisme, afin qu'ils puissent s'aider mutuellement dans leurs efforts pour mener une vie conforme à la fraternité universelle… Elle possédera une bibliothèque, des salons et un jardin. Elle sera ouverte toute l'année. On pourra y suivre le régime végétarien[15]…

Carl Kellner et les autres…

Vers cette période le Dr Franz Hartmann vivait à Hallus, près de Salzbourg en Autriche, à proximité de la Montagne Untersberg, endroit qui abritait une légende et qui avait la réputation d'abriter des « Gnomes ». Il était alors directeur d'un sanatorium pour tuberculeux, aux côtés d'un chimiste autrichien, Carl Kellner (1851-1905), qu'il a probablement rencontré après son retour de l'Inde (1885)[16]. Franc-maçon de haut grade, féru d'orientalisme (il était versé dans le yoga et la magie tantrique) Carl, ou Karl, Kellner fonda vers 1893 une sorte de collège hermétique, dont on ne sait pratiquement rien et qui pourtant fera l'effet d'une récupération dans le système néo-maçonnique de Theodor Reuss (1855-1923), système qui prendra officieusement corps en 1904 et sous le nom de *Ordo Templi Orientis* (OTO)[17].

Dans les années 1890-95, Hartmann s'impliqua tout naturellement dans un groupe théosophique centré autour de Friedrich Eckstein [18] de Vienne. Rudolf Steiner y rencontra Hartmann et deviendra pour un temps son disciple. Il est intéressant de mentionner dans cette période précise un essai de Hartmann qui n'aboutira pas, *Theophrastus Paracelcus als Mystiker*, un travail qui devait apparaître à la charge de Salzbourg et sous les auspices du gouvernement autrichien[19].

Durant cette période, il sort en 1891 *The Life and Doctrines of Jacob Böhme* [20], puis en 1893 *Occult Science in Medicine*, ouvrage sur la médecine occulte de Paracelse, d'une centaine de pages, qui sera d'abord publié à New York dans la revue théosophique de W. Q Judge, *The Path* ; ensuite à Londres par le Dr Henry T. Edge (1867-1946), *Lucifer*.

En 1893, Hartmann, qui avait reçu des propositions intéressantes de la part d'un éditeur de Leipzig, fait paraître un journal mensuel théosophique, intitulé *Lotusbluthen*, qui sera publié jusqu'en 1900 en 16 volumes, remanié ensuite en 5 volumes (1908-1912). Parallèlement il intègre le groupe théosophique fondé en Allemagne par la théosophe Katherine Tingley (1847-1929), en devient le Secrétaire puis Président le 30 août 1896. Toutefois, l'association avec cette dernière ne durera pas par suite de divergences sur la conduite que devait adopter la Société Théosophique. Il est vrai qu'après le décès de Blavatsky, des crises internes surgiront imputables à Annie Besant et à l'affaire Judge [21], sans oublier l'ambitieuse Katherine Tingley qui après le décès de Judge en 1896 s'autoproclamait son successeur légitime[22]. A son retour du convent théosophique à New York où il représentait pour la circonstance les théosophes de son pays, Hartmann dissoudra le groupe et fondera le 3 septembre 1897, à Munich, l'« Internationale theosophische Verbruderung », en adoptant la ligne de conduite éthique promulguée naguère par la fondatrice de la Société Théosophique H P. Blavatsky.

Entretemps, Hartmann produisit en 1895 *Among the Gnomes*, (Parmi les Gnomes), une satire qui tourne en dérision ceux qui nient le surnaturel.

En 1899, Hugo Vollrath (1877-1943), astrologue et éditeur, apporte son concours dans la promulgation des écrits « théosophiques ». Il fonda notamment le *Theosophische Verlagshaus* en 1906 et en 1909 *Theosophische Kultur*, un journal qui fut avec succès étendu à toute l'Allemagne. Notons que cet éditeur, parfois controversé, publia des traductions, *Isis Unveiled* et *The Secret Doctrine* d'H. P. Blavatsly [23]. Franz Hartmann décèda à Kempten, Southern-Bavaria, le 7 août 1912.

Conclusion

La biographie de Franz Hartmann présentée ici ne se veut surtout pas complète ou définitive, attendu qu'il existe encore beaucoup d'articles écrits en allemand et non traduits en langue française. Néanmoins, nous pensons avoir développé l'essentiel du personnage, en nous référant sur la littérature théosophique anglaise ou américaine. La vie aventureuse, itinérante et spirituelle de Hartmann, narrée chronologiquement ici l'atteste, nous le pensons.

On constatera ainsi que le point culminant ou capital de sa longue et pressante quête demeure essentiellement « théosophique » ; c'est un fait qui ne peut être aujourd'hui discuté ou nié. C'est la pensée d'un théosophe converti qui allait désormais prendre place dans le début des années 1880, et sa mise en mouvement passera par ses nombreuses publications diverses[24].

Il existe bien entendu des zones d'ombre qui entourent les activités de Hartmann. Nous pensons à sa Rose-Croix ésotérique, un cénacle dont on sait pratiquement rien et qui pourtant fut l'objet d'une avide récupération[25]. Franz Hartmann rêvait, nous le savons, d'instaurer une communauté rosicrucienne à la façon qui est décrite dans son fameux roman, *Une aventure chez les Rose-Croix*. Une tentative, comme on l'a vu, fut faite en Suisse, puis d'autres auteurs s'inspireront des idéaux d'Hartmann, à l'instar de Rudolf Steiner (1861-1925), fondateur de l'Anthroposophie, ou encore de Max Heindel (1865-1919), fondateur du « Rosicrucian Fellowship »[26].

Un autre point obscur de sa vie est la relation qu'il eut avec Mme Blavatsky. En dehors de ce que l'on connait de Hartmann, de ce que la littérature théosophique avançait sur son sujet et ses rapports parfois houleux avec cette dernière, on a le sentiment très net, à tort ou à raison, qu'il en savait beaucoup plus qu'il a voulu en dire sur H.P. Blavatsky et ses inspirateurs (les Mahatmas). Franz Hartmann resta discret sur ce point, ne disant oralement ou par écrit que le strict minimum. En revanche, on peut certifier sans l'ombre d'un doute que cette dame le marqua durablement dans sa vie initiatique.

NOTES :

1- Massimo Introvigne qui, à l'évidence, connaît bien mal l'histoire de la Société Théosophique affirma à tort et le plus sérieusement du monde que Hartmann (« une espèce de secrétaire de Blavatsky » écrit-il ironiquement) finit par abandonner ses fonctions théosophiques... Cl., in *La magie, Les nouveaux mouvements magiques*, Droguet & Ardant, p. 111, Paris, 1993.

2- Etabli d'abord à Bombay, le siège de la S. T. fut ensuite transféré à Adyar, près de Madras, dans le sud de l'Inde

3- William Q. Judge (1851-1891), Secrétaire général de la section américaine et un proche disciple de Blavatsky, constata sur place certaines de leurs machinations.

4- Le sens de cette lettre échappa totalement à Ellic Howe, imputable à sa méconnaissance de l'occultisme et de son histoire, et surtout de son affligeant parti pris. Ellic Howe in *Le monde étrange des astrologues*, p. 110, Robert Laffont, Paris, 1968.

5- Notamment dans *Le Lotus Bleu* (1890-1891), une revue théosophique française dirigée par Jean Matthéus alias Arthur Arnould (1833-1895). Notons que le livre de Hartmann fut traduit de l'anglais par la théosophe et socialiste Mme Camille Lemaitre (1845-1892) ; information signalée dans la dite revue.

6- H. P. Blavatsky Collected Writings, volume VIII, 1887, p. 454.

7- L'extrait était signé : « Par un Etudiant de l'occultisme ». Lucifer, Vol. I, n°2, octobre 1887.

8- Hartmann n'ignorait pas la version Suisse alémanique mais a jugé nécessaire de se référer (pour les planches) sur les versions précédentes qui ne comportaient pas à l'origine, il faut le préciser, les textes. Hartmann signala aussi le coût exorbitant d'une simple copie vendue par les libraires, Collected Writting, vol VIII, op. cit.,. Voir aussi l'utile introduction de Fred MacParthy in *Deux traités des Rose-Croix d'Or du XVIIe Siècle*, pp. 3-20, Sesheta Publications, Rouen, décembre 2012, qui nous signale au passage que la « Librairie Ritmann d'Amsterdam » prépare actuellement un ouvrage consacré aux différentes versions des manuscrits originaux peints.

9- Fred MacParthy, op., cit.

10- Avec une bonne touche de réalisme il rajouta : Une figure noble, naïve et entreprenante, des plus curieuses, à l'influence multiple, quelques témoignages permettent de la tirer d'une pénombre aussi injuste que le méchant chapitre Théosophisme où René Guénon (1886-1951) la méconnaît à peu près autant que Madame Blavatsky. Dominique Dubois in *Jules Bois (1868-1943), le reporter de l'occultisme, le poète et le féministe de la belle époque*, pp. 35-36, Arqa, mai 2004. Voir aussi L'Autre Monde, n°78, janvier 1984, p. 46.

11- Certaines de ses explications ressemblent sur bien des points aux postulats de H. P. Blavatsky (notamment le chapitre 2 sur la philosophie hermétique) et de la Société Théosophique. Lire notamment *La Clef de la Théosophie*, ouvrage qu'on peut trouver à la « Loge Unie des Théosophes », 11 bis rue Keppler, Paris, 75016.

12- Hartmann fait allusion aux Mahatmas de la Société Théosophique. Il fut, notamment en Inde, en correspondance avec l'un d'eux.

13- Dans le *Pronaos du Temple de la Sagesse*, volume 1, Sesheta Publications, Rouen (nd 2013).

14- Membre en 1887 de la Société Théosophique en France. *Contribution à l'histoire de la Société Théosophique en France*, Charles Blech, p. 148, Paris, Adyar, 1933.

15- *L'Initiation,* septembre 1889, page 287-88.

16- Kellner et Hartmann travaillèrent sur le développement de la thérapie d'inhalation pour la tuberculose.

17- Reuss l'annonça dans la revue *L'Oriflamme.*

18- Il fit à Ostende et en 1886 un court séjour chez H.P. BLavatsky. Citation de G. Wachtmeister in *La doctrine secrète et Mme Blavatsky,* Éditions Adyar, 1978, p. 97.

19- Référencié in *The Path*, IX, May, 1894, de Judge et Lucifer, XIV, July, 1894, p. 431.

20- London : Kegan Paul, Trench, Trübner & Co., 1891, 334 pages.

21- Annie Besant subira quelques déconvenues en se trouvant notamment confrontée, à partir de 1893, au Président de la Société américaine, William Q. Judge (1851-1896). Ce dernier, disciple direct d'H. P. B., reprochait en effet à Annie Besant d'être sous l'influence magnétique de G. N. Chakravarti, un brahmane d'Allahabad doué de pouvoirs psychiques, tout en affirmant qu'elle n'avait plus les compétences théosophiques pour mener à bien les idéaux de la S. T.. Toujours est-il qu'une scission irréversible entre les sections européennes et indiennes d'Annie Besant et américaine de Judge se produisit en 1895. En outre, Annie Besant annonçait un peu plus tard dans ses périodiques théosophiques l'arrivée prochaine du « futur instructeur du monde » répondant du nom de Krishnamurti, sous les encouragements, il faut bien le souligner, de Charles Webster Leadbeater (1847-1934) qui avait sans aucun doute un ascendant sur cette dernière. Jiddhu Krishnamurti (1895-1986) refusera cependant ce rôle qui lui fut assigné. Il quittera la S. T. et volera de ses propres ailes en offrant au public ses propres visions philosophiques et mystiques, tout en évitant soigneusement d'employer dans ses nombreuses conférences et ses tournées internationales le qualificatif de Maître ou de Guru.

22- A la mort de Judge, Katherine Tingley récupéra une partie des théosophes américains. Elle modifia le nom de la S. T. en « Fraternité

Universelle et Société Théosophique » et transféra en 1897 le siège de New York à San Diego. Elle créa une communauté à Point Loma, qui dura jusqu'en 1942. Voir pour de plus amples détails *The Theosophical Movement 1875-1950,* The Cunningham Press, Los Angeles 32, California, 1951, pp. 267-289.

23- Notons aussi les traductions de Hartmann, de l'anglais en allemand, telles que *The Voice of the Silence* d'H. P. Blavatsky, *The Bhagavad-Gîta,* etc.

24- La plupart des thématiques de Hartmann (alchimie, etc…) comportait des explications « théosophiques ».

25- Certains intéressés de l'époque voulaient avec frénésie étoffer leur filiation initiatique, à l'image, notamment, de Theodor Reuss…

26- L'astrologie occupait une large place dans le cursus rosicrucien de Max Heindel, une caractéristique prônée par un des proches ou disciples de Hartmann, Hugo Vollrath.

ARMAND TOUSSAINT
UN HOMME HORS DU TORRENT

© Rémy Boyer

Armand Toussaint (1895-1994) fut l'une des figures les plus étonnantes et les plus attachantes du XXe siècle hermétiste. Il joua un rôle central mais discret et élégant sur la scène ésotérique.

Ancien élève de l'Athénée Royal de Charleroi, où il fit des études scientifiques, Armand Toussaint travailla toute sa vie professionnelle à la SNCF, la Société Nationale des Chemins de Fer Belge, comme inspecteur principal, ce qui lui permit de nombreux voyages et facilita grandement les rencontres singulières déterminantes pour sa « carrière d'hermétiste », carrière que nous allons résumer ici.

Armand Toussaint et le rosicrucianisme

Armand Toussaint fut Président de la branche belge de l'association rosicrucienne de Max Heindel de 1933 à 1970. Il se sépara de cette organisation, en désaccord avec le dogmatisme des responsables d'Oceanside, qu'il qualifiait le plus souvent de « fonctionnaires ». D'une manière générale, il devait toujours se

défier de la tendance américaine à transformer une école spiritualiste ou initiatique en supermarché et lutta contre toutes les
tendances dogmatiques ou totalitaires. Ce fut donc en avril 1971
qu'il créa la Fraternité Rosicrucienne qu'il présentait comme
une continuation de l'enseignement de Max Heindel. Jusqu'à la
fin de sa vie, il entretint des relations étroites avec un ancien
collège Rose-Croix demeurant l'Ami, le Frère Aîné de plusieurs
de ses membres. Il transmit jusqu'au bout une alchimie interne
propre à ce courant rosicrucien.

Armand Toussaint et l'Eglise Gnostique

Armand Toussaint joua un rôle important dans le cadre des cou-
rants gnostiques[1]. Ce fut Roger Deschamps, parti pour l'Orient
Eternel le 23/12/1964, qui consacra à l'Episcopat Armand
Toussaint le 1/06/1963, sous le nom mystique de Tau Raymond.
Roger Deschamps était Evêque et Primat de Belgique de
l'Eglise Gnostique Apostolique. Lui-même avait été consacré
par Robert Ambelain (Jean III) le 31/05/1959, sous le nom de
Tau Jean Rudiger[2]. Plus tard, André Mauer (Tau André), qui
succéda à Robert Ambelain comme Patriarche de l'Eglise
Gnostique Apostolique, peu désireux de constituer une Eglise
très centralisée et administrée, considéra les Evêques gnostiques
comme Évêques libres.

A plusieurs reprises, Armand Toussaint proposa au Synode de
l'Église Gnostique Apostolique d'abolir toute ségrégation de
sexe dans les ordinations et, par conséquent, d'« admettre les
femmes, toutes autres conditions remplies, aux degrés majeurs
de Presbytre (Prêtre) et même d'Episcope (Evêque) »[3]. Devant
le refus du Synode, Armand Toussaint fonda en 1969, l'Église
Rosicrucienne Apostolique, ouverte également aux hommes et
aux femmes, avec un vieux compagnon de route et l'un de ceux
qu'il considérait comme « fils spirituels », Marcel Jirousek.
L'influence de l'Église Rosicrucienne Apostolique grandit dans
la seconde partie des années 80, jusqu'à ce jour, grâce à l'action
de trois personnalités de la scène hermétiste : Charles-Rafaël
Payeur, Triantaphyllos Kotzamanis (T. Hiéronymus) et T. Pôl

Lysis. Le premier fut consacré par Armand Toussaint en 1985, il fonda le Collège Sacerdotal de la Rose+Croix avant de rejoindre l'Église Catholique Apostolique du Brésil, non hostile aux ésotéristes. Depuis, Charles-Rafaël Payeur, continue à développer un enseignement, par cours, cassettes, conférences et livres, où l'occultisme se fond dans un profond humanisme. Triantaphyllos Kotzamanis, disparu prématurément pendant la nuit du 15 au 16 décembre 2007, responsable pour la Grèce du Grand Sanctuaire Adriatique et principale figure de l'Ordre du Lys et de l'Aigle, Archevêque-Primat de Grèce de l'Église Rosicrucienne Apostolique (appelée en Grèce Église Rosicrucienne Gnostique & Apostolique), s'est battu pendant plus de dix années pour la reconnaissance légale de cette église face à la toute puissante hégémonie de l'Église orthodoxe grecque, qui voyait là une atteinte à sa « souveraineté ». Triantaphyllos Kotzamanis eut gain de cause, contre toute attente. T. Pôl Lysis, Archevêque-Primat de France, Suisse et Italie a au contraire conservé le caractère discret et ésotérique de l'Église, que lui avait confié Armand Toussaint, en la réservant aux martinistes, rosicruciens, pythagoriciens et francs-maçons. Depuis le départ de Triantaphyllos Kotzamanis, l'Eglise Rosicrucienne Apostolique est dirigée par un collège. Après une extériorisation temporaire à titre expérimental, elle s'est de nouveau occultée mais n'est pas en sommeil contrairement à ce qu'affirme sur son site, non sans malveillance, une église de création récente, qui cherche à capter l'héritage gnostique d'Armand Toussaint.

Aujourd'hui, l'Eglise Rosicrucienne Apostolique fondée par Armand Toussaint est présente discrètement sur trois continents et poursuit l'œuvre pour laquelle elle a été conçue par son fondateur au bénéfice des membres de la Franc-maçonnerie, du martinisme, du rosicrucianisme ou d'autres courants traditionnels. Elle a développé des expressions particulières, swedenborgienne, nestorienne chinoise, celtique et autres.

Armand Toussaint joua également un rôle important dans la création et le développement de l'Eglise de la Nouvelle Alliance fondée par son ami Roger Caro. Ce fut en effet Armand Toussaint qui ordonna Roger Caro Evêque. Plus tard, Roger

Caro devait ordonner à son tour Armand Toussaint, *sub conditionne*, pratique fréquente dans les Eglises gnostiques.

Armand Toussaint et le martinisme

Armand Toussaint fut reçu dans le martinisme et consacré Supérieur Inconnu Initiateur par son Maître Serge Marcotoune de Kiev, Maître Hermius, qui le chargea d'ouvrir une Loge en Belgique. Après la mort de Serge Marcotoune, le 15 janvier 1971, Armand Toussaint fonda l'Ordre Martiniste des Chevaliers du Christ, véhicule à la fois de la filiation martiniste russe et d'une filiation chevaleresque. L'O.M.C.C. se développa peu jusque dans les années 80. A cette époque, Armand Toussaint autorisa Triantaphyllos Kotzamanis et Pôl Lysis à ouvrir des Loges au caractère hermétiste nettement affirmé, sous le nom de Loges de Chevaliers Verts. Ce courant de l'O.M.C.C. s'est développé sur tous les continents, et au début de l'année 1994, Armand Toussaint autorisa la réorganisation des Loges de Chevaliers Verts sous l'autorité d'une Grande Loge Internationale des Chevaliers Verts, très indépendante, mais demeurant dans le sein de l'O.M.C.C. Armand Toussaint fut également membre de l'Ordre des Chevaliers Maçons Élus Coens de l'Univers, mais s'en éloigna rapidement, considérant trop complexe, et souvent inefficace, les opérations proposées. Quoique réticent, il ne s'opposa toutefois jamais aux relations entretenues par les Loges martinistes de Chevaliers Verts avec l'un des Ordres Élus Coens actuellement opératifs.

Proche du Dr Lefébure, Armand Toussaint utilisa le phosphénisme aussi bien sur le plan pédagogique que sur le plan initiatique. Le Dr Lefébure a effectué des recherches poussées en physiologie cérébrale. Il a démontré le lien profond existant entre certaines pratiques traditionnelles et des phénomènes physiologiques. Armand Toussaint qui était à l'affût de toutes les innovations scientifiques a très tôt perçu l'intérêt de ces travaux pour préciser les pratiques traditionnelles. Il adopta, beaucoup plus tard, la même démarche avec la N.L.P., Neuro-Linguistic-Programming (P.N.L.), avant que celle-ci n'intéresse le milieu des affaires et de l'entreprise.

Humanisme et œcuménisme

Armand Toussaint demeura toute sa vie un humaniste convaincu. Après la seconde guerre mondiale, il fut contacté pour le projet « Stop war », projet spiritualiste qui tenta par des conférences, des congrès internationaux, des publications, d'orienter les politiques nationales et internationales dans une autre direction que celle que nous connaissons. Ce projet reçut le soutien de la Reine Elizabeth d'Angleterre. Ce projet ne donnant aucun résultat significatif, Armand Toussaint reprit des études de culture générale et se consacra à sa quête spirituelle. Il fut également secrétaire du World Spiritual Council qui travailla pour un œcuménisme sans conversion sous la présidence de Franz Wittemans, ami personnel d'Armand Toussaint. Toute sa vie, il fit preuve d'une réelle tolérance et d'une grande sagesse face aux crises qui agitent les personnes comme les sociétés. Il soutint régulièrement des projets visant à créer des contacts entre responsables d'organisations traditionnelles. Dans une lettre du 20 mars 1973, adressée à Roger et Madeleine Caro, il écrivit : « *Mes félicitations aussi pour votre large sens œcuménique véritable. Les spiritualistes de tout genre parlent sans cesse de fraternité et du même Dieu unique, sans vouloir toutefois se rencontrer et dialoguer ainsi que font tous les autres grands corps civils ou militaires constitués, malgré des idéologies fort différentes et souvent même adverses. Nous sommes loin du compte en général.* » Les dernières années de sa vie, ne pouvant plus voyager, il approuva et suivit avec intérêt l'expérience œcuménique des Colloques Arc-en-ciel puis, plus tard, du Groupe de Thèbes.

Armand Toussaint et l'astrologie

Armand Toussaint fut un excellent astrologue. Il construisait et interprétait le thème de chaque postulant à l'O.M.C.C., mais aussi, si possible, de chaque collaborateur non membre de l'ordre martiniste. Son interprétation était toujours très favorable à l'épanouissement de la personne. Il cherchait les indices du travail initiatique et délivrait aussi des conseils de santé, la prévention étant pour lui un souci constant. Il était d'ailleurs végétarien et conseillait sans l'imposer le végétarisme aux membres de l'O.M.C.C. et de l'E.R.A.. Il recourait également à l'astrologie pour établir les meilleures conditions d'une ordination ou d'une initiation importante, comme d'une opération alchimique délicate.

Armand Toussaint et l'Alchimie

Armand Toussaint fut un opératif. Il œuvra au laboratoire. Passionné par l'Alchimie, sa rencontre avec Roger Caro fut déterminante pour les deux hommes et pour les organisations qu'ils dirigèrent séparément. Quand Armand Toussaint écrit pour la première fois à Roger Caro le 20/08/1971, il se présente notamment comme « étudiant en Alchimie depuis 25 ans, sans réalisation pratique véritable » et demande à bénéficier de l'enseignement de Frères Ainés de la Rose-Croix. Cette date verra donc la naissance d'une amitié qui ne se démentira jamais entre les deux hommes, malgré le temps, l'âge et l'éloignement. Ce furent les premiers pas d'Armand Toussaint sur la Voie du Cinabre, qu'il explorera jusqu'à la fin de sa vie, devenant même l'un des meilleurs spécialistes de cette approche qui présente un double intérêt, pédagogique et opératif. Il en rechercha notamment toutes les applications médicales possibles. Proche de l'Orient indien et chinois, il étudia également la Voie Interne du Cinabre.

En 1992, il autorisa la création d'une Loge martiniste dite Cinabro, rassemblant les Frères et Sœurs de l'Ordre Martiniste des Chevaliers du Christ qui se consacraient à l'étude et à la pratique de la voie du Cinabre. Cette Loge est toujours en activité.

Il ne semble pas qu'Armand Toussaint ait pratiqué de façon intensive d'autres voies alchimiques, malgré quelques contacts avec Eugène Canseliet comme l'atteste une lettre manuscrite d'Eugène Canseliet adressée à Armand Toussaint en date du 20 août 1968.

Armand Toussaint avait reçu également une connaissance très précise d'une Alchimie interne du Corps de Gloire, basée sur le *Cantique des Cantiques*, texte qu'il avait publié avec un commentaire.

Armand Toussaint et Roger Caro

La rencontre d'Armand Toussaint avec Roger Caro devait être à l'origine de la naissance de l'E.U.N.A., Église Universelle de la Nouvelle Alliance.

Lorsque Roger Caro reçoit la première lettre d'Armand Toussaint, il y voit un signe du Ciel. En effet, depuis 1969, l'Ordre des Frères Ainés de la Rose+Croix n'a plus de Grand-Prieur Général (Cf. le courrier adressé par Roger Caro à Armand Toussaint le 24/09/1971), il proposera donc ce poste à Armand Toussaint qui devait accepter sans hésiter. Roger Caro le mit immédiatement, conformément à la tradition de l'Ordre, en contact avec un Maître-guide qui l'assistera jusqu'à l'Adeptat, reçu en 1972, Adeptat qui fit de lui, à part entière, un Frère Aîné de la Rose+Croix. Il fut nommé plus tard Imperator honoraire des F.A.R+C.

Armand Toussaint consacra Roger Caro Evêque le samedi 10 juin 1972, en la résidence des Angelots, à Saint-Cyr-sur-Mer, siège des F.A.R+C. Après avoir envisagé de développer l'Église Rosicrucienne Apostolique en France et à l'étranger (à cette époque, l'E.R.A. était presque inexistante hors de Belgique), Roger Caro proposa à Armand Toussaint de fonder l'Église de la Nouvelle Alliance en intercommunion avec l'E.R.A., la première pour les alchimistes, la seconde pour les rosicruciens. Pour fonder son Église, Roger Caro s'appuya sur les documents de l'ex-Église Templière, canons et rituels, trouvés dans les archives de l'Ordre des F.A.R+C. Ce projet était pour lui essentiel, et il devait sa vie durant remercier Armand Toussaint de lui avoir permis de le réaliser (Cf. lettre du 31/09/1971, adressée par Roger Caro à Armand Toussaint et son épouse). Plus tard, Roger Caro devait fermer l'Ordre des F.A.R+C, invitant les membres à se retirer dans le sein de l'Église de la Nouvelle Alliance.

n° 6

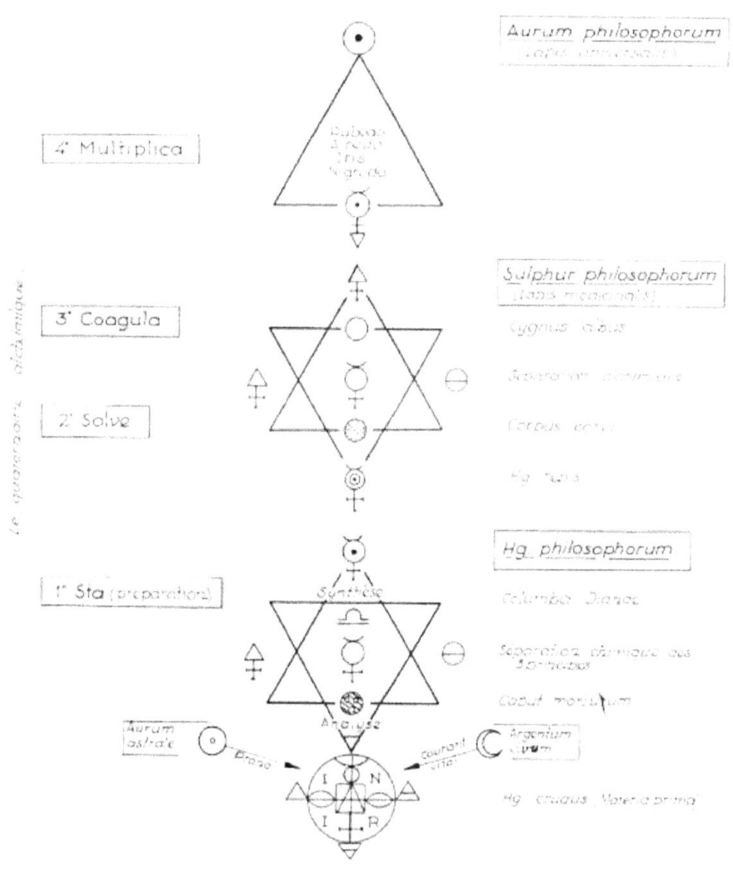

Synthèse alchimique du GRAND OEUVRE.
par Raymond Panagion
4° Multiplica
3° Coagula
2° Solve
1° Sta (préparation)
le quaternaire alchimique
Aurum philosophorum
Sulphur philosophorum
Hg philosophorum
Synthèse
Analyse
Aurum astrale
Argentum astrale
I N R I

Armand Toussaint et l'Orient

Armand Toussaint a beaucoup voyagé. Il a rencontré plusieurs Maîtres orientaux. Il fut notamment l'ami du Swami Sivananda Baraswati. Egalement adepte de l'école Soto Zazen, il était favorable à un oecuménisme entre l'Orient et l'Occident. Il mit au point une technique originale, dite « yoga panaghion », allant des bases martinistes enseignées par Serge Marcotoune à ce qu'il nommait « l'accord-fin », à la fois technique et concept qu'il avait reçu par une lignée de grands Saints indiens. A la fin de sa vie, il faisait très curieusement référence aux « cristaux verts, très tangibles, de la Cité de Shamballah »...

L'homme d'exception

Ce bref aperçu de la carrière d'Armand Toussaint dans le monde discret de l'hermétisme permet de comprendre l'influence de cet homme à l'intelligence vive sur de nombreux courants traditionnels occidentaux, et l'aide qu'il sut apporter à de nombreux chercheurs, martinistes, rosicruciens, francs-maçons et alchimistes.

Très rationnel et pragmatique, ayant suivi l'évolution de la recherche psychologique jusqu'à la fin de ses jours, il fut pour beaucoup l'ami, le guide et le compagnon, le Frère, toujours présent dans les bons jours comme dans les mauvais jours.

C'est donc à un Ami de Dieu que nous rendons un hommage ô combien mérité.

Vous trouverez d'autres éléments sur Armand Toussaint à cette adresse : http://incoerismo.files.wordpress.com/2012/01/esprit-des-choses-ns-3.pdf

NOTES :

1- Lire à ce sujet *Qu'est-ce que l'Eglise Gnostique ?* de Tau Jacques. Un état des différentes branches historiques de l'Église Gnostique depuis sa création par Jules Doinel. CIREM. ISBN 2-911414-03-9.

2- Nous n'avons pas retrouvé de certificat d'ordination établi par Tau Jean Rudiger. Cette ordination est toutefois attestée.
3- Extrait d'une lettre adressée le 8 avril 1972 à Roger Caro.

* NdR:
pour mémoire, schéma très succinct concernant l'évolution de l'Eglise Gnostique :

LE SYMBOLISME
DES MOIS DE L'ANNEE

© Christian de Caluwe
Equinoxe d'automne 2013

Qui n' a pas observé un jour que les racines des noms des mois de l'année suggéraient un ordre qui n'est plus le leur : septembre pour le septième mois, octobre pour le huitième, novembre pour le neuvième et décembre pour le dixième mois ? Nous allons revenir sur la signification de chacun de ces noms afin de mieux élucider cet ordre ancien qui subsiste encore dans leur étymologie un peu comme les noms de personnes demeurant à l' étage d'un immeuble resteraient encore sur les portes alors qu'elles vivraient à l'étage d'en dessous ! Puis, dans un deuxième mouvement, nous montrerons le rapport de l'année avec le sacrifice. Enfin, nous pourrons essayer de dégager, à la lumière de ce symbolisme, une clef explicative de la doctrine de la réintégration en des termes résolument modernes.

1- Chronologie maçonnique

En maçonnerie

Le thème de la chronologie maçonnique est des plus difficiles qui soit ! Notre datation repose sur une tradition qui remonte aux temps préchrétiens selon laquelle la création du monde remonterait à 4000 ans avant la naissance du Messie. Si bien qu'au XVIIe siècle le calendrier faisait référence à ces 4000 ans. En 1611, l'évêque irlandais, James Usher, publia une « chronologie » fameuse qui faisait remonter la création du monde à 4004 ans avant notre ère. Cette date va devenir si populaire que le Roi Jacques 1er d'Angleterre (Jacques VI d'Ecosse) va autoriser l'édition de la Bible avec comme référence sur chaque page la datation de cet évêque, imprimée en marge.

En Grande-Bretagne, l'historien maçon Henri Carr, secrétaire et rédacteur en chef de 1961 à 1973 de la loge Quatuor Coronati n°2076 de Londres, n'a cependant pas retrouvé trace de cette datation dans les documents maçonniques de la période opérative la plus récente. Ce n'est qu' au XVIIIe siècle que la maçonnerie spéculative va adopter cette datation en l'arrondissant à 4000 et en la qualifiant d'*Anno Lucis*, Année de la Vraie Lumière. C'est ainsi que, dans certains rituels émulation, l'architecte du Temple de Salomon, Hiram Abi, est assassiné 3000 ans après la création du monde. Aujourd'hui, par exemple, nous sommes en l'an 6013 Anno Lucis et 2013 de l'Ere Vulgaire (E.V.) si l'on utilise la datation profane.

Au rite écossais ancien accepté, la datation se fait en utilisant le système hébraïque qui fait remonter la création à 3760 avant Jésus-Christ : 2013 sera donc 5773 *anno hebraico*.

La construction du Second Temple

La construction du Second Temple en l'an 530 avant Jésus-Christ permet de dater les tenues de Chapitre du Royal Arch en ajoutant à 2013 le nombre 530 soit 2543 *Anno Inventionis*, l'Année de la découverte…

Chez les Knights Templar

Chez les Knights Templar (chevaliers du Temple), qui correspondraient aux CBCS, la datation est fondée sur la période médiévale de 1118, date à laquelle le patriarcat des Chrétiens de l'Église primitive fut conféré à Hugues de Paganis, fondateur de l'Ordre des Templiers. Il faut alors déduire 1118 de 2013 soit 895 *anno Ordinis* pour trouver la date de référence. Mais qu'en est-il des Templiers ? Se réfèrent-ils à la mort de Jacques de Molay ?

2- Calendriers solaires, lunaires et solaires et lunaires :

Rappelons rapidement l'existence de plusieurs calendriers :

solaires : le nôtre,
lunaires : le calendrier des Celtes, de l'Attique, de Babylone, le premier calendrier romain, le calendrier musulman,
solaires et lunaires : israélite, védique et… martinésiste (opérations des équinoxes dont certaines débutent le dimanche au soir pendant les deux premiers quartiers de la lune pour le Grand Maître Coën).

La référence à l'axe des solstices ou à l'axe des équinoxes permet de mieux comprendre pourquoi le point de départ de l'année n'est pas le même dans toutes les traditions. En voici quelques exemples :

- depuis Solon, l'année chez les Grecs commençait le 1er juillet

- le calendrier védique est semi-solaire. Il remonte vraisemblablement à 4000 ou 5000 ans   avant notre ère. Il faisait correspondre le premier mois de l'année avec l'équinoxe du printemps. Compte tenu du phénomène de la précession des équinoxes, le point de départ de l'année se trouve décalé de nos jours de quatre mois dans la constellation des Poissons. Le premier jour de l'année zéro de ce calendrier védique correspondrait au 23 janvier 3102 avant notre ère, si on rapportait cette date selon la méthode du calendrier grégorien.

- les francs-maçons travaillent de midi à minuit, c'est-à-dire de la Saint Jean Baptiste à la Saint Jean d'Hiver, c'est-à-dire de la lumière extérieure à la lumière intérieure. La référence est alors celle de l'axe des solstices et des portes de l'année qui ouvrent aux Petits Mystères (Porte des Hommes) et aux Grands Mystères (Porte des Dieux). Le solstice d' Hiver est d'ailleurs le point normal de départ de la Tradition primordiale alors que les équinoxes sont le point de départ des formes traditionnelles secondaires.

- le premier jour de l'année commence à l'équinoxe du printemps chez les Babyloniens (calendrier lunaire) alors qu'il commence en septembre ou en octobre dans le calendrier israélite car le monde fut créé à l'équinoxe d'automne : d'ailleurs l'énonciation du soir (*ereb*) se fait avant le matin (*boqer*). En effet, en ce qui concerne le rythme nycthéméral, rappelons que les Athéniens, comme les Gaulois, les Germains et les peuples d'Orient, faisaient commencer le jour au coucher du soleil car le jour sortait de la nuit. A tel point qu'« autrefois, la Passion commençait le jeudi saint, car c'est au jeudi que remontent la Cène et l'agonie du jardin des Oliviers. De plus, l'année où Jésus fut condamné, le calendrier juif faisait débuter le vendredi saint au soir, après la Cène... » (*La Procession de la Sanch* de Josianne Cabanas).

Quant aux tâtonnements dans les divisions du temps, ils sont essentiellement dus aux anciens instruments de mesures : gnomon, clepsydre...

3- Le calendrier julien et le calendrier grégorien :

Le calendrier julien a été établi par Jules César en 46 avant Jésus-Christ car le système en cours à l'époque faisait désordre. Désormais, l'année comportera 365 jours ¼ et une année bissextile sur quatre. Le calendrier grégorien, toujours en cours, a été établi par le pape Grégoire XIII en 1582. Il réduit de 0,0003 jours l'écart avec l'année tropique de 365 jours 2422 et se différencie du calendrier julien par le fait que les années séculaires ne sont plus bissextiles sauf si le nombre de siècles est divisible par 4. Pour maintenir les saisons aux mêmes dates qu'au Concile de Nicée en 325, il a été décidé que le 4 octobre 1582 serait le 15 octobre 1582 ! Sainte Thérèse d'Avila va mourir pendant cette période, dans la nuit du 4 au 15 octobre 1582. Cet écart de 11 jours va notamment se retrouver entre le 21 mars, jour de l'équinoxe du printemps correspondant au début de l'ancienne année et le 1er avril, jour de la Saint Hugues. Cette tradition trouverait son origine en France en 1564. La légende veut que jusqu'alors, l'année aurait commencé au 1er avril (en fait, le 25 mars correspondait selon le calendrier au Jour de l'an), à la fête de l'Annonciation à Marie avec la tradition de s'échanger des cadeaux. Mais le roi de France Charles IX décida, par l'Édit du Roussillon que l'année débuterait désormais le 1ᵉʳ janvier, marque du rallongement des journées, au lieu de fin mars, arrivée du printemps. Mais en fait, l'année civile n'a jamais débuté un 1er avril. Ce même écart de 11 jours se retrouve pour la Sainte Lucie qui s'est trouvée également avancée :_en effet, cette fête a lieu de nos jours le 13 décembre en honneur de la fête de sainte Lucie de Syracuse. Elle marque, avec l'Avent, le début de la saison de Noël. Traditionnellement, c'est une fête importante dans toute la Chrétienté occidentale, surtout dans le Nord de l'Europe. Avant la réforme du calendrier grégorien, la fête tombait le jour du solstice d'hiver dans l'hémisphère nord. Elle correspondait alors au jour à partir duquel les journées commencent à s'allonger. Le dicton : « à la sainte Luce, le jour augmente du saut d'une puce » correspond à cette observation.

4- le calendrier républicain : réalisé par des maçons, (l' astronome Lalande et le physicien Monge), c'est le plus exact. Cependant il disparaît car, en contrepartie de son sacre, le Pape demande à Napoléon de revenir à l' ancien calendrier.

Après avoir rappelé les différents systèmes pour mesurer le temps, nous voudrions aborder maintenant le symbolisme des mois de l'année et montrer leur rapport avec la démarche initiatique.

I - LE SYMBOLISME DES MOIS DE L'ANNEE

Notre calendrier est calqué sur le calendrier romain qui a été élaboré en deux temps à une époque où « quand la légende rencontre l'histoire c'est la légende qui gagne », selon les termes entendus dans le western *L'homme qui tua Liberty Wallance.* On songe également à cette pensée de Jean Cocteau : « *l'histoire est du vrai qui se déforme, la légende du faux qui s'incarne* ».

Nous distinguerons d'abord l'année de Romulus, fils de Mars et de Rhéa, descendante d' Enée, puis celle de Numa Pompilius (715 – 672 av. J.C.) :

1- l'ancienne année, dite de Romulus, apparaît d' abord :

Elle se divise en un ordre de deux fois cinq mois (janvier et février en moins) comme en témoigne la philologie et la littérature védique qui se réfère à la tradition arctique de dix mois. Les anciens calendriers (essentiellement ceux de l'Inde, de l'Iran et de la Grèce) ont donc, selon le savant indien Tilak, (1856-1920) une origine septentrionale remontant à une période interglaciaire dite d'Orion, (4500 avant notre ère) pendant laquelle les peuples aryens connaissaient un jour et une nuit de plusieurs mois chacun que l'on peut rapprocher des deux fois cinq mois de l'année de Romulus qui commençait au 1er mars. L'année romaine est alors lunaire. Elle ne comportait que 304 jours. Quoi qu'il en soit, la civilisation néolithique vieille de 5000 ans avant notre ère est bien venue du Nord de l'Eurasie et s'est répandue en Europe centrale et occidentale (courant danubien) et sur tout le pourtour méditerranéen comme en témoigne la migration de certaines tribus celtes à l'origine des Berbères. D'ailleurs l'importance de l'Hyperborée dans les mythologies semble corroborer cette origine. Bref ! Nous déduisons de cette origine septentrionale des calendriers la nécessité de les réajuster en fonction de la latitude du lieu. C'est ce que nous allons voir maintenant.

2- la nouvelle année de Numa :

Comme l'année romaine ne correspondait ni à l'année solaire, ni à l'année lunaire, Numa Pompilius, roi légendaire de Rome et successeur de Romulus, ajoute alors les mois de janvier et février. Plutarque témoigne de la modification de l'ordre des mois par Numa, *« transférant Mars de la première à la troisième place, janvier de la onzième de Romulus à la première, et février de la douzième et dernière à la seconde »*. Puis, il ajoute : *« Nombreux sont ceux qui soutiennent que les deux mois de janvier et février furent ajoutés par Numa, car ils reconnaissent qu'il n'y avait que dix mois dans l'ancien calendrier »*.

Et Plutarque nous livre son interprétation : *« L'année romaine ne comprenait initialement que dix mois, et non pas douze ; nous en avons une preuve dans le nom du dernier, que nous appelons toujours décembre, ou dixième mois ; et que Mars fut également le premier est également évident, car le cinquième mois est appelé Quintilis, le sixième Sixtilis, et ainsi de suite, dans cet ordre. »*

3- L'étymologie des mois est révélatrice de l'ancien ordre du calendrier et des ajouts postérieurs :

Cependant, l'année dite de Numa comporte 355 jours qu'il faut compenser en ajoutant un mois supplémentaire de 22 ou 23 jours pour rétablir l'accord avec l'année solaire. La plus grande confusion règne alors dans l'application du calendrier romain. Quoi qu'il en soit, retenons que c'est à cette époque que les Romains placent janvier, février, mars, avril, mai et juin au début de l'année, selon l'axe des solstices qui se réfère à la Tradition primordiale et au pôle.

Le mois de janvier, *januarius,* est le mois de Janus, le dieu des Portes. Janus et Saturne sont associés et sont considérés comme les deux rois de l'Âge d'or. Dom Pernety, dans son *Dictionnaire mytho-hermétique* de 1758 précise que les alchimistes « *font régner ce Janus avec Saturne, parce que cette matière mise dans le vase prend d'abord la couleur noire attribuée à Saturne* ». Or, le mois de janvier, *juanuarius*, est le mois de Janus, divinité qui a la particularité de regarder devant et derrière, grâce à Saturne qui, chassé de l'Olympe par Jupiter, le remercie de l'avoir accueilli dans le latium en le dotant d'une rare prudence, celle de pouvoir regarder dans un éternel présent le passé et l'avenir : « *Le solstice d'Hiver est le premier jour du soleil nouveau et le dernier de l'ancien : Phébus et l'année prennent ensemble le départ* » dit Ovide dans *Les fastes* (fastes : les jours ouvrables par opposition aux jours néfastes, interdits aux activités profanes, car consacrés aux dieux).

Janvier : Janus est le dieu du passage, (*Janua* veut dire porte) de l'initiation aux mystères, celui de la conversion du regard : le regard ésotérique est celui qui voit au-delà. Mais ce qui est digne d'intérêt, c'est de voir que le mot *yajna* comporte *ajna* (la racine *jnâ,* selon Sri Aurobindo, renvoie à l'idée de connaissance) qui correspond au 3ᵉ œil dans la physiologie occulte de l'homme. Ce chakra correspond en effet au sens de l'Éternité et au retour à l'État Primordial.

Février *(februarius)* **:** est le mois des purifications (du latin *februare* : se purifier) car il faut se purifier avant d'aborder l'année nouvelle qui commence dans l'ancien calendrier au printemps, selon l'axe des équinoxes. Avant la réforme du calendrier, février était le dernier mois de l'année.

Mars : c'est au cours de ce mois que le forgeron *Mamurius Veturius,* (*veteris* : vieux) assimilé au Vieux Mars, doit être régénéré. Il est associé aux travaux agraires et au cycle de la vie et de la mort. Il personnifie la vieille année qui se meurt. Romulus donne le nom de son père Mars au premier mois de l'ancien calendrier. On tue symboliquement le vieux roi, vêtu de peaux de bêtes, à force de le frapper à coups de bâtons blancs, afin que le jeune prenne sa place au moment de la pleine lune. Le carnaval se situe à ce moment qui approche l'équinoxe du printemps où l'année reverdit. D'ailleurs, le Christ renaît à ce moment. Comment ne pas songer à cette pensée de notre Bien Aimé Frère Joseph de Maistre lorsqu'il évoque, dans son Manifeste au Duc de Brunswick, la Tradition primordiale en ces termes : « *Tout annonce que la Franc-maçonnerie est une branche détachée et peut être corrompue d'une tige ancienne et respectable* ».

Avril : vers 700 avant notre ère, le mois d'avril (du latin *Aperta*) apparaît. Est-ce le surnom d'Apollon ? Du latin *Aprilis,* de l'étrusque *Apru,* du grec ancien Ἄφρο**,** Aphro diminutif d'Aphrodite Ἀφροδίτη**,** déesse de l'amour. Peut-on faire le rapprochement avec *aperire,* ouvrir, comme les fleurs s'ouvrent à ce moment.

Mai renvoie au dieu Maïus. Ovide sans prendre partie, examine les étymologies suivantes de ce nom : *Maiestas, maiores, Maïa* mère de Mercure-Hermès.

Juin (*Iunius*) provient du nom de la déesse Junon. Différentes étymologies de ce nom sont envisagées par Ovide : *Iuno* (Junon), *iuniores* (jeunes), *iungere* (joindre).

Juillet : en 46 avant J.C., la dernière année de la confusion, selon Macrobe, Jules César, alors Grand pontife, crée les années bissextiles sur les conseils de l'astronome Sosigène d'Alexandrie. Il ajoute deux jours à janvier, à *sextilis* (août) et à décembre ; un jour en avril, juin, septembre et novembre et institue tous les quatre ans une année plus longue d'un jour que l'année ordinaire qui fut dite bissextile. Il avance également l'année au 1er janvier. En remerciement, le Sénat donne son nom au mois de juillet, le 5ème mois de l'année, le mois de *quintilis*. Mais la réforme est mal appliquée car on rajoute une année bissextile tous les trois ans à la place de quatre.

Août : en l'an 10 ans avant Jésus-Christ, Auguste corrige l'erreur. Le Sénat le remercie en lui accordant à lui aussi un mois. Ce sera le mois d'août (du latin *augusta*), le 6e mois de l'année, le mois de *sextilis*, qui comporte autant de jours que celui de juillet de façon à ce que Jules César et Auguste soient traités sur le même pied d'égalité !

Viennent ensuite les derniers mois de l'année :
septembre, le 7e mois,
octobre, le 8e,
novembre, le 9e,
décembre, le 10e.

Les Saturnales (qui correspondent à la période de putréfaction alchimique) ont lieu avant Noël. C'est une époque de naissances miraculeuses. Au cours de ces fêtes, la libération est totale, c'est le monde à l'envers (VITRIOL = L' OR Y VIT) : les esclaves deviennent les maîtres. Ils les dominent comme « le mercure domine l'or pendant le temps du règne de Saturne », (d'après Dom Pernety).

n° 6

Récapitulons : (en italique les noms grecs du calendrier attique) :

Janvier, *juanuarius* est le mois de Janus (*Gamélion* : mariages)
Februarius, est le mois des purifications (du latin *februare* : se purifier) *(Anthestérion : mois des fleurs)*
Puis les 10 mois de l' ancien calendrier :
Mars, on tue symboliquement le vieux roi Mars afin que le jeune prenne sa place. *(Elaphébolion :* qui poursuit le cerf)
Avril, (du latin *Aperta*) Est-ce le surnom d'Apollon ? *(Munychion :* mois d'Artémis de Munichie**)**
Mai, renvoie au dieu Maïus *(Thargélion :* mois d'Artémis et d'Apollon**)**
Juin, Junon *(Scirophorion :* en l' honneur d' Artémis **)**
Juillet, Julius Caesar (**quint***ilis*), (1er mois chez les Grecs : *Hécatombéon :* hécatombe**)**
Août, (du latin *augusta*) (le mois de **sex**tilis.) *(Métagitnion :* déménagement**)**
Septembre, le 7e mois *(Boédromion :* des Boédromies**)**
Octobre, le 8e *(Pyanepsion :* fêtes des Pyanepsis**)**
Novembre, le 9e *(Méractérion)*
Décembre, le 10e *(Poséidéon)*

II - SACRIFICE ET ANNEE MAÇONNIQUE

*C*omme dans l'ancien calendrier des Romains, l'année maçonnique au RER s'inscrit dans le zodiaque ; elle commence au mois de mars. Cette période de renouveau est également le moment propice où l'alchimiste entreprend le Grand Œuvre dans le signe du Bélier (Christ à la Toison d'or de l'Église Saint Jean de Perpignan). Or la lecture dramatisée de la légende du « Christ au zodiaque », dans une gravure du Moyen-âge, du XIème siècle, est révélatrice car ce Christ est entouré de quatre médaillons représentant les saisons. Cette figure nous renvoie à une descente de l'Unité vers le morcellement et la multiplicité par la décade pythagoricienne et à sa recomposition par une remontée. Dans son ouvrage *De la Dignité de l'Homme* paru en 1486, Pic de la Mirandole traduit par des termes suggestifs ce double mouvement, symbolisé par l'Echelle de Jacob : « *...tour* *à tour nous descendrons, démembrant 'l'un' avec une force de Titan ' en une multitude', comme Osiris, et nous monterons, rassemblant avec une force de Phébé 'la multitude', comme les membres d'Osiris, en 'l'unité'... »*

Si bien qu'avec Coomaraswamy, nous pouvons dire : *« L'essentiel, dans le sacrifice est en premier lieu de diviser, et en second lieu de réunir ».*

Il y a là l'idée tout orientale et gnostique d'un « accrochage de l'âme ».

1- L'étymologie latine de sacrifice :

Sacer facere, faire, rendre sacré, donne au mot une acception différente du sens chrétien de rachat ou d'expiation ; il s'agit plutôt d'un repentir, c'est-à-dire d'une délivrance progressive que connaît celui qui remonte la pente et qui communique avec les états multiples de l'Être. On pourrait évoquer une mutation ontologique du moi vers le Soi. Comme le dit Saint-Pol-Roux, il s'agit d'« océaniser sa goutte d'eau ». La mythologie comparée avec l'hindouisme nous permet de restituer le sens d'*intronisation* au mot sacrifice, puisque le mot initié n'existe pas en sanskrit.

En effet, c'est le même mot qui en sanskrit veut dire *année* et *sacrifice* **:** or *yajna* veut dire sacré**,** saint, pur, sacrifice, rite ; ce mot est très proche du mot *Janus***,** anneau.

« Suivant Cicéron, rapporte René Guénon, le nom de Janus a la même racine que le verbe *ire*, 'aller' ; cette racine *i* se trouve d'ailleurs en sanskrit avec le même sens qu'en latin, et, dans cette langue, elle a parmi ses dérivés le mot *yâna*, 'voie', dont la forme se rapproche singulièrement du nom même de Janus ».

Mais écoutons ce que dit le professeur Philippe Lavastine : *« on peut dire que sacrifice égale œuvre, et œuvre égale initiation. Or l'année commence dans le signe du Bélier* (à l' équinoxe du printemps) *qui correspond au sommet de la tête, et se termine dans le signe des Poissons, qui correspond aux pieds. C'est-à-dire que le sacrifice est accompli en une année, si l'on a fait descendre l'esprit de la tête dans les talons ».*

Christ au zodiaque, Italie septentrionale

« Cette figure représente un Christ apollinien du XIe *siècle, au centre du zodiaque avec quatre médaillons représentant les saisons. Apollinien dans le sens où le christ est chargé des attributs d'un dieu solaire, comme Apollon pour les Grecs, qui personnifie la force souveraine, organisatrice, régulatrice de l'intelligence, qui maîtrise et met en forme l'élan vital. Face à la présence, dans l'inconscient collectif de la double polarité "Apollon-Dionysos", le christianisme du Moyen Age a tenté une récupération. Le Christ est chargé des attributs d'un dieu solaire. Il apparaît, nimbé d'or, comme souverain des cieux, avec comme*

idée centrale: Dieu est lumière. A cette lumière initiale, incréée et créatrice, participe chaque créature. L'acte lumineux de la création institue une remontée progressive de degré en degré vers l'Etre invisible et ineffable dont tout procède. C'est la vision hiérarchique de l'univers, visible et invisible selon Denys l'Aréopagite. Ce concept va nous offrir les rosaces et d'un point de vue philosophique, la pensée thomiste. »

2- la conversion du regard : le travail va consister à corriger ma vision.

Dans un autre texte sur le symbolisme de Borobudur, il ajoute : « *Les petits hommes que nous sommes, sont sacrifiés à chaque instant par nos per-cep-tions. Par chacune de nos perceptions, nous nous sacrifions, nous nous éparpillons, et voilà ce qu'il faut renverser : ce sera ça le grand revirement... »*

3- Le monde est né du sacrifice d'une première entité humaine, cosmique, « *...car l'homme a en lui la possibilité de vaincre la mort, de sortir du monde ; du sacrifice de cet homme primitif, le Purusha, est né le monde, de son crâne a été faite la voûte du ciel, avec ses pieds a été faite la terre, avec son souffle ont été faits les vents, avec son œil droit le soleil, avec son œil gauche , la lune, de ce grand sacrifice le monde est né. Il s'agit de recomposer cet homme, de revivre dans cet homme. Le sacrifice est cette opération qui ressuscite celui qui avait été crucifié au commencement. Par le sacrifice les hommes recomposent l'homme dans le temps »*.

Dans le pythagorisme nous retrouvons cette idée de morcellement de l'Unité par la décade, suivi d'une remontée. Or c'est la décade qui présidait initialement au calendrier romain. Ce morcellement se retrouve dans l'Adam Kadmon puisque l'arbre séphirotique comporte 10 séphiroth. Le calendrier dure 10 mois : il démarre au printemps et se termine au solstice d'hiver. C'est une année vivante avec une naissance et une mort. Remarquons qu'au rite Standard d'Écosse, les augmentations de salaire se déroulent sur une année, si bien qu'un candidat initié en début d'année maçonnique est élevé en fin d'année. Dans la religion du soleil, les fruits en devenant rouges, « passent la promesse des fleurs » – l'expression est de Malherbe – et parviennent à maturité en automne. Vient ensuite leur pourrissement dans le noir et le froid de l'hiver. Nous pourrions traduire ce double mouvement de chute et de réintégration par le schéma suivant.

III - LIANCE - DELIANCE – RELIANCE

Les 3 temps, selon Louis Claude de St Martin : *La Chute, l'Expiation et la Réintégration*

(La misère de l'homme déchu et perverti, séparé de Dieu et infidèle à sa glorieuse vocation).

« L' essentiel, dans le sacrifice est en premier lieu de diviser, et en second lieu de réunir ». Coomaraswamy.

« L'initiation fait passer du Christ souffrant au Christ glorieux ».

Cette clef permet d'expliquer la doctrine de la réintégration. Ce thème d'un retour à l'âge d'or est éternel. Il sous-tend des œuvres en apparence aussi différentes que celle de Jean-Jacques Rousseau (« tous les hommes sont bons, c'est la société qui les corrompt »), celle de Marx (retrouver un monde de partage comme l'y invite le socialisme qui émerge de l'antagonisme capitalisme/communisme, selon une dialogique), celle des psychanalystes et des sociologues (Edgar Morin) avec les termes de Liance, (fusion, sentiment paradisiaque) Déliance, (morcellement, diasparagmos, Tsimtsum), Reliance, (réintégration, rectification, Tikkun). Tous les rites la renferment plus ou moins enfouie. Elle est une clef pour comprendre l'imaginaire d'aujourd'hui.

n° 6

BIBLIOGRAPHIE :

Cabanas Josiane, *La Procession de la Sanch*, éditions Mare nostrum, 2003.
Guénon René, *Formes traditionnelles et cycles cosmiques,* Gallimard, 1970.
Ovide, *Les Fastes*, Les Belles Lettres, 2004.
Pernety Antoine-Joseph, *Dictionnaire mytho-hermétique*, Archè Milano, 1980.
Reinach Salomon**,** *Manuel de Philologie classique*, Hachette, 1880.
Lavastine Philippe, *Borobudur : voyage initiatique.* Émission télévisée ancienne.
Lokamanya Bâl Gangâdhar Tilak, *Orion ou Recherches sur l'antiquité des Védas*, Archè Milano 1989,
Lokamanya Bâl Gangâdhar Tilak, *Origine polaire de la Tradition védique*, Archè Milano, 1979.
Thomas Joël, *Les Idées latines*, Université Via Domitia, 2008
Thomas Joël, *Approche aux méthodologies de l'imaginaire*, Séminaire 2013.
Thomas Joël, *Liance, déliance, reliance : l'émergence du héros. Construction de soi et construction du monde, des Bucoliques à l'Enéide de Virgile et à la Pharsale de Lucain.*

L'ÉSOTÉRISME NAZI
AU CŒUR DE LA NORMANDIE

© Franck Buleux

Ceux qui suivent de manière attentive, et souvent assidue, la production éditoriale de notre maison d'édition connaissent le presbytère de Rennes-le-Château où vécurent l'abbé Saunière et sa fidèle servante, mais aussi héritière des biens de l'ecclésiastique, Marie Dénarnaud. C'est, dans ce numéro d'*Historia Occultae*, à la visite d'un autre presbytère que je vous convie, situé au nord-ouest de notre pays, celui de la commune normande de Ducey.

Ducey est une petite cité de près de 2500 âmes, située dans le sud du département de la Manche, au cœur de l'Avranchin, près de la « Merveille de l'Occident », le Mont-Saint-Michel, porte de la Normandie. Ducey est une commune située également à proximité de la côte manchoise, propice au climat océanique, par nature tempéré, à une quarantaine de kilomètres de Granville, autant dire à trois heures de Montparnasse, la gare parisienne desservant le « Grand Ouest ». Ducey, si près de la côte, au large de laquelle on aperçoit les îles anglo-normandes, où Victor Hugo, exilé par la volonté répressive du pouvoir détenu par Napoléon III au milieu du XIXe siècle, s'adonnait au spiritisme dans la villa qu'il occupait sur l'île de Jersey, Marine Terrace, que l'isolement rendait si sinistre.

Ainsi, dans son ouvrage *Victor Hugo et le spiritisme*, le docteur Jean de Mutigny décrit cette demeure prédestinée, frappée par les tempêtes de la Manche, à abriter bientôt des scènes étranges : « *Pour tout paysage, la mer, les ruchers dantesques, un dolmen et un cimetière voisin pour égayer le tout. D'ailleurs la plage, si l'on fait foi aux habitants du pays, est hantée. On peut y voir, pendant les nuits de pleine lune, un décapité qui erre inlassablement à la recherche du repos éternel, il y a aussi la Dame blanche, jeune femme infanticide qui apparaît de temps en temps sur les rochers, une Dame noire, ancienne druidesse qui aurait immolé son père sur un dolmen au cours d'une cérémonie et une certaine Dame grise, dont on ignore les antécédents ».*

Trois Dames, un signe avant-coureur ? Reverrons-nous la Dame blanche, se demandent les habitants de Saint-Hélier, la capitale de l'île de Jersey ? Peut-être… Qui sait ?

Près de la côte manchoise narguée par les îles, territoires laissées aux Anglais en 1204 mis à part celle de Chausey, malgré la victoire de Philippe-Auguste, Roi de France, sur le Roi d'Angleterre Jean sans Terre (un « oubli » historique lors du Traité signé entre Français et Anglais), Ducey est aussi proche, par la voie terrestre, de Granville.

Granville, station balnéaire et climatique de la baie du Mont-Saint-Michel est la ville connue notamment pour être le berceau de la famille des industriels Dior. Christian Dior, fondateur de la maison de couture, y vit le jour le 21 janvier 1905 et sa demeure, la villa Les Rhumbs, est aujourd'hui un musée consacré à son œuvre dont les touristes se délectent en profitant de son cadre raffiné et de son point de vue maritime. Une anecdote raconte qu'en 1919, lors d'une kermesse en Normandie, une chiroman-cienne lui prédit que « les femmes vous seront bénéfiques, et c'est par elles que vous réussirez ».

Disparu précocement, gravement malade, sans héritier direct, dès 1957 à l'âge de 52 ans, à la suite d'une crise cardiaque lors d'un séjour en Italie, ce grand couturier qui avait suivi, en vain, des cours de sciences politiques, avait pour frère Raymond Dior, qui collaborait à la revue *Le Crapouillot* avant-guerre. Très schématiquement, le journal *Le Crapouillot* d'avant-guerre, tout en dénonçant l'antisémitisme, reprochait le bellicisme des Juifs prêts à se mobiliser pour soutenir leurs coreligionnaires d'Europe centrale si un danger se faisait sentir. Raymond Dior avait été à l'initiative d'un numéro uniquement consacré aux « Juifs », véritable sujet de réflexion des années de l'Entre-deux-guerres. Ne parlait-on pas, fréquemment, de « la question juive » ?

Ducey avait donc le double avantage d'être proche de la mer et des îles et d'être ancré dans la terre normande, dans le sol du pays fondé par Rollon en 911. Rollon, premier Duc de Normandie venu de Scandinavie (du Danemark ou de Norvège, selon les historiens chercheurs divisés à ce sujet) y avait apporté les Dieux du nord, issus de la culture nordique, même s'il s'était convertit au christianisme sous la pression du Roi de France dans le cadre de la concession des terres normandes au profit des Northmen. Thor, ou Odin, accompagné de ses corbeaux Munimm et Huginn, étaient entrés dans l'ancienne Neustrie pour y fonder la Normandie, dont la porte, symbolisé par un petit fleuve d'une centaine de kilomètres, le Couesnon, était si proche de Ducey.

Mélanges et entremêlements… Ce paganisme vient se lier, se nouer avec d'autres traditions, chrétiennes celles-là, nées dans la baie du Mont, où l'évêque d'Avranches, devenu saint Aubert, bâtit le site à partir de l'année 708, à la suite d'une vision dans laquelle l'archange Michel lui ordonnait d'édifier une église sur l'île de marée rocheuse à l'embouchure du Couesnon.

C'est dans cet environnement historico-religieux entremêlé, à la fois violenté par les vagues de la Manche et protégé par Saint-Michel, archange terrassant le Dragon d'après l'Apocalypse de Saint-Jean, que nous mène notre plume.

Le Dragon, après sa défaite contre l'archange, ne fut-il pas précipité sur la Terre ? Nul ne sait où il serait tombé, ni sous quelle forme ? Y serait-il revenu sous la forme de la Dame blanche évoquée plus haut ?… Nul ne le sait.

Plus d'une dizaine d'années après la mort de son oncle Christian Dior, la fille de Raymond Dior, Françoise Dior, vient s'installer au presbytère de Ducey. Lorsqu'elle s'installe à Ducey, en provenance de l'île de Jersey, au début de l'année 1970, Françoise Dior, née le 7 avril 1932, est une femme libre, à la fois divorcée et séparée. D'abord divorcée du Comte Robert-Henry de Caumont La Force, épousé en premières noces le 27 avril 1955, petit-fils d'un prétendant au trône de Monaco. Ils ont eu, ensemble, une fille, Anne-Marie Christiane, née le 4 novembre

1957. Cette jeune fille, dont le destin sera bref et tragique, sera communément prénommée Christiane. Il est vrai que son grand-oncle, de santé fragile et mort prématurément, se prénommait Christian et qu'elle naquit quelques jours seulement après sa mort… Quelle force symbolique ! Nul n'évoque ici tout phénomène de réincarnation, même si le tragique présidera au terme de ces vies.

Christiane, âgée de 12 ans

Colin Jordan Vencanje

Divorcée du Comte dès 1960, elle est également séparée du leader du National-Socialist Movement (NSM), mouvement d'extrême-droite britannique disparu depuis lors, Colin Jordan qu'elle a épousé civilement, à Londres, le 5 octobre 1963.

Bien sûr, cette liberté de femme contemporaine n'est pas totale géographiquement. Elle fait, en effet, l'objet d'une procédure d'interdiction de séjour à la suite d'une condamnation pénale pour activités politiques illégales. Elle dispose donc d'un « carnet anthropométrique » qui indique sa présence indésirable à Paris. Certes libre de ses mouvements (car sa peine d'emprisonnement a été purgée à la maison d'arrêt de Nice), elle n'en demeure pas moins sous le coup d'une interdiction de séjour.

Cette décision pénale a, probablement, incité Françoise Dior à débarquer, si l'on peut dire, en Normandie, même si la proximité de la commune de Granville, berceau familial, n'est pas à exclure. Femme libre, elle n'en demeure pas moins une femme de convictions et fait entrer, au cœur de la Normandie, à la culture si tempérée, des pratiques issues d'un autre Temps…

De quoi ce Temps est-il le nom ?

Il s'agit d'un temps déjà révolu depuis un quart de siècle lorsque Françoise Dior s'installe en Normandie britannique, Jersey, puis française, Ducey. Ce temps est celui du national-socialisme, idéologie politique issue de l'Allemagne, mise en œuvre entre 1933 et 1945 par le Chancelier Adolf Hitler. Ce temps est une forme d'« alter-Temps », c'est-à-dire de brèche, de parenthèse temporelle. Le procès de Nuremberg, à la sortie de la Seconde Guerre mondiale, a été la preuve judiciaire internationale de la volonté d'effacement, par la condamnation, y compris par la mort physique de certains accusés, d'un système opposé aux valeurs humaines préexistantes et depuis pérennisées.

Préalablement, nous retiendrons, car c'est notre conception originale, que le national-socialisme était certes issu d'un parti politique, le DAP (Parti des Travailleurs Allemands), devenu le

NSDAP (Parti National-Socialiste des Travailleurs Allemands), de leaders, d'élections… mais pas seulement. En effet, le national-socialisme, comme l'indiquent nombre d'auteurs, est né d'une utopie, celle de favoriser la création d'un « Homme nouveau », bien au-delà d'une simple volonté de prise et de conservation de pouvoir, par essence éphémère.

Certains auteurs retiendront l'aspect « magie noire » du nazisme comme les auteurs traditionnels René Alleau (*Hitler et les sociétés secrètes, enquête sur les sources occultes du nazisme*) et Werner Gerson (*Le nazisme, société secrète*). D'autres plus récents, comme Frédéric Rouvillois qui vient de publier l'excellent essai *Crime et utopie, une nouvelle enquête sur le nazisme* retiennent le caractère « utopique » du nazisme. Dans les deux thématiques, il s'agit de dépasser l'aspect marxiste représentant le nazisme comme stade suprême du capitalisme, mais aussi l'aspect du « Mal absolu » insusceptible de compréhension et seulement condamnable du fait de ses conséquences criminelles. Outre cet aspect totalitaire (au sein plein du terme, c'est-à-dire d'une vision de l'Homme dans son intégralité), nous retiendrons, comme d'autres auteurs évoqués précédemment, qu'au-delà d'une explication par l'existence d'un Mal absolu décrié à juste titre, il existe des justifications liées à la recherche d'un « Homme nouveau ». C'est aussi cette approche que nous retrouvons dans *Le matin des magiciens*, *best-seller* paru en 1960 écrit par Jacques Bergier et Louis Pauwels, écrivains férus de magie et d'ésotérisme et dont la revue *Planète* fit leur commune notoriété. Dans notre conception, fidèle à l'esprit de ces auteurs, le projet national-socialiste, au-delà d'un nationalisme ou même d'un pangermanisme, s'identifie à des règles quasi-religieuses : un lien (du latin *religare*, se relier à) entre un guide et son peuple.

Le thème de ce texte n'est pas, bien évidemment, l'étude du national-socialisme dans sa complexité, mais il est nécessaire d'adopter, ou d'accepter provisoirement, ce point de vue pour comprendre, sans toutefois forcément l'approuver, la suite de notre enquête. Entrer dans un système politico-religieux pour en soustraire, peu à peu, la vision politique… et n'en conserver que la forme ritualisée, expression d'une forme de religiosité.

De surcroît, l'aspect religieux engendre un double aspect : une forme visible, faite de grands rassemblements, forme de transmission d'énergie d'un peuple vers son guide (l'aspect symbolique du « bras tendu » est une forme d'envoi énergétique vers un réceptacle, main ouverte) mais aussi une forme ésotérique, tournée vers une forme de rituélie secrète, destinée aux initiés ou à ceux qui se réclament d'une initiation à une forme élitisme du dogme.

Un système religieux se nourrit et se perpétue, en effet, d'abord, par la création, puis la répétition, la récurrence, de rites. Ducey sera témoin de rites. Et ces rites furent essentiellement issus de « Dames » : l'actrice principale, la « prêtresse » du national-socialisme et la victime expiatoire…

L'actrice principale, Françoise Dior, aime, et pratique, les rituels…

D'abord sensible aux rituels monarchiques (auxquels elle reviendra bien plus tard), elle s'offrira à d'autres passions dès le début des années 1960.

D'abord, le rituel fut celui du sang. On a souvent qualifié le nazisme de déterminisme biologique (par contre-référence au marxisme, forme de déterminisme matérialisme), dont le sang, dans sa structure moléculaire, est le fondement des différences, et par voie de conséquence des inégalités raciales.

Dès 1963, lors de son union maritale avec Colin Jordan, leader néo-nazi britannique, celle-ci ne fut pas purement et strictement civile. Les époux mirent un point d'honneur à consacrer leur union au national-socialisme, reprenant ainsi certains rites mis en place par les structures les plus « nordicistes » du mouvement hitlérien. Ainsi, les époux firent couler quelques gouttes de leur sang mélangé, à la suite d'une double incision de deux de leurs doigts, sur la page blanche d'un livre sacré…*Mein Kampf* écrit par Hitler, symbolisant ainsi la portée religieuse de celui-ci. Loin de constituer une autobiographie et un programme pour l'avenir, ce texte écrit en prison par Hitler assisté, dit-on, de Rudolf Hess, passionné d'ésotérisme, est avant tout une vision prophétique du monde dans une version antagoniste entre aryens et juifs.

La mise en scène, filmée pour l'occasion et encore largement diffusée, et aisément accessible sur internet, permet également à Françoise Dior d'affirmer sa volonté de mettre au monde des enfants dans une vision du monde (*Weltanschauung* selon le terme allemand cher aux dirigeants nazis) purement et totalement national-socialiste. Cette programmation génétique ne fut jamais mise en œuvre, la séparation du couple ayant eu lieu très rapidement.

A peine installée à Ducey, celle qui avait, par le passé, tenté de développer un mouvement nazi français – dans le cadre d'une union internationale des mouvements du même ordre – sous la houlette du neveu du peintre impressionniste normand Claude Monet, Jean-Claude Monet, va accueillir « la prêtresse d'Hitler ».

Un mot succinct, auparavant, de Jean-Claude Monet, qui initia, au milieu des années soixante, un parti politique national-socialiste sous les auspices du mythe Viking. L'engagement politique de ce mouvement resta faible, notamment au niveau des résultats escomptés, malgré une certaine médiatisation, mais il est clair qu'au-delà de cela, l'objectif était de nouer avec un cadre national-socialiste ésotérique. Ainsi, nous retrouverons, bien plus tard, Jean-Claude Monet passionné d'ufologie. Nous renvoyons nos lecteurs aux soucoupes volantes nazies et à certaines dérives ufologiques... Pour les amateurs de revues anciennes, dont je suis, on retrouve encore des petites annonces explicites de Jean-Claude Monet dans le magazine de l'étrange à parution hebdomadaire *Nostra* jusque dans les années 1980.

Au-delà des rites liés au national-socialisme sublimant le sang, Françoise Dior continua sa formation spirituelle dans le calme bucolique de la ruralité du sud-Manche, jeux et terre de contrastes...

Les différentes lectures de Françoise Dior l'amenèrent au satanisme. La chute du Dragon, frappé par l'archange Michel, hante la région et l'esprit tourmenté de Françoise Dior.

Outre-Manche, son époux dont elle est séparé, Colin Jordan a intégré au sein de son nouveau mouvement politique, le British Movement (BM) le jeune David William Myatt qui s'employa, avec une certaine dévotion, à lier, dans le cadre du dépassement nietzschéen de l'Homme, nazisme et satanisme.

Cet aspect, souvent relevé par des auteurs comme François Ribadeau-Dumas (auteur de l'ouvrage *Hitler et la sorcellerie*) ou ceux déjà cités, fait l'objet d'une critique contemporaine, soulevant que cette conception du nazisme est né bien après lui, pour lui conférer une espèce de forme extrapolitique, voire extra-guerrière.

Or, dès les procès de Nuremberg, cet aspect est soulevé : dans l'audience du 17 décembre 1945, le chef de la délégation américaine, le colonel Storey décrit les efforts déployés par le parti nazi pour supprimer le christianisme. Il révèle l'objectif du chef du parti, Martin Bormann (qui a succédé à Rudolf Hess) : *« les concepts nationaux-socialistes et chrétiens sont inconciliables. Notre idéologie nationale-socialiste est beaucoup plus élevée que les concepts du christianisme, qui, en leurs points essentiels, ont été repris à la juiverie… ».*

Or, depuis la nuit des temps, l'on sait que la Nature a horreur du vide… A Ducey, Françoise Dior se plonge, quant à elle, dans les textes de René Guénon, Julius Evola, Georges Gurdjieff… Ses livres de chevet sont empreints de pratiques satanistes, la revue anglaise *Man, Myth et Magic* inspira certains textes écrits au presbytère de Ducey.

Entre paganisme nordique et satanisme, Françoise Dior se plonge dans un univers mythifié sur lequel nous reviendrons. Nous ne distinguerons pas, ici, ces deux religiosités, même si la première est fondée sur le multiple et la seconde sur une forme d'unicité (Lucifer, Satan…).

Avant de poursuivre, indiquons seulement que cet amalgame revendiqués par certains adaptes trouvent sa source dans le christianisme : ainsi, le terme *Hell* (l'enfer, lieu où trône Satan) est la représentation dialectale de Hel, déesse nordique gardienne des enfers (que d'autres traditions païennes traduisent par Hadès) ; autre exemple, la détestation de la *pomme*, fruit symbolisant le péché, est une façon de maudire les pommes d'or des Hespérides ou celles de Freya, déesse nordique de l'amour et de la fertilité (un clin d'œil aux pommes bleues de Rennes-le-Château du 17 janvier) ; enfin, le mot *prostituée* en anglais, *whore*, n'est qu'une corruption sémantique du fruit sacré des druides, la baie de l'aubépine, le *haw* en anglais.

Cet amalgame ainsi facilité entre satanisme et polythéisme nordique se retrouvera chez Françoise Dior, comme chez de nombreux adeptes, ne parvenant pas à distinguer ce que certains ont souhaité confondre.

Pour en revenir au presbytère de Ducey, la fin de l'année 1970 vit l'entrée en scène dans l'Avranchin de Savitri Devi, alors jeune retraitée.

Qui est Savitri Devi ?
La prêtresse d'Hitler, garante des principes de l'Ordre SS

Maximine Portaz ou Maximiani Portas, son patronyme de naissance, francisé ou non, a vu le jour le 30 septembre 1905 à Lyon. Il s'agit d'une Française (par le droit du sol en vigueur, elle sera d'ailleurs enseignante, titulaire d'un doctorat en lettres, dans le département de la Loire) d'origine grecque par son père et anglaise par sa mère, convertie au paganisme aryen dans les années 1920. Partisane de l'indépendance de l'Inde face à l'Empire britannique, elle épouse un brahmane en 1939 et prend alors le nom hindou de Savitri Devi.

Dès le début des années 1960, elle établit des contacts avec des néo-nazis britanniques. Proche de Colin Jordan, elle n'eut aucun mal à se lier d'amitié avec Françoise Dior. Auréolée d'un prestige international auprès de cercles extrémistes, elle fut à l'origine de la création de la WUNS (World Union of National Socialists) dont l'objectif était la fondation d'un parti national-socialiste dans chaque pays.

Avant de rejoindre son époux à New Delhi et après avoir liquidé ses droits à la retraite en France, Savitri Devi vécut à Ducey, elle aussi... Pendant ces quelques mois passés dans le sud de la Manche, entre les années 1970 et 1971, elle fut inspirée pour conclure son ouvrage, alors en préparation, *Souvenirs et réflexions d'une aryenne*, qu'elle dédiait « aux initiés, morts ou vivants de l'Ordre des Schutzstaffeln, en particulier à ceux de la section 'Ahnenerbe' du dit Ordre, et à leurs disciples et émules d'aujourd'hui et des siècles à venir ».

L'Ordre qu'évoque Savitri Devi est un Ordre SS dédié à la recherche des ancêtres, à la mémoire (dont le corbeau d'Odin, Munimm, représente la tradition nordique) liée à la Terre. Il s'agit, pour ces services allemands, de localiser des territoires avec des traces de population germanique, y compris jusqu'au Tibet où les SS organisèrent une expédition rendue célèbre par le cinéma contemporain et Jean-Jacques Annaud avec *7 ans au Tibet* et l'acteur populaire américain Brad Pitt.

Pour parfaire le sujet, nos lecteurs connaissent, pour la plupart d'entre eux, les travaux d'Otto Rahn, écrivain et archéologue allemand, autour du site de Montségur et du Catharisme pendant les années qui précédèrent la Seconde Guerre mondiale.

Pour en revenir à Savitri Devi, qui regretta toujours de ne pas avoir rencontré Hitler et combattu en faveur de des puissances de l'Axe Berlin-Rome-Tokyo, elle passa l'ensemble de sa vie, après la Seconde Guerre mondiale, à mythifier et glorifier Adolph Hitler considéré comme « le neuvième avatar de Vishnou », y compris en faisant œuvre de propagande active à travers toute l'Europe occidentale.

Une photo, souvent diffusée et reproduite, représente, dans le jardin du presbytère de Ducey, Savitri Devi, en tenue traditionnelle hindoue, bras droit tendu face au Soleil :

n° 6

L'astre solaire semble avoir une importance fondatrice dans les théories de Savitri Devi, de *The Lightning and the Sun* (La foudre et le soleil), ouvrage qui appelle à la fondation d'un nouvel âge d'or, à *Akhenaton fils du Soleil* (édité juste après sa mort par les Éditions Rosicruciennes liées à l'AMORC), l'évocation du Soleil est une rhétorique permanente.

Dans le sous-continent indien, elle découvrit « des dieux et des rites apparentés à ceux de la Grèce antique, de la Rome antique, et de la Germanie antique, que les gens de notre race ont possédés, avec le culte du soleil, il y a 6000 ans ». Adepte du culte solaire, elle avait, aussi, ses parts d'ombre. Comme Françoise Dior, Savitri Devi était une femme de convictions et une femme libre... Marié avec un brahmane pour éviter d'être expulsée d'Inde, elle décrivait son union comme un mariage chaste, conclu uniquement pour des raisons de passeport. La chasteté dans le mariage semble avoir convenu à son époux, adepte des pouvoirs yogiques conférés par l'abstinence sexuelle. Savitri Devi, par contre, semble avoir eu, comme son hôte, une sexualité libérée. Au-delà de la rituélie, la mort...

Christiane de Caumont La Force, la sacrifiée.

Toute pratique ésotérique ne mène pas, heureusement, au sacrifice. Mais il existe des rituels exigeants. Or, les rapports très intimes nés entre Françoise Dior et sa propre fille ne sont pas sans rappeler des pratiques liées à la « magie sexuelle ».

La vie mouvementée, publique comme privée, de Françoise Dior ne semble pas être apaisée par la continentalité du climat normand. Ses rapports avec sa propre fille ne sont pas ceux, traditionnellement, que l'on attribue à des parents et enfants en ligne directe... Les rapports entre mère et fille sont mêlés d'admiration mutuelle, de haine, de concurrence, de jalousie...

Une double influence semble se croiser ici, entre Aleister Crowley et Maria de Naglowska : d'abord, la loi de Thélema (du nom de la ferme dont Crowley était propriétaire en Sicile), rendue célèbre par *Le livre de la loi* d'Aleister Crowley, occultiste britannique. Le fondement idéologique de Crowley est la volonté au-dessus de toute Loi, « fais ce que tu veux » est le principe. Françoise Dior ne renia jamais, et à Ducey moins qu'ailleurs encore, ce principe.

Celui que le journaliste britannique John Bull surnomma « *the wickedest man in the world* » (« l'homme le plus pervers du monde » en traduction littérale), avait mis en place un certain nombre de rituels dont l'un, à Cefalu, en Sicile, entraîna le décès d'un homme, lui valant son expulsion définitive, par Mussolini, du territoire italien compte-tenu de sa nationalité britannique.

Cette influence se retrouve chez une relation de Françoise Dior, Jean-Louis Bernard Klingel-Schmitt, spécialiste du Tantrisme sexuel. Cette philosophie, pour digne d'intérêt qu'elle soit, met en prise différentes notions mêlant une sexualité, parfois débridée.

Enfin, la magie sexuelle prônée par Maria de Naglowska comme facteur d'énergie et vecteur de puissance spirituelle, occultiste russe et grande mystique installée à Paris de 1929 à sa mort (a priori en 1936 malgré l'existence, à ce sujet, de différentes versions) semble être un point d'orgue final entre Françoise Dior et sa fille biologique, Christiane.

Après avoir subi une éclipse d'une vingtaine d'années, l'enseignement ésotérique de Maria de Naglowska reprend à partir des années 1960, à Paris force et vigueur, sans doute sous la trouble influence d'un courant de tantrisme qui se développe autant chez les adeptes du *new age* que chez les aristocrates de Passy ou d'Auteuil.

Les expériences en matière de sexualité, notamment en matière de transmission d'énergie, ont toujours existé depuis la « prostitution sacrée » des anciens Grecs jusqu'aux réponses apportées par Freud. Mais ici, l'expérience semble n'avoir de sens qu'en matière de finalité, de terme...

Selon Maria de Naglowska, « *les débordements de tous les appétits sensuels ne sont que les premiers pas maladroits du Mal régénéré... La femme est la porte par laquelle on peut pénétrer dans le domaine de la mort comme dans celui de la vie éternelle. Ève est l'arène où la vie et la mort se livrent un combat sans merci* ». Sa devise était : « *Vers la connaissance à travers l'amour* ». Le stade final du rituel de Maria de Naglowska est celui dit du « rite de la pendaison ».

Ce symbole prend naissance dans la trahison de Judas Iscariote, apôtre à l'origine de l'arrestation de Jésus et qui se serait, pris de remords, pendu. Cette fin, même s'il ne s'agit pas de l'unique hypothèse, est reprise par l'évangile de Matthieu (27:5). A partir de cet acte rédempteur, Maria de Naglowska met en forme un rite mettant en scène l'épreuve de la pendaison, dont le but est une nouvelle naissance de l'éprouvé. Un mage met la corde au cou de ce dernier et commence alors un voyage initiatique…

Ce n'est pas notre sujet mais dans de nombreuses écoles, des élèves décèdent, ou subissent de graves lésions cérébrales, à la suite de cette épreuve, censée entraîner une forme de jouissance suprême – des textes de Maria de Naglowska sont-ils diffusés, *in petto*, au sein des établissements scolaires ? On n'ose le croire.

Cette parenthèse indiquée sous forme de mise en garde à nos lecteurs, revenons-en aux acteurs du rituel : le pendu symbolise Satan et il se retrouve, lors de son voyage initiatique, face à l'infini. C'est du moins l'objectif de ce cérémonial.

Pour les sensations exprimées, je vous renvoie aux *Traités de magie sexuelle* rédigés par Maria de Naglowska qui évoque ainsi ce passage : « *On me dit que ceci ne dura qu'une seconde, mais j'affirme qu'une seconde avait la nature de l'éternité* ». L'objectif de ce rituel est « *Une amélioration spirituelle, un éblouissement extraordinaire, la contemplation subite et immé-diate de Satan, c'est-à-dire du mal régénéré.* »

Il semble inutile de préciser les dangers de pareilles cérémonies. On prétend que Gérard de Nerval est mort, rue de la Vieille-

Lanterne, à Paris, après avoir tenté, en 1855, de se livrer à des activités érotiques par la pendaison. Toutefois, selon le rituel compris dans son intégralité, et pour rassurer nos lecteurs, le mage coupe la corde du gibet avant l'issue fatale, supportée par Judas.

Mais quels sont les liens entre les Dior et la « jouissance satanique » ?

Christiane portait fréquemment, en sautoir, la croix inversée, symbole de satanisme et les lectures et rituels de Françoise Dior se tournaient de plus en plus vers la magie sexuelle. Le pire restait à venir…

Comme dans un rituel, le mage appelé aussi le mage-guérisseur dans les rituels de Maria de Naglowska avait préparé le gibet. Françoise Dior s'était donné le rôle du mage. De Ducey, Françoise Dior manipulait Christiane. Le saphisme ne suffisait plus à leurs jeux, ou pire il était menacé. Christiane, symbole de Satan, avait décidé de se soumettre au mystère de la pendaison.

Juillet 1978, un véritable début d'été automnal : il pleut, vente et neige en montagne ; il n'est plus question de Soleil invaincu, même le temps subi n'invite à aucune réjouissance. D'ailleurs, le temps, lui-même, semble suspendu.

A quelques heures de Ducey, au cœur de Paris, la magie s'exerçait. Peu après le solstice d'été de 1978, dans la nuit du 4 au 5 juillet, l'expression de Satan pratique le rituel de la pendaison. Cette nuit-là, le mage-guérisseur n'était pas là pour neutraliser « le feu noir » de la corde suspendant l'éprouvée, il était à Ducey. Souvenons-nous de la Dame blanche infanticide évoquée au début de ce texte… Elle est revenue.

De quoi Ducey est-il le nom ?

A priori, ce lieu n'a rien d'exceptionnel. Autant, l'ile de Jersey a une particularité : outre le fait qu'elle appartient à la Couronne britannique, il s'agit (avec les autres îles anglo-normandes) du seul territoire britannique annexé par les Allemands lors de la Seconde Guerre mondiale. Et si, au-delà d'une maison disponible, un autre mystère entourait cette région ?

La présence occupante de la Wehrmacht à Jersey du 30 juin 1940 au 9 mai 1945 a nourri bien des interrogations de toute nature. Nos lecteurs connaissent le goût pour les vivants pour la recherche de trésors, virtuels comme réels. La magie des terres normandes, britanniques comme françaises, entraîne parfois des envies de quête. Mais cela est une autre Histoire.

n° 6

L'OCCULTE, LE MERVEILLEUX ET LE FABULEUX CHEZ LES BERGERS

© Tony Goupil

La pastorale dramatique est un type de pièce de théâtre qui a pour sujet, les amours contrariés, les amours compliqués, les amours imbriqués de bergers et nymphes, de pasteurs et bergères dans un univers forestier et bocager. Ce genre théâtral naît pendant la période faste de la Renaissance italienne et s'inspire des grandes églogues des poètes latins, des écrits bucoliques des auteurs antiques. Se développant pendant toute la Renaissance, la pastorale dramatique connaît un vif succès en France, jusqu'à la période baroque au XVIIe siècle où le genre, très en vogue, semble le plus abouti. Je vais donc étudier dans cet article, des pastorales de ces deux périodes, afin de montrer, loin des clichés que l'on peut avoir sur ce genre littéraire (encore mal connu du public) que les pièces qui le composent sont des textes originaux regorgeant de références au merveilleux. Un merveilleux à la fois magique, mythologique, ésotérique, occulte. Un merveilleux qui s'inspire des croyances magico-littéraires de l'Antiquité, de l'obscure magie des sorcières médiévales, ou encore des prodiges et miracles de la Renaissance.

Le thème de la métamorphose sur la scène pastorale

Comme nous l'avons dit, les pièces pastorales s'inspirent beaucoup des grands écrits des *auctoriates* de l'antiquité hellénistique et des poètes latins. Et notamment des *Métamorphoses* d'Ovide. Il existe de nombreux cas où les personnages de pastorales changent d'apparence, mais pour ma part je ne prendrais que deux ou trois exemples qui me semblent emblématiques de cette question. Dans *Alphée*, pastorale d'Alexandre Hardy (1624), auteur parisien, c'est une sorcière qui va se révéler être la plus grande « fauteur de trouble » de l'harmonie bocagère. Il s'agit de Corine, personnage pivot de la pièce, « magicienne de Moyen Âge », telle qu'elle est qualifiée par l'auteur dans son résumé liminaire à l'œuvre. Cette dernière, en proie à l'amour, éprouve un désir enflammé pour le berger Daphnis, malgré la différence d'âge qui les sépare. Elle commence par évoquer ses puissants pouvoirs, ne comprenant pas pourquoi l'amour a tant de prise sur elle, qui est si versée dans l'art magique :

> *« À moi qui fait la lune obscure et claire ?*
> *Qui puis d'un champ transporter les moissons ?*
> *Muer les corps en diverses façons ?*
> *Faire frémir l'Érèbe à ma parole ? »*

Par la suite, voyant qu'elle ne parviendra pas à se faire aimer de Daphnis et se poser en rivale de la nymphe Alphée dont il est amoureux, la magicienne décide de transformer le jeune homme en rocher. Une fois son méfait accompli, elle s'extasie sur son œuvre :

> *« Sus, que ce corps me devienne un rocher*
> *Que le supplice imite la nature*
> *D'un qui témoigne à la race future,*
> *Jusqu'où s'étend le sublime pouvoir*
> *De notre occulte et plus qu'humain savoir. »*

Ensuite c'est la belle Alphée, qu'elle changera en fontaine afin qu'elle épanche ses pleurs sur son aimé rocher (comme le fait une source qui sourd d'un rocher dans la « vraie » nature). Et comme on dit jamais deux sans trois, elle poursuit son cycle de métamorphoses en muant Isandre, le père d'Alphée, en arbre, alors qu'il venait s'outrer des maléfices de la sorcière. Il est intéressant de constater que le trio de métamorphoses réalisé par Corine correspond, en définitive aux trois grands règnes de la nature (minéral, aquatique et végétal) qui constituent les trois éléments du paradis pastoral. Une troupe de bergers, suite à ces incidents, vient s'attaquer à Corine. Elle les menace de déchaîner les éléments à l'aide d'une poudre magique, lancée dans le ciel :

> *« Courroux qui peut d'une poudre menue*
> *Semée en l'air, faire crever la nue*
> *Faire en plein jour les ténèbres venir*
> *[…]*
> *Et je ne veux d'armes que mon courroux*
> *Ne bougez pas, qu'à l'heure qu'un orage*
> *Leur fera perdre et parole et courage*
> *[…]*
> *Hôtes de l'air, favorables démons*
> *Par le pouvoir de la Dive aux trois noms*
> *À coups d'éclairs, de tonnerres et de grêle*
> *Bouleversez cette troupe rebelle. »*

Ainsi par ses divers tours de magie, Corine revêt à mon sens divers statuts dans cette pastorale. En métamorphosant ses opposants, elle se met au rang des dieux. Elle s'assimile à Apollon qui changea Daphné en laurier ou encore à Mercure qui transforma Battus en roc. Battus était un berger de Pylos qui fut témoin du vol du troupeau d'Apollon par Mercure. Le dieu messager proposa donc une bête du troupeau d'Apollon à Battus en échange de son silence. Le marché fut donc fait mais Mercure, doutant de la parole du berger, revint quelques instants plus tard sous l'apparence d'un mortel pour proposer à Battus de lui dire qui a volé le bétail d'Apollon contre un bœuf. Battus accepta, oubliant sa promesse, et Mercure le changea en rocher pour le punir de sa déloyauté.

n° 6

Ensuite en invoquant l'orage et la grêle, Corine devient une *Tempestaire*, terme qui désignait les sorcières capables d'invoquer la pluie et de déchaîner les tempêtes. En définitive dans la pastorale *Alphée* d'Alexandre Hardy, c'est Cupidon qui interviendra pour redonner forme humaine au trio Daphnis-Alphée-Isandre et fera que Corine se repentira de ses actes de magie noire. Dans *La folie de Silène*, pastorale anonyme de 1623, c'est un satyre qui va faire preuve de magie pour contrecarrer des amours sereins. Les satyres, ces « dieux chèvre-pieds », qui dépendent de l'autorité de Pan (dieu des pasteurs) dans les pastorales, sont très rarement doués d'une sapience magique ou de la capacité de lancer des sorts, d'élaborer des charmes. *La folie de Silène*, est le seul exemple de pastorale à ma connaissance (deux si l'on considère, le *Sacrificio* de Beccari, 1555, qui paraît être la première pastorale dramatique) où un satyre possède la connaissance de l'art de sorcellerie. À la scène 2 de l'acte III, il fait notamment étalage de ses pouvoirs à Corile dont il est amoureux, afin de l'impressionner :

> *« Je sais tous les secrets et j'ai bien de la science,*
> *De faire maints effets, hors l'humaine puissance*
> *S'il me plaît, sans tarder, Corile, je puis bien,*
> *Faire que ce grand Tout ne sera plus qu'un rien,*
> *Le Ciel, la terre, l'air, sous mes paroles tremblent :*
> *Et à mon seul sujet contrairement s'assemblent ;*
> *La lune, au teint d'argent, contrainte par mes vers,*
> *Forçant le cours du ciel, fait le sien à l'envers.*
> *Pluton me craint encore & dans les sales sombres,*
> *Je me vois redouté de maintes pâles ombres. »*

Le satyre ici fait montre de beaucoup de présomption et outrage même les Dieux de l'Olympe puisqu'il ose se placer au-dessus de Pluton, lui qui n'est qu'un satyre. Corile, en tout cas, insensible à ce dernier, qualifie de « babil », tout ce qu'il vient de dire sur l'étendu de ses pouvoirs, ne semblant nullement s'émerveiller de sa puissance de sorcellerie. Pourtant il va mettre son sombre savoir à exécution en changeant Thyrsis, le berger qu'elle aime, en arbre. Et pas n'importe lequel, en myrte vert, l'arbre symbole de l'amour pour Vénus...

> *« Les esprits plus puissants du manoir ténébreux*
> *J'ai conjuré Pluton dans son palais ombreux*
> *Et pour signe d'avoir exaucé ma prière*
> *La lune pour un temps a perdu sa lumière*
> *[…]*
> *Ils m'ont ainsi promis que la nymphe rebelle*
> *Qui à mes humbles vœux se montre si cruelle,*
> *Verra de son berger les membres tant aimés*
> *En un myrte sauvage aujourd'hui transformé. »*

Le choix du myrte en effet n'est pas le fruit du hasard, arbre emblématique de Vénus depuis qu'elle se cacha des regards d'une troupe de satyres, qui la surprirent sur le rivage, c'est aussi l'arbre de l'amour par excellence comme en témoigne Léon l'Hébreu :

« Parmi les plantes le myrte est consacré à Vénus à cause de son odeur suave, ou encore parce qu'il est toujours vert, comme l'amour, ou parce que les feuilles du myrte vont deux par deux, ainsi que l'amour qui est double et réciproque. Ajoutons que le fruit du myrte est noir, pour montrer que l'amour donne un fruit mélancolique et engendre l'inquiétude. »[1].

Ce qu'un satyre a su faire, Pan sait le défaire. Alors que le satyre a dû invoquer les esprits malfaisants pour accomplir la métamorphose, il ne suffira à Pan, autorité tutélaire des satyres, que de prononcer une simple phrase pour faire reprendre forme humaine à Thyrsis. Si la métamorphose est bien souvent subie, elle peut aussi, il ne faut pas l'oublier, être demandée. C'est ainsi que dans *Le repentir d'amour de Diéromène*, pastorale de Roland Brisset, inspirée du *Pentimento amoroso* de Luigi Groto, la nymphe Diéromène, suite à une supercherie lui faisant croire que son amoureux Nicogino en courtise une autre, implore d'être changée en fontaine :

« Hélas ! Maintenant ils sont en délices, maintenant ils sont gorgés de plaisirs et de contentements et moi je pleure, pleuvez larmes, pleuvez et si quelque pitié vous touche changez moi en fontaine, fontaine dont l'eau soit douce aux joyeux amants, amère aux déloyaux et perfides. »

La métamorphose, si elle peut se faire par le simple pouvoir de la parole magique, peut également être réalisée à l'aide d'un objet enchanté, ou doué de propriétés occultes. C'est l'un de ces objets que je vais vous présenter dans ma prochaine partie, qui me permettra d'effectuer une transition avec l'étude des objets magiques dans la pastorale dramatique en général.

Bagues magiques et anneaux enchantés

C'est une bague aux propriétés magiques qui va se révéler un objet important dans l'intrigue et le moteur de la pastorale intitulée *Sidère* (1609) de René Bouchet d'Ambillou. Il s'agit d'une bague permettant de modifier son apparence. Faite d'une pierre précieuse, la bague était autrefois le bien d'une divinité. Désormais appartenant à Pasithée, cette dernière va s'en servir afin de vérifier si son fiancé Hanno, lui est fidèle. Grâce à cette bague, elle va prendre l'apparence de Sidère, nymphe qu'elle pense être courtisée par Hanno, et ainsi vérifier ses craintes :

« *Cette agate que tu me vois à la main, fait de moi cette métamorphose. C'est l'anneau de Céphale, que l'Aurore lui donna : celui qui le porte au doigt peut soudain changer de forme, écrivant autour du cercle le nom de la personne qu'il veut représenter.* »

Sophie, à qui Pasithée raconte l'histoire de cette bague, qualifie l'agate de « pierre de valeur admirable ». Pasithée poursuit son histoire en racontant d'où provient cette fameuse qualité singulière de l'agate :

« *Il y a une espèce de taureau sauvage, qui prend toutes sortes de couleurs ; & que Protée plongea neuf fois cette bague dans le sang de ce taureau, y dit des paroles sacrées, & lui donna cette propriété de transformer.* »

Puis Pasithée informe son amie Sophie de la démarche à suivre, pour retrouver son apparence naturelle :

« *Lorsqu'Aréthuse me donna cet anneau, m'enseignant la secrète vertu qu'il a de transformer, elle m'enseigna aussi de rendre aux personnes transformées leurs premières figures naturelles : chose facile, il ne faut qu'effacer le nom écrit sur la pierre. »*

Toujours dans *Sidère*, un autre objet magique est mentionné de la bouche de la nymphe Clymène. En effet son amie Mélisse lui raconte qu'un soir de pleine lune, elle se baignait nue dans une fontaine en compagnie de Phyllis, pensant être seules. Or un berger curieux du nom de Hanno, les a observé. C'est à ce moment que Clymène, fait une digression sur les objets fabriqués par l'art de sorcellerie :

« Il vous vit peut-être dans cet œil de Diane. Car on dit que comme elle voit toutes choses, toutes choses s'y voit aussi. N'as-tu point ouï parler du miroir de Cotyttaris, qui représente ça bas en pleine perspective les choses du monde, comme elles sont représentées là-haut dans le cristal de ce grand astre. »

Cette allusion au miroir de Cotyttaris mérite quelques commentaires. Qui était donc cette Cotyttaris exactement ? Suivant Heinsius, le nom lui-même signifie une magicienne. *Cottis*, parmi les Corinthiens, signifiait tête, et de ce mot on avait fait Cotys ou Cotytto, divinité infâme. À ces fêtes, que l'on célébrait la nuit et dans le plus grand secret, on employait des enchantements : de là est venu l'usage de nommer une magicienne Cotyttaris. Cette magicienne Cottytaris, mentionnée dans la pastorale *Sidère*, s'inspire peut-être des *Idylles* de Théocrite. En effet dans la VIe idylle mettant en scène Daphnis et Damétas, le berger Damétas, chantant l'indifférence du cyclope Polyphème envers l'amour de Galatée, et le faisant parler sur son physique, mentionne ladite magicienne :

« Je ne suis pas aussi dépourvu de beauté qu'on le dit ; l'autre jour je me vis dans la mer immobile, et mon œil étincelait dans ce miroir. Ma barbe avait quelque chose de mâle ; l'onde azurée réfléchissait l'émail de mes dents, supérieur à l'éclat du marbre de Paros. Craignant cependant un charme malin, trois fois j'humectai mon sein de salive : c'est la vieille Cotyttaris qui m'a donné ce secret, lorsqu'elle égayait des doux sons de sa flûte les moissonneurs réunis chez Hippocoon. »

n° 6

Passons de la bague à l'anneau. Dans la scène 2 de l'acte I des *Bergeries* (1601) d'Antoine de Montchrestien, le berger Alerin, se faisant une réflexion à lui-même, regrette de ne pas avoir un anneau magique le rendant invisible afin de déclarer son amour, sans se faire prendre, à sa bien-aimée Landrine. En effet cette dernière est surveillée de près par la vieille Philistille, et il aurait de gros ennuis si elle le surprenait dans la maison en compagnie de la jeune femme :

« *Par ce moyen, je pourrais découvrir sans péril la flamme de mon âme à ces beaux yeux qui l'ont allumée. Amour, on dit que tu as des ailes, cache moi dessous, afin que personne ne m'aperçoive aller. Que n'ai je cet anneau, dont j'ai tant ouï parler, qui rendait celui qui le portait invisible ; il me servirai bien, car si je suis découvert, je m'attend d'être battu.* »

Cet anneau dont il parle fait possiblement référence à l'anneau de Gygès mentionné par Platon dans la *République* dont je cite le début de l'histoire pour se remémorer la fable :

« *Il était une fois un berger, Gygès, qui gardait les troupeaux du prince de la Lydie. Alors qu'il était dans le pâturage, il survint une pluie abondante et un tremblement de terre si violent que la terre se déchira en un gouffre qui brisa son champ. Quand le calme fut rétabli après la tempête, le berger tout étonné décida de descendre dans le gouffre ainsi creusé pour l'explorer. De plus en plus surpris, il y découvrit un cheval de bronze de grande taille qui était creux et percé de fenêtres. En se penchant vers l'intérieur, il découvrit que le cheval contenait un cadavre d'homme d'une taille très supérieure à celle d'un humain ordinaire. Il était nu à l'exception d'une bague d'or. Le berger la lui retira et il escalada le gouffre pour remonter à la surface.*

Quelque temps plus tard, il se rendit, comme à chaque mois, à une réunion où tous les bergers faisaient au prince leur rapport sur l'état des troupeaux. Comme d'habitude depuis son étrange découverte, il portait la bague. Une fois assis parmi les autres pâtres, il lui arriva par hasard d'en tourner le chaton vers l'intérieur de la paume de sa main. À peine eut-il fait cela qu'il devint invisible pour ceux qui étaient autour de lui, car ils se mirent à parler de lui comme s'il avait quitté l'assemblée. Tout étonné, il tâta discrètement sa bague et se rendit compte que lorsque le chaton était tourné vers l'extérieur, il redevenait visible. Il fit l'essai à plusieurs reprises et se rendit compte que l'effet était infaillible. »

On remarquera l'analogie entre cette histoire racontée par Socrate (et écrite par Platon) et notre pastorale. En effet on peut mettre en relation le pasteur Alerin avec Gygès également berger. Ils vivent tous les deux dans un univers bocager, l'un vivant en Lydie, l'autre dans la mythique Arcadie. Gygès se sert de l'anneau notamment pour séduire la reine, nous dit l'histoire, tout comme Alerin espérerait séduire sa bergère avec la bague magique. Néanmoins Alerin ne possède pas cet objet, ce qui fait de lui un Gygès contrarié. Enfin, ce que l'on peut remarquer de façon évidente, c'est qu'il y a quelque chose de « contique » dans cette anecdote relatée par Alerin. En effet cette jeune Landrine, est surveillée de près par Philistille qui se trouve être une sorcière. Alerin, le jeune berger ne peut donc pas s'en approcher de peur de subir quelque tourment. Cela fait penser, en structure, aux contes de fées (la princesse gardée par sa mère dans une tour), l'allusion à l'anneau magique venant renforcer cette référence. L'anneau, justement, est un objet qu'on a souvent doté de vertus magiques après Platon. On ne peut que trop penser à *Bilbo le Hobbit* de Tolkien... Dans une pièce du XVIe siècle intitulée *Le muet insensé* de Pierre le Loyer, le personnage du magicien, plus connu sous le nom de « L'Astrologue » dans la pièce, va vanter les mérites de l'anneau. L'intrigue raconte l'histoire d'un écolier qui se plaint à son valet Janin, de ne pas être aimé de la belle Marguerite. Le serviteur conseille alors à son maître de s'adresser à l'Astrologue, qui l'aidera à coup sûr. Ce dernier confie alors au jeune écolier, un anneau magique, qui fera office de philtre d'amour, si Marguerite le porte au doigt. Pour convaincre l'écolier et Janin de l'efficacité de l'objet enchanté, il n'hésite pas à mentionner plusieurs anneaux magiques ayant existé de par l'histoire :

« Outre ce qui fait que je songe
Que cet anneau n'est pas un mensonge

Josèphe un élégant auteur
Dit que Moïse le législateur
Moïse saint et sage prophète,
Eut une puissance secrète
Par un sien anneau de vouloir charmer
Les cœurs, à le vouloir aimer.
Et Philostrate auteur idoine
Raconte du brave Apolloyne,
Qu'il reçut en don quelquefois
D'Iarbe philosophe Indois
Sept anneaux d'une force belle
Toute différente et nouvelle
Et que chacun d'eux à leur tour
Il rechangeait de jour en jour. »

Mais Marguerite se rendant compte du subterfuge ne mettra pas l'anneau à son doigt. C'est ainsi que le malheureux écolier invoquera des démons qui le rendront « fol et muet », pour mieux « réussir son coup ». Passons désormais à d'autres objets enchantés (ou ensorcelés) utilisés dans d'autres pièces.

Objets occultes dans les pastorales.

Dans la pastorale, intitulée *Climène*, du sieur de la Croix (1629), un objet ensorcelé va être utilisé pour résoudre un amour compliqué. En effet le berger Silandre aime Climène à en mourir. Ne sachant plus que faire pour être aimé d'elle, il décide en dernier recours de s'en remettre aux forces occultes. Il va voir un magicien qui lui remet un bracelet magique à mettre autour du poignet de Climène afin de régler ses problèmes. Le berger s'exécute et dès que la jeune femme le met, elle est prise d'un malaise et se plaint que ses bras « deviennent tout perclus ». Elle sombre par la suite dans un sommeil si profond et si mystérieux que tout le monde la croit morte. Le magicien explique alors les vertus de ce bracelet à Silandre pour ne pas qu'il s'inquiète de l'avoir tuée. Il lui donne en plus une eau enchantée pour réveiller Climène de son sommeil, et permettre à Silandre de la posséder exclusivement :

> *« Le bracelet charmé qu'en son bras elle porte*
> *La peut bien endormir, mais non la rendre morte.*
> *La bergère est à toi, va sur son tombeau*
> *Et lui mouille le front seulement de cette eau. »*

Mairet, qui a écrit la pastorale intitulée la *Silvanire* en 1631, va lui-aussi inclure un objet enchanté aux vertus hypnotiques et narcotiques dans son intrigue, très proche du bracelet de la *Climène* dans son mode de fonctionnement. Le berger Tirinte va trouver le vieil Alciron, versé dans l'art occulte, qui va lui donner un miroir enchanté, afin d'obtenir l'amour de la nymphe Silvanire qui donne son nom à la pièce. Se mirant dans la glace, elle va de suite tomber dans un sommeil aussi profond que la mort. C'est après cela que le vieil Alciron explique à Tirinte qu'elle n'est pas morte et que ce miroir enchanté est fait d'une pierre mystérieuse et des parties d'un poisson aux propriétés d'auto-défense admirables :

> *« Apprend que le miroir qu'Alciron t'a donné*
> *Est bien comme tu crois un verre empoisonné.*
> *Ce verre est composé de pierre Memphitique,*
> *Jointe au puissant extrait de ce fameux poisson*
> *Qui surpris aux appâts du mortel hameçon*
> *Fait couler un poison sur la ligne ennemie*
> *Qui du triste pêcheur rend la main endormie.*
> *Si bien que les miroirs qu'on en peut avoir faits*
> *Produisent à nos yeux d'admirables effets,*
> *Assoupissant les sens de tous ceux qui les voient. »*

Comme tout le monde pense Silvanire morte, alors qu'elle n'est en réalité qu'endormie, cela va permettre à Tirinte d'enlever la belle et de l'avoir pour lui, quand elle sera réveillée par l'anti-dote. Car Alcidor, qui a obtenu ce miroir d'un certain Climante qu'il qualifie de « trompeur le plus grand de la terre », a aussi obtenu dans le même temps, le contre-poison aux effets du miroir. Mais venons-en maintenant à la composition même du miroir. Mairet, l'auteur de cette pastorale, a en réalité emprunté ce passage à un roman pastoral antérieur : *L'Astrée*, d'Honoré d'Urfé, composé entre 1607 et 1627. Je cite pour information le passage quasiment emprunté mot pour mot :

n° 6

« *Apprends que la glace de ce miroir est d'une pierre que l'on appelle memphitique & qui a la vertu d'assoupir les sens au même instant qu'elle est touchée. À cette pierre on a ajouté dessus un poisson que l'on nomme Tourpille, le tout extrait avec tant d'art, que comme la Tourpille assoupit le bras du pêcheur, lorsqu'elle touche l'hameçon qui est attaché à la ligne, de même aussitôt que les yeux par la vue touchent cette glace, ils en retirent un poison si subtil que, occupant le cerveau, il s'en épand par tout le corps un assoupissement si général que chacun juge morte la personne qui en est atteinte.* »

Ainsi ce roman, *L'Astrée*, nous apprend l'identité de ce poisson, chose qui n'est pas faite dans la pastorale de Mairet. Il s'agit de la « Torpille ». Ce poisson « merveilleux » a été loué en vers par plusieurs poètes pour ses vertus singulières, notamment par Rémy Belleau et Guillaume du Bartas, deux poètes de la Renaissance, qui ont vanté ses propriétés mystérieuses, dont je cite les poèmes en regard :

« *Ainsi de la torpille une vapeur se jette*
D'un air empoisonné qui coule à la languette
De l'hameçon pipeur, passant subtilement
Par le fer engourdi d'un étourdissement,
Du fer il monte au poil de la ligne tremblante,
Et du poil à la verge et à la main pendante
Du pêcheur dessus l'eau restant morne et blêmi
En voyant sa main gourde et son bras endormi. »

Rémy Belleau, *Les amours et nouveaux échanges des pierres précieuses*

« *La Torpille, qui sait qu'elle porte au flanc*
Un hiver insensible, un pestiféré sang,
Un inconnu pavot,une haleine cruelle,
Qui raidit tous les corps qui s'avoisinent d'elle
Verse traitreusement sur les proches poissons
Je ne sais quels venins, je ne sais quels glaçons
Dont l'étrange vertu, s'épandant par les ondes
N'arrête seulement leurs troupes vagabondes
Ainsi même endort leurs sens : puis se paît de leurs corps
Dont les membres gelés sont et morts et non-morts. »

Guillaume du Bartas, *Sepmaine*, V.

n° 6

Ce poisson-torpille, appelé en latin *torpedo*, a suscité de nombreux commentaires, à la fois littéraires (je viens de les citer par les poèmes) et scientifiques, pour rechercher les causes d'une telle propriété. Grévin le mentionne dans ses *Deux livres des venins* en cherchant une explication à ce fluide sortant du corps de ce poisson. Le naturaliste de la Renaissance, Guillaume Rondelet, lui consacra même un chapitre dans son *Histoire des poissons*, afin d'en donner quelques éclaircissements. Voici ce qu'il en dit, nous fournissant même une illustration de l'animal :

« Elle vit aux rivages fangeux de la chair des poissons qu'elle prend par finesse. Car étant caché dans le limon ou arène, elle rend les poissons qui s'approchent tellement endormis, étourdis et immobiles, qu'elle les prend et en jouit aisément. Non seulement elle a cette vertu contre les poissons mais aussi contre les hommes, car si un homme lui touche d'une verge, elle lui endormira le bras. Elle use de cette ruse quand elle se sent prise, car elle embrasse la ligne de ses ailes, et par le long d'icelle endort le bras du pêcheur. »

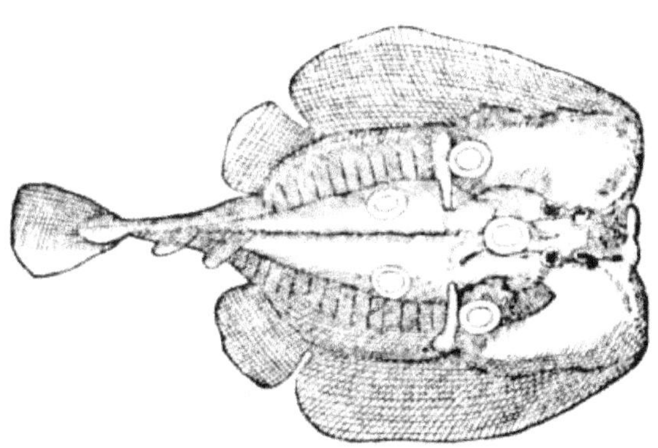

Poisson-torpille selon Guillaume Rondelet,
Histoire des poissons

Il faut donc bien comprendre qu'une telle propriété venimeuse, ait pu apparaître aux yeux des hommes des XVIe et XVIIe

n° 6

siècles, comme une « monstruosité ». Dans la pastorale de Mairet, ce poison étrange qui émet une vapeur nocive, permet donc, de façon imaginaire, de construire un objet occulte, le miroir enchanté. En ce qui concerne le deuxième matériau qui constitue l'alliage du miroir, la pierre memphitique, il s'agit selon Jean Bodin dans sa *Démonomanie* (1580) d'une pierre, qui, « pulvérisée et bue avec du vin et de l'eau, rend la personne stupide du tout ».

Le corps réfléchissant apparaît donc comme un item privilégié de la magie tout comme les « matériaux » issus de la nature (pierres précieuses, minéral). Si le miroir enchanté de la *Silvanire* est fait de pierre memphitique, c'est un cristal enchanté qui va être utilisé comme médiateur de magie dans la pastorale de Racan intitulée les *Bergeries* (1625). On apprend dès les premières scènes de cette pièce, que Lucidas, berger très riche, est promis en mariage à Arténice. Cependant la jeune femme ne l'aime pas, et lui préfère un autre homme du nom d'Alcidor. Lucidas, jaloux, décide de s'en remettre à la magie et de demander secours à son ami, le magicien Polistènes, afin de résoudre son tourment :

> « *Il me faut au besoins les démons pratiquer,*
> *Que l'art de Polistènes a pouvoir d'évoquer,*
> *Je vais sous leur faveur implorer ce vieillard*
> *De me vouloir aider des secrets de son art.* »

Polistènes est aux dires de Lucidas, un homme d'un âge vénérable qui a le pouvoir d'invoquer les esprits diaboliques. Il semble donc être un homme puissant, et nous apprendrons un peu plus tard, l'étendu de sa « sapience » magique, qui va même outrepassant les pouvoirs des dieux du Panthéon :

> « *Je fais faire aux démons ce que j'ai résolu*
> *Et mon pouvoir connu dans tous les coins du monde*
> *Met sans dessus dessous le ciel, la terre et l'onde,*
> *Des jours je fais des nuits, des nuits je fais des jours*
> *J'arrête le soleil au milieu de son cours*
> *Ou la honte qu'il a d'obéir à mes charmes*

> *Souvent lui fait noyer son visage de larmes.*
> *Les brouillards par le frein de mes enchantements*
> *Dans le vague de l'air changent leurs mouvements,*
> *Et portent où je veux sur l'onde et sur la terre*
> *La tempête, le vent, la grêle, le tonnerre.*
> *Quand le fier Aquilon, l'horreur des matelots*
> *Met la guerre civile en l'Empire des flots,*
> *Bien qu'il ait de Neptune irrité la puissance,*
> *Mon seul commandement excuse son offense.*
> *Bref je suis tout puissant si tôt que des Enfers,*
> *Mon art a délivré les esprits de leurs fers. »*

Polistènes accepte donc d'aider Lucidas en usant de la technique de *captromancie* (divination par le miroir ou tout corps réfléchissant). En effet il va se servir d'un cristal enchanté pour montrer à Alcide une entrevue entre Alcidor et la bergère Ydalie, lui faisant croire par ce biais qu'il la trompe. Pour ce faire il va mettre en place tout un rituel où il va écrire dans un cercle magique les noms d'Alcidor et d'Ydalie afin que se reflète dans le cristal les entretiens privés de ces deux derniers :

> *« Il me faut leurs deux noms dans un cerne graver,*
> *Pour rendre de tous points ma figure accomplie.*
> *Je puis dans les objets d'un cristal enchanté*
> *D'un mensonge apparent masquer la vérité.*
> *[…]*
> *Ne bougez pas de ce lieu gardez vous d'outrepasser*
> *Les bornes de ce cerne imprimé sur la terre*
> *Ne vous ennuyez point je vais quérir le verre*
> *Où mes enchantements feront voir à vos yeux*
> *Ce que le monde croit n'être vu que des Dieux ».*

Au moment de partir pour s'en aller quérir le cristal magique, Polistenes intime l'ordre aux deux jeunes gens de ne point « outrepasser les bornes de ce cerne imprimé sur la terre », sans quoi, malheur à eux deux... Dans la pièce de théâtre de 1576 que j'ai déjà mentionnée, *Le muet insensé* de Pierre le Loyer (qui n'est pas une pastorale mais qui s'en approche de beaucoup sur le fond : elle relate l'histoire d'un écolier, qui, malmené d'une jeune femme qu'il aime éperdument, demande l'aide d'un sorcier), le jeune écolier, invoquant les démons après l'échec de l'anneau magique, devra tracer un « cerne » sur le sol pour invoquer les démons et se faire aimer de la cruelle Marguerite. Le magicien lui fait alors quelques recommandations de haute importance, notamment celle de ne pas sortir du « cerne » pendant le rituel, au risque de se faire malmener par les démons :

« Au surplus, gardez-vous aussi de laisser votre cerne à l'heure qu'il y faudra faire demeure, et que les esprits surviendront, lesquels un peu vous effrayeront. »

Il décrit même précisément le cerne que devra tracer l'écolier : deux triangles enlacés, avec une croix sur chaque sommet. Le nom « Aglaon »[2] écrit tout autour, et le nom du Christ écrit en grec, plus une croix penchée, au centre de l'hexagone formé par l'imbrication des triangles. Par chance le texte de la pièce nous fournit la figure de ce cerne que je reproduis ici.

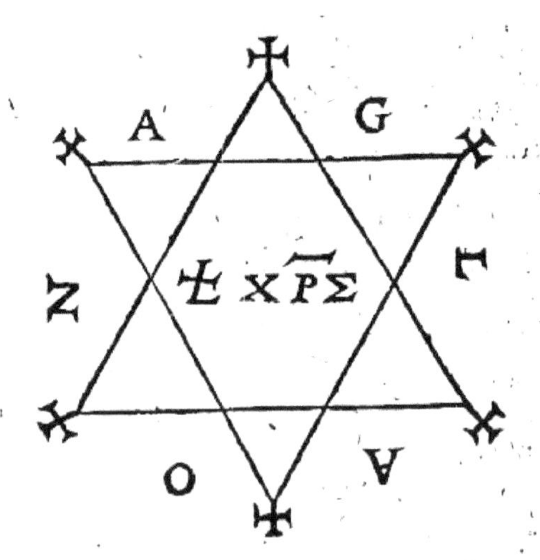

Malheureusement l'écolier, terrorisé, sortira du cerne et se fera grandement chahuter par un démon, devant son valet Janin qui participera aussi au rituel, à tel point qu'il en deviendra muet et hébété (d'où le nom de la pièce), preuve de la puissance maléfique des démons, et de leur pouvoir sur le corps des mortels.

n° 6

Janin face à ce spectacle effrayant s'écriera : « *Voyez cette bête comme elle menuise la tête de mon maître, mal et vaincu* ».

Sortons de cette légère digression et revenons à notre cristal. Ce matériau issu des « veines » de la terre, par sa préciosité, sa pureté, sa rareté, a bien souvent été doté de vertus médicinales et occultes. Le cristal enchanté va de nouveau être utilisé dans la *Sylvie* de Mairet (auteur que j'ai déjà cité précédemment). La bergère Sylvie, qui a donné son nom à la pièce, est aimée de Thélame, prince de Sicile. Pour pouvoir se soustraire au château et voir sa belle en toute tranquillité, ce dernier est obligé de se déguiser en berger. Le roi apprenant cela, et fâché que son fils s'entiche d'une pauvre bergère au lieu d'une princesse, décide de faire appel à un magicien. Nous apprenons de la bouche de Dorise, amie de Sylvie, quel est le sortilège qui a été lancé :

> « *C'est que le roi son père*
> *Piqué de quoi son fils aimait une bergère*
> *Pour les punir tous deux les a fait enchanter*
> *De la même façon que je vais conter :*
> *Ce maudit sortilège est fait de telle sorte,*
> *Que ce prince parfois croit sa bergère morte.* »

C'est donc un sortilège d'illusion qui a été jeté. Le roi, voyant les tristesses de son fils (car il croît sa belle morte), finit par se repentir, et demande au bout de huit jours au magicien, de lever le sort. Seulement le sorcier n'y parvient plus... C'est seulement grâce à un chevalier que le sort va être annulé. En effet invoquant les esprits, une voix surnaturelle lui annonce que c'est un cristal fixé sur la plafond du palais, qui est la cause de l'enchantement et qu'il faut le détruire :

> « *Chevalier, si tu veux finir cette entreprise*
> *Ne t'épouvantes point, monte plus haut et brise*
> *Ce cristal que tu vois à la voûte attaché,*
> *C'est là tant seulement que le charme est attaché.* »

Une ombre maléfique gardera la « glace enchantée » mais le chevalier parviendra finalement à la briser, permettant ainsi la fin de l'enchantement et le mariage des deux amants. Enfin j'aimerais aborder un dernier objet magique de l'univers pastoral. Celui de la fameuse baguette magique que l'on ne présente plus. Elle apparaît dans la pastorale intitulée *Les amantes ou la grande pastorelle* de Nicolas Chrétien (1613). Cette baguette est en fait une possession du puissant magicien Ismen. Briarée, archétype même du chevalier médiéval, ne parvient pas à se faire aimer de la belle Cloride. Il se rend donc chez Ismen et lui demande de l'aide. Ce dernier lui donne une baguette qui a le pouvoir de faire aimer par son simple contact :

> « *Pour apaiser ton amoureux soucis,*
> *Même jouir de ta maîtresse aussi,*
> *Tien cette verge en tous charmes prisée.*
> *Quand tu auras ta Cloride avisée,*
> *Il la faudra du côté droit toucher*
> *Trois petits coups et ces mots remâcher*
> *Torcibara, Saucreniain, Furabouche.* »

Il est intéressant de constater que dans le rituel de cette « verge enchantée », on retrouve la symbolique du nombre trois qui n'est peut-être pas un choix dû au hasard.

Les monstres dans le bocage des pastorales

Dans la pastorale *Sidère*, à la scène 6 de l'acte II, la nymphe Mélisse venant de faire une confidence importante à son amie Clymène, lui dit qu'elle espère que personne n'a entendu ses propos dans la forêt. Clymène lui répond que les seuls qui auraient pu entendre ses aveux sont des monstres hideux enfermés dans une grotte non loin d'elles :

> « *Vois-tu, ma fidèle, l'antre caverneux qui contient tout ce rocher. De là il ne ressort que des paroles vénéneuses : c'est où demeurent les Fées, qui se transforment en serpents : chacune remue trois langues tout à la fois, dangereuses, bon dieux ! Le sage Ménalque un jour les voulut charmer par les paroles du Ciel : mais elles se bouchèrent l'oreille contre les mots du Ciel,*

& jetèrent contre Ménalque lui-même les pointes de leur rage envenimée. »

Dans *Théocris*, pastorale de Pierre Troterel (1610), c'est un monstre qui ouvre le premier acte de la pièce. Il s'agit d'une créature démoniaque connue sous le simple nom de « Monstre ». Elle possède autant d'yeux qu'Argus nous dit le texte, de grandes oreilles à la Midas qui lui permettent d'entendre tout ce qui se passe sur terre. Il possède également un arc magique qui lui permet d'atteindre sa cible n'importe où sur terre, ce « rond univers ». Il peut également empoisonner ses flèches, à l'aide de sa salive venimeuse :

> *« Et puis quand je veux faire une plaie incurable*
> *À quelqu'un des humains, je porte un arc d'érable*
> *Si raide & bien tendu, que son trait élancé*
> *Du penser seulement peut être devancé,*
> *Et d'ici peut blesser jusqu'en la Scythie,*
> *En Inde orientale, en Afrique rôtie*
> *Car premier que le trait je vienne à décocher,*
> *Je le trempe au venin que je fais épancher*
> *De ma langue d'Aspic, venin si pestifère,*
> *Que l'on souffre beaucoup avant que s'en défaire. »*

Ainsi ce monstre, qui est de fait, le pendant maléfique de Cupidon, puisqu'il est également archer, mais un archer diabolique, cherche à semer le trouble dans le couple bienheureux que forme Arline et Théocris. Usant de perfidie en plusieurs points de la pièce, il sera tué par Théocris, grâce à l'intermédiaire de la déesse Pallas qui lui prête sa lance et son écu. Ainsi le monstre de cette pastorale, est si puissant et si noir, qu'il ne peut être tué que par des armes divines, s'apparentant ainsi à une Gorgone, et Théocris à un nouveau Persée tuant Méduse grâce au dons d'armes de Mercure et d'Athéna...

Dans l'histoire des prodiges, les monstres sont souvent perçus comme une punition divine pour l'outrecuidance et la présomption des hommes. La pastorale n'échappe pas à cette croyance. Dans *Amaranthe*, écrite par Gombault et publiée en 1631, une anecdote nous est racontée de la bouche du vieux Daphnis. Il relate l'exploit passé de son ami Timandre, qui combattit contre un gigantesque serpent, qui avait envahi l'Arcadie enchantée, pour punir les bergers de certains de leurs actes. Daphnis, témoigne encore d'un grand effroi, lorsqu'il raconte le récit, même plusieurs années après. Il décrit le monstre avec tellement de précision, le combat acharné avec tant de détails, que l'on pourrait parler d'une hypotypose. Le lecteur lisant ce récit, semble être présent physiquement sur la scène du drame :

> *« Dieux ! Je frémis d'horreur, et je crois voir encore*
> *Ce monstre épouvantable armé d'écailles d'or,*
> *Soit qu'il se courbe en arc, soit qu'il lève la tête,*
> *Soit qu'il rase le champ, je vois sa grande crête.*
> *Son corps plein de venin, son énorme grandeur,*
> *Ses replis tortueux et ses yeux plein d'ardeur.*
> *Il siffle horriblement, l'un et l'autre il regarde,*
> *Il enfle son gosier et trois langues il darde*
> *Je vois tous nos bergers au combat échauffés*
> *Là demeurent Hylas et Philandre étouffés,*
> *L'un serré de sa queue et l'autre de la peste*
> *Qui sort incessamment d'un souffle si funeste.*
> *Là sur tant de bergers, Timandre fut vainqueur,*
> *Qui d'un dard assuré lui donna dans le cœur. »*

Il faut bien sûr voir ici une référence évidente au monstre mythologique, Python, vaincu par le dieu solaire Apollon.

Bêtes merveilleuses et créatures fabuleuses.

Dans la courte pastorale de Coignée de Bourron, intitulée *Iris* (1620), la nymphe Iris, qui a donné son titre à la pièce, est une femme inconstante qui aime avoir plusieurs amants. Ainsi séduit-elle deux bergers à la fois, Clarin et Aminte, afin de s'extasier devant la force de ses charmes. C'est ainsi qu'à l'acte II de la pièce, elle se compare à une salamandre :

> *« Je prends tous les jours des cœurs,*
> *Feignant de me laisser prendre,*
> *Et vivant dans les ardeurs*
> *Je semble la Salemandre. »*

Pourquoi la nymphe se compare t-elle à la salamandre ? Pour le comprendre, il faut revenir quelque peu sur la légende concernant cet animal. La salamandre est un petit amphibien ressemblant à un lézard, qui, de l'Antiquité jusqu'à la Renaissance, était pensé naître de la pluie et capable de vivre dans les flammes sans en mourir. La froideur du corps du petit amphibien était telle, que certains textes nous disent même qu'il éteignait les brasiers. Ainsi par cette qualité admirable, la salamandre est devenue l'emblème de l'amant brûlant dans la flamme du désir qu'il porte envers sa bien-aimée. Dans cette pastorale, la nymphe Iris, qui se délecte de vivre dans la chaleur de l'amour et dans l'ardeur de la séduction se compare donc à la salamandre. Pour le lecteur du XVIIe siècle, cette comparaison fait de suite écho au mythe de ce reptile amphibie. Réputé toxique, la salamandre était si célèbre qu'elle devint le symbole de la charité, de la chasteté, de l'homme pieux et que François Ier en fit sa devise royale. De nombreux poètes louaient cette petite créature « ignée » comme en témoigne ce poème de Barthélémy Anneau résumant en quelques vers toute sa légende :

> *« La Salamandre est de venin remplie*
> *Lequel corrompt tout cela qu'il atteint*
> *Jamais ne vient que pour grand temps de pluie*
> *Semble un lézard petit : son corps est teint*
> *De points divers et feu ardent éteint.*

Vivante au feu la salamandre marque
Charité vive. Et pourtant en sa marque
Jadis la prit pour divise le feu
Grand roi François, de France le monarque
D'amour des siens bon Prince porte-feu. »

Salamandre au dessus des flammes,
Manuscrit médiéval : Mille Fables d'Ésope

Sa légende a eu tellement de force, qu'elle a même atteint la sphère du conte merveilleux. C'est ainsi que le conte breton intitulé « L'homme au chaudron » en fait l'animal noyau de l'intrigue. En effet, lorsque le noir seigneur du château de Tonkedeg apprend que son fils ne souhaite devenir ni guerrier ni sorcier, le magicien jette un sort sur son fils en lançant une salamandre dans son chaudron. Le fils désobéissant suite à cette sorcellerie est affublé d'un chaudron en guise de jambes. Ce n'est que vers la fin du conte, qu'il dévoile à une jeune femme, Soazig, dont il est amoureux, le moyen de lui redonner ses jambes et de conjurer le sort :

« *Vous allez frapper le chaudron de toutes vos forces avec le marteau. Il va se fendre et alors je me transformerai en sala-mandre. Vous devrez être vive et saisir l'animal avant qu'il ne fuie. Ensuite, vous le jetterez dans les flammes.* »[3]

Bien sûr, la demoiselle réussit sa mission et se marie avec le prince qui a retrouvé ses jambes, en même temps que sa confiance. Guérir le mal par le mal... Une autre pastorale, mentionne un animal semblable en propriété à la salamandre. Il s'agit du pyrale qui était pensé vivre uniquement dans le feu et mourir lorsqu'il en sortait. Dans *La Driade amoureuse*, pièce de Pierre Troterel, le berger Norcen qui aime d'un amour non réciproque la belle Ydamie, lui déclare dans un emportement qu'il mourra s'il cesse de l'aimer, tout comme le pyrale qui expire s'il se trouve retiré des flammes :

> *« Je suis forcé de vous voir et de vous suivre*
> *Et cessant mon amour, je cesserais de vivre*
> *Comme le pirallin va mourant peu à peu,*
> *Si tôt qu'il est sorti de la flamme du feu. »*

Le pyrale (appelé aussi « pyrauste » ou « pirallin ») est en fait un papillon de nuit qui affectionne la chaleur du feu. Par exagération, on a cru cet animal « merveilleux », tout comme la salamandre, ne pouvait vivre que dans les brasiers. C'est ainsi que cette faculté merveilleuse est mentionnée dans certains textes de la Renaissance comme dans l'Élégie XI de Ronsard :

> *« Votre beau nom qu'amour m'a gravé dans le cœur*
> *Tant s'en faut que l'ardeur de mon feu diminue*
> *Que nourrit de vos yeux, toujours il continue*
> *De flamber en mon cœur, et toujours s'accroissant*
> *S'augmente de sa flamme et devient plus puissant.*
> *On dit qu'en ces fourneaux où le métal liquide*
> *Se coule à la chaleur, se voit la Pyralide*
> *Animal né de feu, qui se nourrit en feu*
> *Le feu lui est son bien, son plaisir et son jeu*
> *Il mourrait sans le voir, sa brûlure est sa vie. »*

Le pyrale a même été considéré comme un animal « élémenté », c'est à dire que l'on croyait naître du feu lui-même. Chacun des quatre éléments, selon certains auteurs, avait son animal emblème : « Ainsi le caméléon ne vit que d'air, la plupart des poissons que d'eau, les limaçons en coquille de terre et le Pyrale que de feu ».[4]

Dans l'univers pastoral dédié aux sentiments amoureux, deux dieux se font souvent face. Cupidon lançant ses flèches pour faire naître les couples contre Diane, fervente défenseure de la chasteté et de la virginité. Dans la pastorale intitulée *La chasteté repentie* écrite en 1602 par le sieur de la Valletrye, le deuxième acte met en scène Diane dans un long monologue. Ainsi dans son discours sur les vertus de la virginité elle fait mention de la licorne :

> *« Par un autre moyen j'éprouve encore celles*
> *Qui pour n'engrosser point, feignent être pucelles*
> *Car allant à la chasse aux licornes, je fais*
> *Au pied d'un arbre asseoir la nymphe que j'y mets,*
> *Au giron de laquelle aussitôt élancée*
> *On aperçoit dormir la licorne chassée,*
> *Si la nymphe est pucelle et non pas autrement*
> *Et lors de son honneur je fais mon jugement. »*

La licorne, cet animal fabuleux, réputé pour soigner le poison à l'aide de sa corne, a pour habitude d'aimer la compagnie des jeunes femmes. Néanmoins, le cheval monocorne, au demeurant très craintif, n'accepte que la présence de femmes encore vierges. C'est pourquoi dans *La Chasteté repentie*, Diane, lorsqu'elle veut savoir si l'une des nymphes de sa cohorte est enceinte ou non, fait se reposer la soupçonnée sous un arbre pendant qu'elle et sa troupe chassent la licorne. Si au retour la créature dort dans les bras de la jeune nymphe, cela veut donc dire que cette dernière est toujours vierge. En revanche, si la licorne ne s'est pas approchée d'elle, cela signifie qu'elle est enceinte, et par conséquent, souillée par l'acte sexuel. Diane peut ainsi la punir en la métamorphosant à l'image de Callisto changée en ourse, pour s'être baignée avec la déesse alors qu'elle n'était plus vierge. Il faut bien rappeler que cette pastorale est de 1602, en pleine Renaissance. Beaucoup de savants et d'érudits du XVIe siècle, croyaient en l'existence de la licorne. Il n'est donc pas étonnant de la voir mentionnée dans *La Chasteté repentie*. Il est évident que dans cette pastorale, l'allusion à la licorne relève du symbolisme amoureux hérité de la tradition médiévale. Mais aussi de son ambiguïté comme l'a très bien remarqué Paul J. Smith auteur de l'article « Rabelais et la licorne » :

*« Ce symbolisme peut être, dans de nombreux cas, d'une éton-
nante polyvalence. Ainsi la licorne qui figure dans les tapisseries
de la Chasse à la licorne symbolise à la fois le* Christus spiri-
tualis unicornis *(persécuté, mis à mort et ressuscité à cause de
son amour pour l'Homme) et, dans une perspective profane,
l'Amant captivé par l'amour pour sa Dame. La même licorne
semble, en outre, être le symbole de la chasteté, de la virginité
(elle est l'animal-attribut de la Vierge), de la fidélité (en amour
courtois ou conjugal), et du mariage. En revanche, la licorne
revêt maintes fois un symbolisme moins positif. Elle peut incarner
non seulement l'amour profane ou même charnel (cf. le
Leitmotiv de la «femme sauvage» séduisant la licorne) mais
encore l'intempérance (songeons à la licorne de Léonard de
Vinci), et, croyons-nous, la luxure. Depuis l'interprétation
patristique du* re'em *de l'Ancien Testament, il arrive que l'animal
soit encore même le symbole du Diable. Positif ou négatif, le
symbolisme de la licorne n'est presque jamais dénué d'un certain
érotisme. Si, comme le constate Gilbert Durand, toute corne est
susceptible de symboliser la puissance virile, celle de la licorne
l'est de façon plus manifeste, à cause de sa dureté et de la*
perforierende Wirkung *que plusieurs auteurs médiévaux et
autres lui supposent. »*[5]

Anonyme.
Portrait d'un homme à la licorne.
École flamande du XVIᵉ siècle.
Circa 1550.
Musée Jean de la Fontaine.

n° 6

Dans la pastorale de Nicolas de Montreux intitulée *L'arimène ou le berger désespéré* (1597) on retrouve une péripétie similaire, mis à part que la licorne est remplacée par une biche. La belle Clorice raconte de quelle façon elle accueille l'animal pourchassé par des chasseurs, à la scène 3 de l'acte II :

> « *Je souspirois ceste chanson champestre*
> *Lorsque la biche en fuyant se vint mettre*
> *En mon giron me demandant secours.* »

Dans la pastorale de Roland Brisset intitulée *Le repentir d'amour de Diéromène* (1595), un berger vexé dans sa sensibilité, établit une comparaison peu élogieuse entre la nymphe qu'il aime et un animal légendaire d'Afrique. Le berger Ergasto, aime une nymphe du nom de Diéromène. Celle-ci le repousse au profit d'un autre homme. Ergasto, tente malgré tout dans la scène 6 de l'acte I, de lui faire changer d'avis mais Diéromène reste insensible. Il commence par la comparer à un glaçon, froid et dur. La jeune nymphe, continuant dans son dénigrement, Ergasto, va crescendo dans ses comparaisons, et l'assimile au Catoblépas (ou Katoblépas), créature mystérieuse d'Éthiopie :

> « *O cruauté de femme ! Injustice non ouïe ! Qu'au malheur ai-je vu jamais ces yeux cruels, ces homicides yeux, ces yeux brillants de* Catoblepe *qui ne regardent jamais les autres animaux qu'ils ne meurent.* »

Le Catoblépas est en fait une sorte de buffle (ou de grand serpent selon d'autres sources) qui, à cause d'une tête trop pesante, regarde sans cesse le sol. Mais par malheur, quand cette créature parvient à lever la tête, elle tue de son regard, quiconque (animal ou homme) croise ses yeux. Une foule innombrable d'auteurs depuis l'Antiquité, ont cité cette bête au regard de Gorgone, dans leurs traités. Je ne citerais que la brève description qu'en a fait Collin de Plancy dans son *Dictionnaire infernal* :

> « *Serpent, qui au rapport de Pline, donne la mort à ceux qu'il regarde. La nature lui a fait la tête fort basse, de manière qu'il lui est difficile de fixer quelqu'un. Cet animal habite près de la fontaine Nigris, en Éthiopie, que l'on prétend être la source du Nil.* »

Le Catoblépas. Jan Jonston,
Historia naturalis de quadrupedibus, *Amsterdam. 1614.*

Enfin la dernière créature merveilleuse que je souhaiterais évoquer dans ce chapitre et qui fait partie intégrante du paysage merveilleux de la pastorale est le centaure. Cette bête des bois, mi-homme, mi-cheval, apparaît dans la *Philis de Scire*, pastorale de 1607 de la main de Guidubaldo Bonarelli. À la scène 3 de l'acte I, on apprend que la nymphe Célie, suivant un petit agneau dans la forêt, se fait surprendre près d'un ruisseau par un cruel centaure :

> *« Je vis, je ne sais pas si c'est un animal :*
> *Son visage est d'un homme, et son corps d'un cheval :*
> *Sa vitesse passait la vitesse de la foudre,*
> *Il m'aveugla les yeux, en élevant la poudre*
> *Je me sentais ravir et je ne voyais pas*
> *Le cruel ravisseur dont je devais me plaindre.*
> *Et je me vis alors d'un monstre épouvantable,*
> *Sans pouvoir l'éviter le butin misérable. »*

Célie poursuivant son récit nous informe que le centaure l'attacha à un arbre, à l'aide de ses propres cheveux vraisemblablement très longs et lui arracha ses vêtements. La nudité devant un homme ou une créature de nature masculine étant pour une nymphe, un sujet de grand désarroi, elle déclare avec embarras :

> *« Aussitôt me liant au plus prochain ormeau*
> *De mes propres cheveux il me fît une chaîne*
> *Ces cheveux que je hais, aidèrent ce bourreau*
> *Puis rompant mes habits, il me mit toute nue*
> *En cet état funeste exposée à sa vue. »*

Le texte ne nous dit pas si le centaure déshabilla la jeune nymphe afin de la violer ou pour la dévorer. Par chance, deux bergers, Nise et Aminte, alertés par les cris de Célie, vont venir la défendre. Ils réussiront à blesser le centaure avec leurs arcs. Cependant avant sa fuite le centaure, mis dans une rage sanguinaire à la vue de son propre sang, parviendra à asséner un coup d'épée (non mortel) à chacun des deux hommes. Célie sauvée ainsi par ces deux bergers, deviendra éperdument amoureuse des deux hommes. Ce double-amour sera donc le sujet de toute l'intrigue de cette pastorale. En somme le Centaure dans cette pastorale, constitue, selon moi, le pendant « monumental » du petit satyre qui, souvent présent dans la pastorale, cherche régulièrement à violer les nymphes. C'est le cas dans les *Bergeries* de Racan, où la bergère Ydalie est sauvée de justesse des violences amoureuses de l'homme-bouquetin grâce à l'entremise du pasteur Tisimandre, qui intime l'ordre à la créature des bois d'aller séduire des êtres plus proches de sa nature animale :

> *« Vilain arrêtez-vous, quel furieux transport*
> *Allez bouquin puant faire l'amour aux chèvres. »*

Qui plus est, dans la traduction française de l'*Aminte* de Torquato Tasso, le satyre qui tente de violer Sylvie, use de la même méthode que le centaure de la *Philis de Scire* : la nymphe est attachée à un tronc par ses cheveux. C'est Daphné, l'amie de Sylvie, qui, témoin de l'agression, commente la scène :

> *« Hélas ! Sa cruauté ne l'abandonnes point,*
> *De ses propres cheveux le barbare l'attache,*
> *O dieux permettez-vous une action si lâche ? »*

Il est donc évident que l'auteur de la *Philis de Scire*, s'est inspiré de la scène de l'*Aminte*, en l'adaptant à son goût, à savoir en remplaçant le satyre par un centaure.

Des animaux aux propriétés singulières

Le souci constant des bergers et bergères dans les pastorales est de faire paître leurs troupeaux de moutons dans des prés luxuriants et de garantir leur sécurité, notamment en les protégeant des loups qui rôdent dans les bois. C'est ainsi que dans la pastorale *Théocris*, de Pierre Troterel, la nymphe Arline, dévoile une mixture secrète et infaillible au berger Néridon, pour maintenir les loups loin des laineux moutons :

> *« Or saches donc Pasteur, qu'entre un grand million*
> *De sciences et d'arts, la graisse de lion*
> *Est un préservatif grandement profitable*
> *Pour garantir du loup, mouton aimable*
> *Alors que le berger la porte dessus soi*
> *Ainsi comme j'en porte en tous lieux avec moi,*
> *Tiens en voilà trois grains, mets-les dedans ta malle*
> *Puis ne craint que le loup de tes moutons avale. »*

La jeune nymphe, qui connaît les secrets de la nature ne dit malheureusement pas à Néridon, d'où elle tire la connaissance de ce remède. Mais cette préparation témoigne d'une théorie bien connue de la Renaissance : la théorie des sympathies et antipathies. En effet il existe naturellement dans la nature, des végétaux ou bien des animaux qui sont contraires et se repoussent tandis que d'autres sont en amitié et s'attirent l'un l'autre. C'est ainsi que le chou est en inimitié avec la vigne selon Pline. C'est pourquoi un breuvage à base de chou était censé chasser l'ivrognerie. De la même façon le loup est en antipathie avec le lion, c'est ce qui explique pourquoi, aux dires de la nymphe bocagère, la graisse de lion repousse le loup. Qui plus est, plusieurs auteurs, notamment antiques, ont discouru sur la graisse de cet animal. Dioscoride, le célèbre médecin, en fait un médicament. Selon lui la graisse de lion guérit la douleur des oreilles, en en faisant couler dedans. Elle est bonne contre les engelures et c'est un bon remède contre la mortification des membres transis de froid.

Un autre animal, non pas terrestre mais aquatique attire notre attention. Il s'agit d'un poisson ayant une qualité admirable. Il est capable de recracher ses intestins à loisir. Nous apprenons son existence dans la pastorale intitulée *Sidère* de René Bouchet d'Ambillou. En effet le berger Mélisse, conseille à son ami Hanno, tyrannisé par un amour impossible, de s'abandonner à la force occulte de l'esprit divin, à la volonté des Dieux, qui se chargeront pour lui de démêler ses problèmes et de façonner son destin. Hanno rétorque donc qu'il ne peut s'abandonner lui-même au risque de perdre la vie. C'est alors que Mélisse mentionne ce poisson qui peut recracher une partie de son intérieur tout en demeurant vivant, comme métaphore de son discours :

« On trouve dans cette mer un poisson doué d'une cautelle[6] qui te peut instruire. Si tôt qu'il sent l'hameçon du pêcheur dans ses entrailles, il les vomit et ne les ravale point que premièrement avec son bec il n'ait développé de ses intestins le fer croche qui l'entraînerait à la mort. »

Il me faut parler désormais des propriétés singulières du bouc. Dans la pastorale, *Le Repentir d'amour de Diéromène*, que j'ai déjà cité, le berger Ergasto épris d'amour pour Diéromène, n'arrive plus à supporter les avances que lui fait une autre bergère, du nom de Filovève. Ainsi il commandite au bouvier à son service, le pauvre Mélibéo, de l'emmener au plus profond des bois, et de la poignarder. Mélibéo, commence par attacher Filovève à un arbre afin de faciliter le meurtre. Cette dernière, se lamente tant et si bien que le bouvier, pris de pitié, décide de ne pas la tuer. Il la détache lui conseillant de quitter le bocage, pendant qu'il ira tremper son couteau de sang de mouton, pour tromper son maître. C'est alors que Filovève déclare :

« Plonge-le plutôt au sang d'un bouc, pour voir si comme on dit, il pourra rompre le diamant. »

Cette allusion montre que Filovève n'est pas ignorante de certaines croyances relevant de ce que l'on appelle la philosophie occulte. La bergère, bien sûr, n'a jamais expérimenté la chose et ne fait que véhiculer des on-dits. C'est notamment Pline l'Ancien, qui fait mention de cette admirable propriété de destruction du fluide au livre 37 de son *Histoire naturelle* :

« Au reste, ce phénomène que nous avons essayé d'enseigner dans tout le cours de celte histoire, touchant les affinités et les répugnances des choses, ou, en grec, les antipathies et les sympathies, ne se manifestent nulle part plus clairement. En effet, cette force invincible qui méprise les deux agents naturels les plus violents, le fer et le feu, cède au sang de bouc; mais il faut employer ce sang récent et chaud, y faire tremper le diamant, en outre frapper force coups; et même alors se brisent les enclumes et les marteaux de fer, s'ils ne sont des meilleurs. »

Ces sympathies et antipathies dont parle Pline est un concept bien connu de la philosophie naturelle. Il consiste à dire que dans la nature, certains végétaux, animaux ou minéraux s'attirent mutuellement tandis que d'autres ne peuvent se supporter. C'est ainsi que le diamant et le bouc sont antipathiques, en inimitié. Jérôme Fracastor, célèbre médecin italien de la Renaissance, a même écrit un traité réputé sur le sujet, intitulé *De sympathia et antipathia rerum* (1546) où il mentionne, parmi tant d'autres, cette croyance du diamant brisé par le sang de bouc :

« La foudre liquéfie l'or sans toucher à son récipient, elle consume les vins sans abîmer le vase. On rapporte que le diamant n'est amolli que par le sang de bouc, que les cédrats deviennent flasques si on jette du pain sur leur empilement. »

J'ai même retrouvé cette allusion au sang de bouc brisant le diamant dans une autre pastorale dramatique, preuve de l'impact de cette croyance sur les auteurs de l'époque. Ainsi la belle Mélice se plaignant de l'indifférence du beau Terpin dans la pièce de Pierre Troterel, *La Dryade amoureuse* (1606) déclare en se lamentant :

« Mais en vain tout cela, car mon cruel amant
Plus je l'aime, a le cœur vêtu de diamant
Qui ne veut s'attendrir par mes pleurs ni mes peines :
Que si je connaissais que le sang de mes veines,
Comme celui du bouc peut le faire amollir,
Par de larges canaux je le ferais jaillir. »

Pour terminer cette partie, je ne peux résister au plaisir de mentionner le caméléon. En effet cet animal, pouvant se camoufler en adoptant des couleurs différentes, émerveillait bien des hommes et des femmes de la Renaissance. Il est intéressant de relever quand le caméléon est mentionné en pastorale tellement les occurrences sont rares. J'en ai trouvé ainsi deux mentions. Il apparaît dans les *Bergeries* d'Antoine de Montchrétien. Lorsque la belle Dioclaste soupçonne son amant Formino de la tromper, elle compare l'infidèle au reptile :

« Crédules nymphes, prêtées l'oreille à ces déloyaux, après que celui qui paraissait un miroir de constance, s'est fait connaître un vrai caméléon de changement. »

Véritable emblème de l'inconstance, le caméléon revient pour illustrer la tromperie dans *Le repentir d'amour de Diéromène*, pastorale de Roland Brisset. Le berger Ergasto, ayant été repoussé par Diéromène au profit de Nicogino, un autre berger, décide de retenter sa chance, car selon lui « souvent femme varie » :

« toutefois si elle suit l'ordinaire des femmes, elle aura peut-être changé d'avis. Car le caméléon ne change si souvent de couleurs, que les femmes font de volonté. »

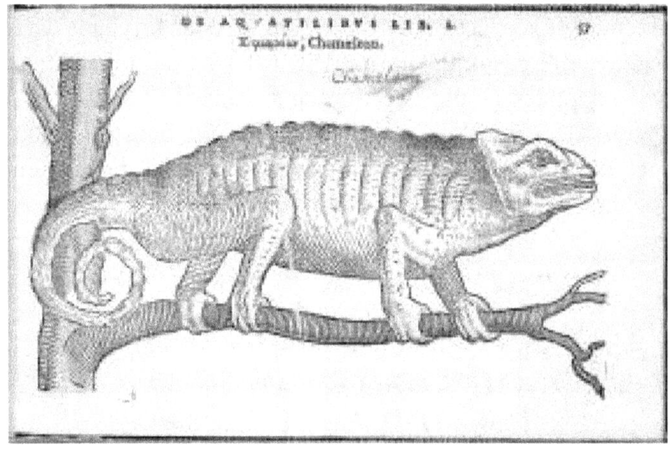

Le caméléon selon Pierre Belon dans De aquatilibus *(1553)*.

n° 6

Le songe comme manifestation du merveilleux

Le rêve dans la pastorale dramatique, est souvent le lieu où le magique, le monstrueux ou l'inexplicable va se produire. Le rêve des bergers et bergères est en fin de compte un songe prophétique qui va annoncer quelque malheur dans la suite de la pièce. Le personnage va donc vivre deux moments de frayeur : le premier lors du songe et le deuxième lors de l'accomplissement effectif du drame (souvent en fin de pièce). Le songe, dramaturgiquement, est donc un effet d'annonce qui crée un sentiment d'attente chez le lecteur. Je prendrais l'exemple de quelques songes de pastorales (qui sont au final peu nombreux) qui mettent en scène le merveilleux.

C'est ainsi que dans *Le berger fidèle* de Giovanni Battista Guarini (1580), le personnage de Montan, qui occupe le rôle de sacrificateur, va raconter à l'un de ses amis, un incroyable songe qu'il a fait alors qu'il s'endormait à l'ombre d'un arbre :

> *« Lorsque je vis sortir du milieu du canal*
> *Un vieillard tout trempé de l'humide cristal,*
> *Qui portait un enfant, de qui les douces plaintes*
> *Donnèrent à mon cœur de sensibles atteintes.*
> *Voilà, dit ce vieillard, l'objet de tes amours,*
> *Voilà ton fils, Montan, conserve-le toujours :*
> *Dès qu'il me l'eut donné je le vis disparaître,*
> *Il se plongea dans l'eau sans se faire connaître. »*

L'eau dans ce cas devient le territoire de la prophétie puisque ce rêve va se révéler prémonitoire. En effet à la fin de la pièce, Montan va retrouver Mirtil, son fils qu'il croyait mort noyé, suite à une immense inondation qui avait sévi dans le bocage et qui avait englouti son fils encore bébé. C'est le vieillard Carin, père adoptif de Mirtil (assimilable au vieillard du rêve) qui révèle cette vérité à Montan. Si l'eau est un facteur essentiel dans le rêve de Montan, il l'est aussi dans le songe que raconte la belle Silvanire à Tirinte dans la *Silvanire* de Mairet. Ravie par les bras de Morphée, elle se voit dans un grand labyrinthe où elle finit par arriver, en cherchant la sortie, à un bassin rempli d'eau. Elle

se prend à pencher la tête au-dessus de l'eau malgré elle et voici
ce qu'il arrive :

> *« Là presque malgré moi jetant mes yeux sur l'onde*
> *J'aperçois des objets les plus affreux du monde,*
> *Quantité de serpents et d'énormes poissons*
> *De ce perfide étang, monstrueux nourrissons*
> *Ont sauté hors des flots et la gueule béante*
> *M'ont soufflé le venin d'une haleine puante. »*

Silvanire qualifie les serpents et poissons de ce rêve de
« monstre » d'une part à cause de leur taille anormale et d'autre
part du fait de leur agressivité inhabituelle, puisqu'ils crachent
au visage de la jeune femme leurs souffles empestés. Ce songe
en réalité préfigure le futur empoisonnement de Silvanire avec
le miroir enchanté. Enfin le monstre, tel qu'on l'entend en général
(une créature effrayante à l'aspect horrible et bigarré) apparaît
dans la *Grande pastorelle*, déjà citée, dans un songe ou plutôt un
cauchemar que raconte la bergère Élice à son amie Filine. Elle
lui raconte que dans son rêve, elle vit un monstre prêt à se jeter
sur Delfis, le berger dont elle est amoureuse. Voici comment elle
décrit la créature hideuse :

> *« Je vis sortir un monstre épouvantable*
> *Il n'est de forme à sa forme semblable.*
> *Sa tête était d'un lion furieux,*
> *Le corps d'un ours, et d'un fourneau ses yeux*
> *Les pieds de porc et sa jube diverse*
> *Était rougeâtre et ore noire ou perse. »*

Le monstre qu'Élice aperçoit, dont le corps est composé de
plusieurs parties d'animaux différents, est ce qu'on appelle un
monstre composite. Plusieurs auteurs, croyant en l'existence des
monstres, ont mentionné ce genre de créatures. C'est ainsi que
le chirurgien de la Renaissance, Ambroise Paré, auteur d'un
traité intitulé *Des monstres et prodiges*, nous parle de plusieurs
monstres hybrides, comme celui-ci :

« L'an 1571, à Anvers, la femme d'un compagnon imprimeur
nommé Michel, [...] accoucha d'un monstre représentant la

figure d'un vrai chien, excepté qu'il avait le col fort court, & la tête ni plus ni moins qu'une volaille, toutefois sans poil : et n'eut point vie, parce que ladite femme accoucha avant terme : & à l'heure même de son enfantement, cet épouvantable monstre jetant un cri fort horrible (chose émerveillable) la cheminée chût par terre, sans aucunement offenser quatre petits enfants qui étaient à l'entour du foyer. »

*Le monstre canin à tête de volaille
selon Ambroise Paré dans* Des monstres et prodiges.

On pourrait multiplier les exemples de ce type. La bergère Élice ayant terminé le récit de son songe, déclare à son amie qu'elle pense ceci être le présage d'un malheur à venir, que ce rêve est un message que les dieux lui envoient. Dans la pastorale la *Sylvie* de Mairet (1630), Macée, la femme de Damon, lui raconte un songe fort curieux qu'elle fit. Elle rêva que sa fille, Sylvie, en plein milieu de la nuit parmi son troupeau de moutons, se faisait violenter par une impressionnante rafale de vent :

> « *Parmi l'obscurité de cette épaisse nuit,*
> *Un soudain tourbillon, avec un fort grand bruit*
> *Après m'avoir en vain deux ou trois fois heurtée,*
> *D'un violent effort a ma fille emporté* »

Entendant les hurlements et pleurs de sa fille, sa mère fait donc tout ce qu'elle peut afin de s'approcher et pouvoir l'aider mais l'air se refroidit, et elle se retrouve comme congelée, devant regarder le spectacle sans pouvoir réagir :

> *« Quand je me trouve à coup si lourde et si pesante,*
> *Que pour la délivrer d'un assuré trépas,*
> *Je n'eusse peu vers elle avancé un pas,*
> *Tantôt il me semblait glisser dessus du verre :*
> *Et tantôt que mes pieds se collaient à la terre*
> *Même au lieu d'aller droit où sa voix m'appelait*
> *Un souffle impétueux parfois me reculait.*
> *Dans ces extrémités, où sans changer de place*
> *Mon front s'était couvert d'une sueur de glace. »*

Suite au récit de ce songe, Damon le mari, déclare que ce ne sont que sottises et qu'il n'y accorde foi. L'épouse se défend et affirme que le songe est un présage et que l'on peut en tirer une prédiction. Elle pense de plus que son rêve signifie que sa fille va être emportée par les fureurs de l'amour. On remarque donc que les femmes des pastorales considèrent que leurs songes ont des traits oraculaires. C'est en tout cas l'interprétation que donne la professeure Daniela Dalla Valle des rêves en général dans la pastorale dramatique :

> *« Le rêve se présente comme un des éléments qui mettent en contact le monde humain et le monde divin. C'est pourquoi il se relie directement à l'oracle et le complète. En définitive le rêve fonctionne comme l'expression du rapport entre les hommes et les dieux, notamment l'incapacité des hommes à comprendre le dessein divin. »*[7]

Promenons nous dans les bois...

La précédente partie de mon étude portait sur les rêves et leur influence dramaturgique. Je vais donc en mentionner un dernier qui me permettra d'embrayer sur l'analyse du loup maléfique et terrifiant dans la pastorale dramatique. En effet le loup est la hantise du berger : loin d'être le « loup doucereux » de Perrault, il devient l'ennemi juré des moutons et des troupeaux dans l'espace pastoral. Mais aussi des hommes. Dans la pastorale d'Alexandre Hardy, intitulée *Alcée* (1626), le berger Lygdame raconte à Ergaste, un troublant songe qu'il a effectué :

> *« Un doux sommeil m'enveloppe les yeux,*
> *Puis leur fait voir la figure présente,*
> *De ce motif de ma douleur cuisante,*
> *Loin dans un bois horrible à regarder,*
> *Cent loups à coup se vienne débander*
> *Sur un chétif, qui mon aide réclame,*
> *Qui de ses cris piteux me perce l'âme,*
> *Si qu'accouru, mon enfant j'aperçois,*
> *Et reconnu dans mes bras le reçoit.*
> *Cas merveilleux, ainsi de prodige énorme !*
> *Ces loups à coup prennent l'humaine forme,*
> *Changent leur ire en caresses soudain. »*

Ce songe qu'il croît prophétique, le met dans l'espoir, de retrouver son fils, Démocle, disparu lors d'un déluge, dès la naissance. Et c'est en effet ce qui se passera à la fin de la pièce. Dans le rêve de Lygdame, les loups en fureur, se transforment en humains bienveillants. Mais ce n'est qu'un songe et le loup de pastorale est toujours celui qui rôde non loin des bergeries. Dans la pastorale *Palémon* (1632) de Nicolas Frénicle, le lecteur assiste même à l'ensorcellement d'un loup. L'une des scènes de la pièce nous présente une sorcière connue sous le simple nom de « Magicienne ». En proie à un amour impossible, elle soupire en secret pour le berger Palémon, qui quant à lui, aime la jeune Climène. La magicienne, aux pouvoirs si puissants, ne comprend pas pourquoi Palémon lui est aussi insensible :

> *« Quoi ! Faut-il qu'un berger me puisse résister ?*
> *À moi dont l'art magique a pouvoir d'arrêter*
> *La course du soleil et d'obscurcir la lune*
> *Moi qui donnant des lois au trident de Neptune*
> *Par mes enchantements fait soulever les eaux*
> *Moi qui tire les morts de leurs sombres tombeaux*
> *Moi de qui les démons redoutent le pouvoir*
> *Pourrais-je bien souffrir qu'un berger me put voir*
> *Sans chérir mon amour ou craindre ma haine ? »*

Comprenant très rapidement l'issue de cet amour improbable, elle se met en tête de tuer la nymphe Climène, par le moyen d'un envoûtement. Et c'est précisément le loup, animal mythique des bois qu'elle choisira :

> *« Je veux qu'un puissant loup aille arrêter ses pas*
> *Forcé par art magique à donner le trépas*
> *À cette belle nymphe et que toute autre proie*
> *Ne l'empêche d'aller où mon charme l'envoie. »*

En définitive ce sera un échec puisque le loup envoûté, au regard effroyable et à la « gueule carnassière » pour reprendre la description de la pièce, sera tué de justesse par Palémon, sauvant ainsi la vie de Climène. Les nymphes aimant particulièrement la chasse (lorsqu'elles ne sont pas en proie à l'amour) sont donc sujettes à rencontrer le loup. C'est dans une autre pastorale, L'*Aminte* de Torquato Tasso, que la nymphe Sylvie va être confrontée au « grand méchant ». Ayant réussi à blesser d'une flèche l'un des loups de la forêt et souhaitant achever la bête, elle se met à le poursuivre au plus profond des bois. Perdant sa trace, elle finit par le retrouver sur le chemin du retour en train de dévorer un animal mort avec ses congénères. Le loup blessé par la flèche reconnaît la nymphe instantanément et délaisse son repas pour venir la tuer. La nymphe s'apprête alors à se défendre contre la vengeance de l'animal :

> *« Je l'attends assez près, pour ne faillir mon coup,*
> *Mais je frappe une plante, au lieu de ce grand loup,*
> *Et le voyant venir avec plus de rage,*
> *J'eus recours à la fuite et manquais de courage,*
> *Il me suit et la peur des ailes me donnait. »*

Le récit laisse penser à un duel et la nymphe arrivera à s'échapper, en perdant néanmoins son voile pendant sa fuite. Je pourrais mentionner d'autres exemples mais je n'en citerais qu'un dernier issu de la *Sylvie*, pastorale de Mairet, où la bergère Sylvie, regardant vers un taillis où elle voit quelqu'un s'approcher, se souvient du loup qui, jadis, l'a attaqué là-bas, preuve de son traumatisme :

n° 6

> « *Mais n'aperçois-je pas*
> *Quelqu'un dans ce taillis qui guide ici ses pas ?*
> *Depuis qu'un jour un loup voulut me faire outrage,*
> *Les objets les plus sûrs me donnent de l'ombrage,*
> *C'est peut-être un pasteur, oui c'en est un.* »

Il faut rappeler enfin que le loup fut une préoccupation dans la pratique réelle du métier de berger. À tel point qu'en Basse-Bretagne, on parle de la danse du loup, « danse née de l'activité même du berger, et passée du rang de pratique utilitaire à celui de divertissement gratuit ».[8] Cette danse consistait à produire un bruit de sabots afin de maintenir le loup à distance. Puis le plaisir procuré par l'exécution des pas et l'attrait de la gestuelle, de la musique, ont a fait de cette danse un art, une tradition, donnant naissance à une danse de soliste ou parfois une danse collective. Cette angoisse du loup était si prononcée que les chiens de bergers portaient bien souvent des colliers à piquants. Cette pratique est attestée et mentionnée notamment par le poète Ronsard, membre de la Pléiade, dans le chant pastoral sur les pasteurs Bellot, Perot et Michau que je restitue en ancien français :

> « *Un pasteur Angevin et l'autre Vandomois*
> *Bien connus des rochers, des fleuves et des bois*
> *Tous deux d'âge pareil, d'habit et de houlette*
> *L'un bon joueur de flûte et l'autre de musette*
> *L'un gardeur de brebis, et l'autre de chevreaux.*
> [...]
> *Ils laissèrent leurs chiens pour la crainte des loups,*
> *Bien armez de colliers, tous hérissez de clous.* »

Conclusion

En dehors des sorciers, magiciennes, et prophètes, très présents dans l'univers de la pastorale dramatique, le merveilleux, le magique et l'occulte prend de très nombreuses formes d'une pièce à l'autre. Il peut se manifester par des métamorphoses, des songes, des créatures issues des bestiaires (licorne, salamandre), des bêtes tirées de la mythologie gréco-romaine (hydre, satyre et faune, centaure) ou encore par le thème de l'écho que je n'ai pas abordé. Dans plusieurs pastorales (*La folie de Silène*, *Climène*, *La Grande Pastorelle* par exemple), la voix d'un berger ou d'une bergère est répercutée par les rochers, et les derniers mots du discours du personnage, redits par le « Dieu » Écho forment une sorte de prophétie. L'écho fait peur au personnage qui croit que c'est une divinité cachée voire un démon comme le suggère Démocle, qui, victime d'un écho dans *Alcée* s'adresse directement à lui :

> « *Mais, qui es-tu ? Quelque Démon possible*
> *Courant par l'air sous un corps invisible ? »*

L'universitaire italienne Daniella Dalla Valle, qui a beaucoup travaillé sur la manifestation de l'écho dans la pastorale italienne[9], le place en complément de l'oracle :

> « *Cette fonction prophétique de l'écho fait que le dénouement de l'action – ce qu'on appelle – la catastrophe soit avancé dans le corps de la pièce, si bien que l'écho apparaît comme une espèce de miroir, qui serait placé dans l'intrigue et qui en refléterait le point culminant. Le résultat est une sorte de composition en abîme, que l'on peut rapprocher de celle qui caractérise certains tableaux où le sujet représenté se reflète précisément dans un miroir placé à son intérieur: tels le portrait des Arnolfini de Van Eyck. »*[10]

Voilà les aspects que je voulais aborder dans le présent article qui est certes long mais pourtant loin d'être exhaustif, puisqu'il existe bien d'autres exemples de manifestation du merveilleux et du magique dans d'autres genres de pastorales (la pastorale mythologique ou le roman pastoral). Cet article aura eu pour but, de montrer toute la diversité que peut revêtir le merveilleux, le magique et l'occulte dans le théâtre pastoral. En définitive, on peut dire que la pastorale dramatique se veut le reflet de croyances de l'époque (on croyait encore beaucoup au XVIe siècle par exemple, aux monstres et prodiges), mais aussi des « crédences » passées (la magie antique, la sorcellerie et les *mirabilia* du Moyen-Âge), appliquées à la littérature.

Notes :

1- Dans Guy de Tervarent. *Attributs et symboles dans l'art profane.* Droz. 1997

2- *Aglao* signifie en grec « brillant, lumineux ».

3- Tristan Pichard. *Contes traditionnels de Bretagne.* Éditions Locus Solus. 2013.

4- Jean Vallot. *Traité de l'admiration*, 1657.

5- Paul J. Smith. « Rabelais et la Licorne ». *Revue belge de philologie et d'histoire.* Tome 63 fasc. 3, 1985. Langues et littératures modernes. pp. 477-503.

6- Ruse, artifice.

7- Daniela Dalla Valle. « La crise du rêve dans la pastorale dramatique ». Dans *Le songe à la Renaissance. Actes du colloque international de Cannes,* 29-31 mai 1987 publiés par Françoise Charpentier. pp. 151-158.

8- « Bergers de France ». Dans *Arts et traditions populaires,* revue trimestrielle de la Société d'Ethnographie Française. Année X. Volume unique. Paris. Éditions Maisonneuve et Larose. 1962. Page 283.

9- Pour en savoir plus sur ce thème, consulter l'article de Daniella Dalla Valle « Le thème et la structure de l'écho dans la pastorale dramatique française au XVIIe siècle », dans *Le Genre pastoral en Europe du XVe au XVIIe siècles.* Actes du Colloque International de Saint-Étienne, Publications de l'université de Saint-Étienne, 1980, pp. 193-197.

10- Daniella Dalla Valle. *Aspects de la pastorale dans l'italianisme du XVIIe siècle*, 1995, Honoré Champion, p. 113.

LE GRAAL,
DE CHRÉTIEN DE TROYES
À NOS JOURS

© Geneviève Béduneau

Quant ele fu leianz antree
Atot lo graal qu'ele tint,
Une si grant clartez i vint
Qu'ausin perdirent les chandoilles
Los clarte comme les estoilles
Quant li solaux luit o la lune.

Ainsi, dans son célèbre *Conte du Graal*, Chrétien de Troyes introduit-il ce qui deviendra le mythe le plus puissant de la chrétienté puis de l'ésotérisme. Plus loin, il décrit ce vase – car un graal n'est en ancien français rien d'autre qu'un plat creux ou une coupe large, par opposition au hanap long et étroit, ancêtre du bock à bière – comme *de fin or esmeré* et orné des pierres les plus précieuses *qui en mer ne en terre soient*. En d'autres termes, chez Chrétien, le graal est pure radiance, lumière solidifiée. Notons aussi que, si l'on peut comparer son cortège aux quatre âges d'Hésiode, ils apparaissent dans un ordre étonnant : d'abord le fer de la lance qui saigne, puis le bronze des chandeliers tenus par des jeunes gens gémellaires, enfin l'or et l'argent, portés par deux demoiselles. Soleil et Lune ne sont féminins que dans les langues germano-scandinaves et Chrétien se réfère donc à la tradition franque plutôt qu'aux auteurs latins. La remontée à l'origine que suggère ce cortège ne sépare pas les deux premiers âges et l'auteur nous suggère fortement de les chercher dans le ciel plutôt que dans le temps. Philippe Lavenu en propose une illustration stellaire qui part d'Orion, le géant chasseur ou guerrier (la lance), passe par les Gémeaux et le Cocher (les jeunes gens aux candélabres) et aboutit aux deux Ourses (les demoiselles), ce qui ferait alors du Graal, symboli-quement, la lumière du nord, le soleil solsticial qui ne se couche pas[1]. Certes, le cortège est aussi calqué sur la « grande entrée » qui se pratiquait encore dans la liturgie chrétienne, mais la lance prend alors la place de la croix de procession et la présence des demoiselles rend difficile d'assimiler le graal au calice et le tailloir à la patène. D'où l'importance de la question que Perceval n'ose pas poser : qui est servi par ce graal ? Qui se nourrit dans le soleil ? Et de quelle ambroisie ?

Si l'on excepte Wolfram von Eschenbach, les auteurs suivants vont tous tirer ce mystère vers le légendaire chrétien. C'est ainsi que le graal devient la coupe dans laquelle Joseph d'Arimathie recueille le sang du Christ, après avoir été celle de la Cène, si ce n'est celle d'Adam au Paradis. Les jeunes gens du cortège laissent place à des anges dans le *Perlesvaus* ; chez Robert de Boron, c'est un jeune homme qui porte le graal dont nous dit explicitement qu'il s'agit du vase que « Notre Seigneur donna dans la prison à Joseph ». Dans *La queste del saint Graal*, d'inspiration cistercienne ou cartusienne, seuls peuvent accéder à la plénitude du mystère un homme vierge et ses compagnons chastes. Dès les premières lignes du *Perlesvaus*, nous sommes avertis : « *C'est Josephes qui en a écrit le récit, sous la dictée d'un ange (...) pour glorifier la religion que Jésus-Christ a voulu instituer par sa mort sur la croix.* » Pas question de sortir des rails. L'empressement mis par la plupart des poètes qui traiteront de la « matière de Bretagne » à faire du graal l'objet chrétien par excellence ressemble à un exorcisme, à ce signe de croix par lequel les saints ermites domptaient le serpent tentateur. Cela dit, une fois ce gage donné, le symbolisme reprend ses droits et la puissance de son langage, même dans le *Perlesvaus* qui entrelarde son récit de catéchisme toutes les deux pages. Ainsi deux lions gardent l'entrée du château du Graal comme autrefois celle des temples égyptiens et peut-être faut-il encore les comprendre comme des figures solaires, au levant et au couchant, qui vouent le château au jour et en éloignent la nuit.

Wolfram seul semble se souvenir qu'il s'agit d'un objet « dont on lit le nom parmi les étoiles ». Il le décrit d'abord comme une pierre, une émeraude tombée du front de Lucifer. Notons que Lucifer fut le nom de la planète Vénus lorsqu'elle apparaît le matin avant de désigner un ange déchu. Comme la couleur verte est souvent associée à Vénus en tant que déesse, Wolfram joue subtilement de tous les registres. Et sur le front, cette pierre tenait lieu du « troisième œil » de la tradition hindoue. Lucifer l'ange, dans sa chute, perd donc la vision transcendante qui se solidifie en rejoignant la Terre comme une vulgaire météorite. Nous retrouvons, d'une autre manière que chez Chrétien, une thématique de lumière coagulée.

Dès la fin du XIIIe siècle, le thème disparaît. On a encore quelques romans arthuriens comme le *Chevalier au papegau*, mais le graal a cessé d'apparaître. A peine en aura-t-on l'écho, plus tardivement, dans la littérature de colportage ou dans les contes du folklore où, étrangement, il est parfois présenté comme un objet diabolique. Or ce thème va resurgir vers la fin du XIXe siècle et plus encore au XXe, dans les milieux ésotéristes à partir de l'opéra de Wagner inspiré du Parzifal de Wolfram et de la redécouverte romantique ou savante du moyen-âge. C'est d'abord Paulin Paris, conservateur adjoint des manuscrits de la Bibliothèque Nationale, qui relance la littérature arthurienne au travers d'études et de traductions en langage moderne, lorsqu'il occupe à partir de 1853 la chaire de langue et littérature françaises du moyen-âge au Collège de France. Toutefois, les 5 volumes de sa traduction commentée des *Romans de la table ronde* ne paraîtront qu'entre 1868 et 1877. A ce moment débutent aussi les études universitaires en langue allemande grâce à l'érudit Adolf Birch-Hirschfeld qui s'intéresse évidemment aux textes de Wolfram von Eschenbach mais se passionne aussi pour les débuts de la littérature française. Enfin, la vogue arthurienne va pénétrer en Angleterre avec les travaux d'Alfred Nutt, fondateur du *Folk-Lore Journal* (aujourd'hui *Folklore*), qui relit également Malory ; le premier, il évoque en 1888 une origine celtique au mythe du Graal dans ses *Studies on the legend of the holy grail, with special reference to the hypothesis of its Celtic origin.*

Paulin Paris

Alfred Nutt, Folk-Lore *vol. 21*

Avec les universitaires, les artistes du XIXe siècle retrouvent le graal comme source d'inspiration. On pense évidemment à Wagner et à son opéra *Parzifal*, mais les peintres ne sont pas de reste. Dante-Gabriel Rossetti nous offre en 1874 une *Demoiselle du Saint-Graal* que l'on peut admirer au musée d'Orsay ; les préraphaélites vont d'ailleurs très souvent s'inspirer des textes médiévaux. Mais la coupe que tient cette Demoiselle n'a plus qu'une vague ressemblance avec la description de Chrétien : elle est de métal ou de pierre sombre seulement bordée d'or sur un pied du même ; une colombe perchée dans sa chevelure rousse tient un encensoir d'or dans son bec et la jeune femme s'avance au travers d'un jardin voire d'une forêt qui ajoute au clair-obscur. La lumière ne vient pas de l'objet mais de son visage, de sa chevelure et des ailes de l'oiseau. A dire vrai, on ne pense à l'or que par habitude culturelle ; le ressenti serait plutôt celui du cuivre et de Vénus dont la colombe était l'un des symboles. Notons que la plupart des peintres vont donner cette même teinte, entre auburn et blond vénitien, à la chevelure de Marie-Madeleine, la pécheresse repentie, entre les mains de qui le vase de parfum évoque souvent la coupe. Nous sommes là dans ce que Gilbert Durand nommait le régime nocturne de l'image où le réceptacle symbolise la féminité, la gestation et la mort en attente de régénération, très loin de la radiance solaire qui éteint la clarté des étoiles[2].

Rossetti, Demoiselle du Saint-Graal

L'interprétation christique du graal développée par Robert de Boron et surtout par l'auteur du *Perlesvaus* va se retrouver dans les tentatives de déployer à la fin du XIXe siècle un ésotérisme chrétien, au sens le plus large de ce terme. On sait que Joséphin « Sâr » Péladan avait fondé un *Ordre de la Rose+Croix, du Temple et du Graal* lors de sa rupture avec Stanislas de Gaïta, rassemblant en une seule dénomination les obsessions mythiques de l'époque. Le Graal, désormais écrit avec une majuscule qu'ignoraient Chrétien et ses continuateurs, figurera en bonne place dans le musée et les publications du Hiéron du val d'or fondé par Alexis de Sarachaga en l'honneur de la royauté éternelle du Christ vers laquelle convergeaient tous les symbolismes, tous les rites, toutes les traditions de l'humanité – amplement revisités et réinterprétés. Mais c'est surtout avec Charbonneau-Lassay que ces thèmes vont fusionner. Traitant du symbolisme de la rose, il évoque « le sang de Jésus, son sang qui, sur un vitrail du XIIIe siècle et sur un moule à hosties du XIIe, se transforme en roses et que nous l'avons vu, sur un tableau d'autel d'origine fontevriste, couler le long de la sainte lance et s'amasser, comme dans une coupe précieuse, au cœur d'une rose de pourpre[3]. » Il est, semble-t-il, le premier à rapprocher le Graal de la thématique du Sacré-Cœur ; dans une lettre à James Chauvet, il rappelle l'existence d'une iconologie qui précède même la vision de Marguerite-Marie Alacoque (1673, il y aurait eu 72 apparitions, nombre symbolique s'il en fût) : « Les figurations du Sacré-Cœur saignant dans la coupe sont encore nombreuses dans l'iconographie de la fin du XVe siècle et du début du XVIe notamment en Angleterre, où le Protestantisme ne les a pas détruites. Il est très vraisemblable que la plupart de ces sculptures ont été faites ou mises en relation d'idée avec le Graal qui, à cette époque, était fort en honneur[4]. » Il ajoute cette exégèse : « *Le plus passionnant pour beaucoup dans la question du Graal est assurément ce qu'a pu être l'enseignement secret, plus mystique que dogmatique certainement, peut-être plus anagogique surtout, dont on a parlé au sujet du Graal. C'est là surtout, le trésor que chacun doit s'efforcer d'atteindre en tout ou en partie ; en partie devrais-je dire, car l'atteindre en totalité doit dépasser l'entendement humain, et les possibilités de ce monde.* »

102   *LE BESTIAIRE DU CHRIST*

Quand du cœur humain s'échappent des flammes, il ne représente pas toujours le Cœur de Jésus-Christ, car, embrasé du feu de l'amour, il peut n'être qu'un cœur absolument profane ; mais, quand il est le centre d'une irradiation de rayons lumineux et glorieux, on peut toujours, à moins d'un texte précisant le contraire, le regarder comme symbolisant le Cœur du Rédempteur se montrant dans la gloire, éclairant tout de sa splendeur. C'est alors que les mystiques l'acclament avec la parole de David : *In lumine tuo videbimus lumen*, « Dans ta lumière, nous voyons la Lumière[1] ».

Fig. X. — Le marbre astronomique de l'ancienne Chartreuse de Saint-Denis d'Orques. — Fin XVᵉ siècle. — Du cabinet de l'auteur 0.m 20 × 0.20

1. DAVID, *Les Psaumes*, XXXVI (Vulgate 35), 10.

Reprenant l'analogie entre le cœur et la coupe – il cite d'ailleurs explicitement deux articles de Charbonneau-Lassay[5] – René Guénon approfondit dans la même revue, *Regnabit*, la symbolique du Graal[6]. Il est remarquable qu'il s'appuie sur la version qu'on pourrait appeler Boron-Perlesvaus de la légende, c'est-à-dire la réception par Joseph d'Arimathie de la coupe de la Cène dans laquelle il va recueillir le sang qui jaillit du cœur du Christ lors du coup de lance de Longin, mais qu'il la mélange avec celle de Wolfram von Eschenbach. Pour lui, tout cela forme « la légende », comme si les variantes n'avaient pas de conséquence. Il est sans doute le premier à relever la correspondance entre l'émeraude tombée du front de Lucifer et le troisième œil – il précise « de Shiva », ce qui a son importance puisque, dans la triade hindoue, Shiva le « destructeur » apparaît à la fois comme une figure du temps, du mouvement, des métamorphoses et comme celui qui reconduit au-delà des formes, même si c'est une évidence aujourd'hui pour qui a pratiqué tant soit peu le râja yoga. Sauf qu'en 1925, ces pratiquants devaient à Paris se compter sur les doigts d'une main. Troisième œil et cœur, le Graal désigne donc le Centre, « le point unique d'où toutes choses sont contemplées sous l'aspect de l'éternité » et Guénon a cette très belle remarque : « *ne peut-on dire qu'Adam, tant qu'il fut dans l'Eden, vivait vraiment dans le Cœur de Dieu ?* » Au thème du paradis, centre spirituel de la tradition primordiale, Guénon associe finalement tout l'univers arthurien, non seulement le graal mais encore la table ronde, la lance, les roses étudiées par Charbonneau-Lassay.

Bien qu'il y ait eu parfois quelques tensions entre les deux hommes, Charbonneau-Lassay restant assez critique quant à la notion de tradition ésotérique unique surplombant les diverses religions, on voit que leur conception du Graal est quasiment la même et qu'il s'agit pour l'un comme pour l'autre d'atteindre un état de conscience transcendant – qui rejaillit sur tout l'être et le métamorphose. Nous sommes là dans la quête de l'éternité ou de ce que Corbin appellera le corps de résurrection. Charbonneau-Lassay, comme Sarachaga, voyait plutôt le christianisme comme l'accomplissement de l'histoire religieuse de l'humanité, tandis qu'il n'était pour Guénon qu'une forme locale comme une autre. Il reviendra d'ailleurs sur la question dans un article du *Voile d'Isis* intitulé tout simplement « Le Saint Graal[7] », article dans lequel il commente une étude d'Arthur Edward Waite[8] auquel il reproche d'enfermer la légende dans un cadre trop étroitement chrétien. En dépit de son titre, l'article est surtout consacré aux modes de transmission de la tradition unique d'une forme à l'autre.

Louis Charbonneau-Lassay fut l'héritier, de son propre aveu, d'une société secrète médiévale limitée à 12 membres et qui perdurait encore au début du XXe siècle, l'*Estoile Internelle*. Le dernier Major en aurait été le chanoine Barbot (1841-1927) qui lui aurait remis divers documents dont un cahier du XVe siècle. L'existence de cette société a récemment été mise en doute par Mark J. Sedgwick[9] ; mais peut-être cherchait-il trop loin. Il ne manque pas de confréries locales qui se sont survécues dans de petites bourgades et dont le but charitable, enterrer les pauvres ou entretenir un hôpital, n'empêchait pas une recherche spirituelle – et certaines limitaient le nombre de leurs membres. La seconde société à laquelle se référait Charbonneau-Lassay se nommait *Fraternité des Chevaliers du Divin Paraclet* et aurait été dirigée par le même chanoine en qualité de Chevalier Maître. En fait, il en aurait reçu les clefs en tant que Major de l'E.I. : l'ordre se mettant en sommeil en 1668 avait confié ses archives et ses rituels à l'E.I., à charge pour le Major d'en assurer le réveil dès qu'il serait possible. En 1925, le chanoine qui redoutait de mourir sans avoir accompli sa mission transmit à son tour l'initiation au Paraclet et les archives à Charbonneau-Lassay qui, effectivement, réveilla la Fraternité à la demande de Marcel Clavelle[10] – un réveil assez vite suivi d'une retombée dans le sommeil. Selon Charbonneau-Lassay, « *dans les écrits qui concernent ce groupement et qui m'ont été communiqués, il n'est point directement question du Saint-Graal, et pourtant l'insigne principal de cette institution n'est point une étoile, mais un ciboire dans lequel une pierre rouge doit être placée. La pierre rouge en question devait être un 'rubis escarboucle', qui compte parmi les 'emblèmes du sang divin'* ». Comme le ciboire est le réceptacle des hosties dans la liturgie catholique romaine, donc du pain, donc du corps du Christ, l'ajout de cette pierre rouge suggère un retour au moins subreptice et symbolique à la communion sous les deux espèces, interdite aux laïcs catholiques depuis Innocent III.

Notons que l'année 1668 qui voit la mise en sommeil de la *Fraternité du Paraclet*, s'il s'agit d'un choix symbolique, n'est pas neutre : le 2 mai voit signer à Aix-la-Chapelle, cité carolingienne par excellence, la paix entre Louis XIV et l'Espagne ; ce qui libère une partie des nobles français qui vont partir combattre le Turc à Candie, c'est-à-dire en Crète alors vénitienne assiégée par la marine ottomane depuis 1645. Rien de plus logique pour un ordre de chevalerie que de mettre en sommeil ses activités métaphysiques quand l'heure est au combat concret. Or, après la mort du duc de Beaufort, l'armée chrétienne capitulera en 1669. On comprend que le réveil n'ait jamais eu lieu, faute du retour de ses membres.

La thématique du Graal va se confondre durant toute l'entre-deux-guerres avec les préoccupations des disciples de Guénon, y compris des dissidents comme Julius Evola ; en dehors de ce courant, les milieux ésotériques l'ignorent le plus souvent. Toutefois, Charbonneau-Lassay ayant publié quelques articles dans la revue *Atlantis* entre 1929 et 1937, donc du vivant de Paul Le Cour, on retrouvera la thématique graalique également dans cette mouvance. On continue de l'étudier dans le monde universitaire, où nombre d'auteurs reprennent les considérations de Guénon ou de Paul Le Cour sans les citer. La situation n'a guère évolué dans l'après-guerre, jusqu'aux années 1970 qui furent plus complexes et traversées de courants contradictoires que ne veulent le croire les jeunes contempteurs des « soixante-huitards attardés » ou, à l'inverse, leurs admirateurs.

Dès la résurgence templière d'Arginy opérée par Jacques Breyer en 1952 – et qui n'est jamais que la troisième ou la quatrième célèbre dans les milieux maçonniques et rosicruciens, en attendant les suivantes – de nouveaux ordres « chevaleresques » voient le jour, certains assez groupusculaires il faut l'avouer, comme les Chevaliers d'Allibert, du nom de leur fondateur et grand-maître. A partir des années 70, ce mouvement s'accélère. On compte alors près de 400 ordres templiers, sans parler des autres et ce nombre a dû doubler depuis. Certains de ces ordres se réfèrent explicitement au graal. Citons, à titre d'exemple, l'*Ordre Souverain de l'épée à la Rose* qui affirme sur son site web : « *Saint Jean est donc le gardien du 'Saint Graal' et le 'sceau de Saint Jean' est le nom donné à une surface dorée qui se constitue dans le ballon de l'alchimiste (la coupe ou le Saint Graal ?) lors de l'accomplissement du Magistère.* » On aimerait savoir dans quelle voie ils travaillent. Citons aussi la *Massénie du Saint Graal* fondée en 1973 par Gabrielle Carmi[11] (Andrée Fortin pour l'état-civil) à partir d'une transmission reçue en rêve dans une vieille maison du village d'Hermé en Seine et Marne. Le plus étrange, c'est que ces rêves ont débuté en 1952, l'année même où Breyer « réveillait » l'égrégore du Temple dans la tour des Béatitudes d'Arginy. Or l'affaire d'Hermé possède une connotation templière affirmée. Tout se passe comme si certains événements déclenchaient des résonances dans l'inconscient collectif, comme si une rivière souterraine connaissait plusieurs résurgences.

En dehors des ordres formels, le Graal et, plus généralement, les thèmes arthuriens reviennent alors en force dans la littérature ésotérique, savante ou populaire. Il va de soi dans mille et une planches maçonniques pour lesquelles on a consulté Chevalier et Gheerbrandt qu'il est « *l'héritier sinon le continuateur de deux talismans de la religion celtique préchrétienne : le chaudron du Dagda et la coupe de souveraineté*[12]. » Le chaudron draine les notions d'immortalité et d'alchimie – confondant les opérations menées dans le creuset avec quelque brouet de sorcières ; la coupe oriente, selon l'habitude des auteurs, vers un éventail de références et de traditions diverses. A partir de ces renvois, tous les syncrétismes sont permis et, hélas, tous se retrouvent aujourd'hui sur Internet. On ne compte plus les romans qui revisitent les personnages d'Arthur, Merlin, Morgane, Lancelot, Guenièvre, plus rarement Perceval et Galaad ; la plupart de ceux qui se publient en langue anglaise font la promotion du culte de la Grande Déesse tel que le rétablit la Wicca ou, plus rarement, de celui de Mithra. L'inspiration néo-païenne s'accompagne souvent de considérations écologiques. Dans ce contexte, le Graal devient un objet rituel chargé de pouvoir magique. Citons, entre autres, la série des *Dames du Lac* de Marion Zimmer Bradley, ainsi que Stephen Lawhead et son autre série, *Pendragon*. Les ouvrages de langue française qui reprennent la thématique, en dehors d'études universitaires, restent plus intellectuels, plus littéraires et ne charrient pas dans leurs flancs d'expérience initiatique perceptible. Quant à la BD, elle introduit souvent une dimension démoniaque autour d'Arthur et surtout de Merlin. Pensons à la série Merlin chez Soleil due à Istin, Lambert et Stambecco. Le cinéma offre aussi de nombreuses relectures des thèmes arthuriens, citons les incontournables *Lancelot du Lac* de Robert Bresson (1974), *Perceval le Gallois* d'Eric Rohmer (1978), *Excalibur* de John Boorman (1981) et *Indiana Jones et la Dernière Croisade* de Steven Spielberg (1989). A partir des années 1990, le graal devient un thème banal de l'*heroic fantasy* et même du manga, mais se métamorphose de plus en plus en objet magique voire technologique, en arme contre les forces des ténèbres. La banalisation atteint son comble lorsqu'on lit dans Wikipedia au mot Graal : « *La quête du Graal a un sens moderne concret : il décrit un objectif difficilement réalisable, mais qui apportera au monde des nouvelles connaissances ou permettra une application originale sur la matière. Ainsi, en physique, on qualifie la théorie de grande unification (théorie du tout) de 'Graal des physiciens'. De même, la compréhension du mécanisme par lequel les gènes contrôlent la physionomie des organes serait le 'Graal des généticiens'.* »

Pour terminer ce rapide survol, il faut aborder une ultime métamorphose surgie dans les marges de la « belle histoire » de Rennes le Château. Elle apparaît lorsque Baigent, Leigh et Lincoln, dans *L'énigme sacrée*, suggèrent fortement que Jésus ait eu une descendance de son union avec Marie Madeleine. Il s'agit alors de transposer la graphie médiévale plutôt occitane, *san greal*, en *sang réal*, sang royal. Le jeu de mot serait acceptable en soi dans la mesure où le *Conte du graal* nous décrit une initiation royale ; il en va de même dans de nombreux romans médiévaux, qu'ils soient arthuriens ou du cycle carolingien. On le trouve d'ailleurs déjà chez Rabelais dans son *Pantagruel*, chez qui il désigne le sang du Christ contenu dans la coupe sacrée, comme facteur de guérison et, par métaphore, d'autres remèdes royaux un peu plus insolites. Son application à quelque descendance du Christ n'est et ne peut être qu'une idéologie de notre époque. Très succincte chez les trois auteurs anglais, elle va d'abord resurgir dans une série de romans de Peter Berling, *Les enfants du Graal*, étonnante relecture de l'histoire du XIIIe siècle, avant de connaître un succès mondial au travers du *Da Vinci Code* de Dan Brown.

Toutefois, on n'a cessé de chercher un peu partout la coupe du Graal telle que la décrivaient Robert de Boron et l'auteur du *Perlesvaus*. On longtemps située dans l'abbaye de la Sainte-Trinité de Fécamp sous les espèces d'une ampoule contenant le sang du Christ, à Bruges qui en abrite une autre, les Italiens s'enorgueillissent d'un *sacro catino* de pierre verte exposé à la cathédrale Saint-Laurent de Gênes.

Sacro catino

Citons aussi le *santo caliz* de la cathédrale de Valencia, le calice d'Antioche conservé au Metropolitan Museum de New York, le Saint Vase conservé à Troyes, issu du pillage de Constantinople lors de la croisade de 1204. Plus curieusement, une étude récente due à Margarita Torres, professeur d'histoire médiévale à l'université de León, et José Miguel Ortega del Rio, historien de l'art, à partir de la découverte de deux parchemins égyptiens tend à authentifier dans le rôle du graal le calice de doña Urraca gardé dans le musée de la basilique San Isidro de León[13].

Calice de doña Urraca

Dès lors, le Graal s'intègre dans le circuit des « nouvelles spiritualités », où croyances et expériences intimes se vivent « à la carte », où s'inventent hors des sentiers battus de nouvelles sacralisations, de nouveaux rites, où règne souvent la confusion du psychique et du spirituel. Mais dans cette transformation, qu'est devenue la lumière solidifiée dont parlait Chrétien de Troyes ?

NOTES :

1- Philippe Lavenu, *L'ésotérisme du Graal : Secret du Mont Saint-Michel,* Guy Trédaniel, Paris, 1989.

2- Gilbert Durand, *Les structures anthropologiques de l'imaginaire,* Bordas, Paris, 1969.

3- Louis Charbonneau-Lassay, « L'iconographie emblématique de N.S.J.C., le symbolisme de la rose », *Regnabit*, mars 1926, pp.297-310.

4- Cette lettre est reprise sur le site *Estoile Internelle* : estoileinternelle.blogspot.fr

5- Louis Charbonneau-Lassay, « Iconographie ancienne du Cœur de Jésus », *Regnabit*, juin 1925 et « Le cœur humain et la notion de Cœur de Dieu dans la religion de l'ancienne Egypte », idem, novembre 1924.

6- René Guénon, « Le Sacré-Cœur et la légende du Saint Graal », *Regnabit* août-septembre 1925, repris par Michel Valsân dans le recueil d'articles de Guénon intitulé *Symboles fondamentaux de la science sacrée,* NRF Gallimard, Paris, 1962, pp. 39-48.

7- René Guénon, « Le Saint Graal », *Le Voile d'Isis*, février et mars 1934, repris in Symboles…, pp. 49-67.

8- Arthur Edward White, *The Holy Grail, its legends and symbolism,* Rider and Co, London, 1933.

9- Mark J. Sedgwick, Contre le monde moderne, 2004, Oxford University Press.

10- Lettre de Marcel Clavelle publiée sur le site *Estoile Internelle*.

11- Gabrielle Carmi, *Le temps hors du temps*, Robert Laffont, Paris, 1973.

12- Jean Chevalier et Alain Gheerbrant, *Dictionnaire des symboles,* Robert Laffont/Jupiter, Paris, éd. revue et augmentée, 1982 (1969). Article *Graal*.

13- *Le Figaro.fr,* « Le Saint Graal serait-il en Espagne », flash actu AFP du 2 avril 2014 à 7:06.

NOTES SUR LA VIE ET L'ŒUVRE D'HENRI DE GUILLEBERT DES ESSARS, PROPRIÉTAIRE À BRAM

© Emmanuel Kreis

Henri Jean-Baptiste Marie de Guillebert des Essars, fils de Louis Bernard Joseph Ernest de Guillebert, propriétaire, et de Mathilde de Guillebert (née Fernin-Malefette), est né le 10 février 1863 à Toulouse. Bachelier ès sciences, doué pour l'allemand et le dessin, le jeune homme entre à l'École spéciale militaire en octobre 1882. Il rejoint le 138e régiment d'infanterie, avec le grade de sous-lieutenant, deux ans plus tard. En 1889, Guillebert des Essars annonce son mariage et démissionne de son poste pour se tourner vers la gestion de son patrimoine et de celui de sa femme. Il devient alors lieutenant de réserve, le 10 février 1890. En mars de l'année suivante, il intègre l'état-major. Le 26 avril 1899, il est promu capitaine et entre au Service de l'infanterie territoriale du Service de l'état-major. Après avoir séjourné à Villalier (Aude) en 1901 et 1902, Guillebert des Essars s'installe définitivement à Bram en 1903. En octobre 1907, il est rayé des cadres à la suite d'un accident à la jambe qui le prive de la possibilité de monter à cheval et d'effectuer de longues marches.

Si la brève carrière militaire et la vie de propriétaire terrien d'Henri de Guillebert des Essars ne présentent que peu d'intérêt, son œuvre, violemment antijuive, à la frontière entre l'occultisme et l'anti-occultisme, mérite d'être remarquée. Principalement connus du fait de la polémique qui l'opposa à René Guénon, les travaux de Guillebert des Essars fournissent non seulement des renseignements sur l'état d'esprit qui animait certains réacteurs de la principale revue antijudéo-maçonnique et anti-occultiste de l'entre-deux-guerres, la Revue internationale des sociétés secrètes (R.I.S.S.) (Guillebert des Essars collabore à la revue de

1912 à 1914, puis en dirige la partie « occultiste » de 1928 à sa mort), mais ils donnent également indirectement des informations sur les étranges théories de Louis Lechartier dans lesquelles René Guénon voyait une manifestation patente de la « Contre-Initiation ». Au-delà de la R.I.S.S., de Lechartier et de Guénon, l'œuvre d'Henri de Guillebert des Essars invite à une réflexion sur une tradition polémique antijuive chrétienne qui poursuit la tradition apologétique antijuive des kabbalistes chrétiens de la Renaissance à l'âge de l'antisémitisme.

L'enseignement de Louis Lechartier et les premiers écrits dans la R.I.S.S.

Les années Doinel et Lechartier

C'est probablement à la fin des années 1890 que l'officier entre en relation avec Louis Lechartier, sans que nous connaissions le moment précis ni les circonstances de cette rencontre. La première mention de cette relation est faite par Guillebert des Essars dans une note relative à la mort de Jules Doinel, publiée dans la R.I.S.S., en avril 1913. Ayant eu vent de l'arrivée de Jules Doinel à Carcassonne en avril 1900 et suspectant celui-ci de vouloir implanter le mouvement gnostique dans la région, il prend contact avec lui en compagnie de Lechartier, qui avait connu Doinel à l'époque de sa conversion au catholicisme et à l'antimaçonnisme :

« Les archivistes sont des gens d'un abord facile, d'un accueil aimable et d'une complaisance extrême, et M. Doinel était parmi les plus abordables et les plus complaisants. Un prétexte quelconque de recherches m'introduisit dans ses archives, et nous eûmes de nombreuses et fréquentes conversations. Je dis nous, en parlant non seulement du patriarche gnostique et de moi-même, mais aussi d'un de mes amis, mort l'année dernière, et qui fut plus encore que moi en relation avec l'archiviste. La famille de mon ami n'a pas cru devoir conserver, encore moins publier, les correspondances ou les comptes rendus d'entretiens que nous eûmes avec Doinel, et qui, réunis dans un dossier chez cet ami, sont perdus. »

Cette relation entre Guillebert des Essars, Lechartier et Doinel se poursuit jusqu'à la mort de ce dernier en 1902. Si les comptes rendus des entretiens et les correspondances échangées sont perdus, leurs discussions tournaient principalement autour de l'Église gnostique et des conceptions occultistes de Doinel.

Au-delà de cet épisode avec Doinel, Guillebert des Essars et Lechartier semblent avoir entretenu des rapports soutenus. En 1911, le pianiste catalan Ricardo Viñes, étant entré en relation avec Guillebert des Essars, témoigne de l'amitié qui l'unissait alors à Lechartier, lequel devait mourir d'une crise cardiaque, le 1er février 1912 . Il présente Guillebert des Essars comme un fervent catholique possédant une « culture phénoménale » et le dernier disciple de Lechartier. Leurs discussions fournissent quelques précisions sur le maître et sa pensée :

« Samedi 23 septembre 1911.
[...]Des Essarts m'apprit le carré magique découvert par son ami l'horloger Lechartier. Ce carré magique est la condamnation absolue de tous les ennemis de l'église. Le mystère que renferme ce carré magique est prodigieusement stupéfiant. Il explique comment seront écrasés tous les maçons théosophes et autres sectaires, de plus, il signale le jour où la révélation ésotérique les condamne ! Des Essarts est très intéressant, il a une culture phénoménale, il semblerait que celle de son ami Lechartier est supérieure à la sienne. Cet homme vit à Toulouse maintenant. Lechartier, qui fut anarchiste et maçon, se convertit au catholicisme, depuis c'est un catholique convaincu. Des Essarts me promit de me le présenter quand je retournerai à Toulouse. [...]

Mercredi 27 septembre 1911.
[...] Monsieur des Essarts parla des Anges et de mille et une choses relatives à la tradition satanique, des maçons et autres Sociétés Secrètes. [...] il m'expliqua la théorie de l'occultisme depuis la chute des Anges jusqu'à l'anticléricalisme de bas étage actuel ! Comme idée centrale, ce carré magique est véritablement magique, car il explique tout de façon providentielle. Le jour où la découverte de Lechartier sera connue cela révolutionnera l'occultisme, le condamnant avec ses propres armes afin que triomphe la vérité catholique . »

n° 6

La bibliothèque et les travaux de Lechartier étant dispersés à sa mort, les seules sources possédées sur ses activités « occultistes » sont indirectes. Outre les discussions avec Ricardo Viñes, quelques lettres de Clarin de la Rive et textes taxiliens, les informations les plus complètes sur l'activité de Lechartier sont fournies par Guillebert des Essars. Celui-ci, en pleine polémique avec René Guénon en 1930, profite de la publication par Paul Vulliaud du Siphra Di-Tzeniutha pour faire l'éloge de Lechartier et de ses idées. Les informations qu'il y fournit sur l'Institut d'études cabalistiques et son enseignement sont en grande partie invérifiables et donc à prendre avec réserve. Cet « Institut » n'est d'ailleurs mentionné par aucun auteur antérieur et il n'est pas impossible que le groupe informel autour de Lechartier ne se soit pas considéré comme tel :

« Immense travail, auquel Le Chartier a consacré sa vie, encouragé, soutenu, aidé par quelques amis, élèves, disciples ou collaborateurs, qui besognaient avec lui, recherchant les documents, compulsant les textes, vérifiant les traductions, préparant les rédactions, classant les dossiers, préparant les synthèses, dressant les cartes des courants divers, essayant d'établir celle des idées et des faits dans l'évolution humaine.

De ces collaborateurs, les uns sont morts avant Le Chartier ; Mgr Fava, qui n'hésitait pas, de son siège épiscopal de Grenoble, à suivre les travaux de « l'atelier ». Les autres sont morts après lui : le chanoine Laffon Mydieu qui, sexagénaire, s'était mis à l'étude de l'hébreu, afin de lire les textes bibliques dans leur langue originale, et de discuter son interprétation cabbalistique, l'abbé Bareille, qui cherchait, dans ces études permettant de gravir les sommets de la pensée, une compensation aux horizons restreints auxquels son oncle l'avait condamné, en l'utilisant pour la banale continuation de la banale "histoire de l'Église" du brave abbé Darras, le P. Voegli, qui vient de mourir à Nancy, après avoir été directeur au séminaire français, à Rome.

Dans ce modeste institut d'études cabbalistiques fréquentaient aussi des laïcs. Plusieurs revenus de très loin à leur foi catholique, Jules Doinel, vintrasien sur lequel on a écrit bien des choses fausses, Firmin Boissin, moins connu que l'évêque albigeois d'Alet et de Mirepoix, mais non moins imprégné que lui d'occultisme cabbalistique. D'autres restés adeptes des doctrines occultes, venus en curieux ou même en ravisseurs, tel Léo Taxil qui n'a jamais rendu les documents qu'on avait eu l'imprudence de lui confier. Quelques-uns enfin, ont assidûment travaillé, pendant des années avec la même intention, les mêmes directives, les mêmes méthodes. »

Ces renseignements sur l'entourage de Lechartier s'accompagnent de précisions quant à son enseignement et ses conceptions. Nous y trouvons, en filigrane, outre une interprétation symbolique sexuelle de la kabbale héritée des écrits de Paul Rosen et Taxil, l'idée que cette dernière cache, derrière ses « blasphèmes » et ses « mensonges », les « vérités chrétiennes » :

« Chez ceux-ci [les élèves de Le Chartier], s'était formée une opinion documentée sur la Cabbale, sur ses origines et son évolution, son influence et ses prétentions, ses procédés et les moyens de la démasquer, de la combattre et de lui enlever des adeptes. Pour eux, la Cabbale était la systémisation doctrinale et disciplinaire des procédés d'interprétation des traditions, des croyances et des livres des peuples, au profit de son interprétation des faits et des écrits bibliques.

Formidable initiation à la cosmogonie de la génération, à la divinisation de l'homme procréateur, fantastiquement agrandi jusqu'au mondial dans ses énergies génératrices conscientes.

Satanique conception aux applications homicides, que seule peut démasquer la traduction en style catégorique de son exposé occulte, aussi bien capable de détourner les adeptes des imaginations de l'ésotérisme, que de prévenir les profanes contre les séductions de l'initiation. Sans crainte ni contrainte, sans écolisme ni partialité, il suffit de présenter aux intelligences libres, non encore irréductiblement endurcies dans l'occultisme, les textes essentiels de l'occultisme, dépouillés de leur symbolisme, et d'appeler l'attention des hommes sur les conséquences désastreuses des doctrines occultes, qui ont toujours été et sont encore les facteurs les plus importants des relations et des actions humaines.

Mais autre chose est de faire une œuvre, si complète soit-elle, autre chose est de la faire connaître au public. Bien des efforts inutiles furent faits dans ce but par Le Chartier et ses amis. Efforts inutiles, parce que le monde scientifique se détourne obstinément des études sur l'occultisme, refusant de faire entrer la Cabbale dans le programme, dès lors incomplet et vain, des recherches philosophiques, historiques et religieuses, parce que le monde ecclésiastique persiste à tenir pour dangereuses et folles les recherches cabbalistiques, sans vouloir se rendre compte que, même dans ses égarements, la Cabbale conserve la notion la plus élevée du Symbolisme et de la mystique, permettant de pénétrer le sens de bien des textes énigmatiques. [...]

Les rares survivants de ces temps lointains sont heureux d'assister, aujourd'hui, au réveil des études sur la Cabbale dans les milieux les plus divers. Longtemps délaissées et dénigrées après avoir été pratiquées par les chrétiens, qui ne craignaient pas d'y rechercher les origines communes des mystiques différentes et les interprétations d'un symbolisme commun, ces études sont reprises de nos jours. »

Tout en suivant de près les travaux de Lechartier sur les carrés magiques, Henri de Guillebert des Essars conduit ses propres recherches « cabbalistiques » et rédige plusieurs « études ésotérico-catholiques » et un « manuscrit important sur l'Occultisme », intitulé « Les Propos d'Armilous, essai de démasquation de l'Occultisme, dédié à Ricardo Viñes » :

« *À Monsieur Ricardo Viñes, en souvenir des conversations que nous avons eues ensemble sur le monde occulte et sur ses prétentions, sont nées ces pages. Dans les vieilles légendes des rabbins médiévaux, vous trouvez qu'Armilous et Romul... sont des noms occultes, sous lesquels sont dissimulés le Christ et ses fidèles, plus spécialement la France, l'Espagne et l'Italie catholiques. C'est donc la tradition chrétienne de l'Occident que j'ai cherché à résumer dans ce travail, sous une forme vivante face aux traditions occultes, que le juif s'efforce d'implanter chez nous. En un temps où l'occultisme semble prédominer, il est utile de démasquer sa doctrine, sa discipline et son histoire, de faire connaître ses prétentions et de signaler ses origines et ses fins. Puisse cette étude contribuer à cette démasquation, confirmer R... dans sa foi, son espérance et sa charité. Je vous en dédie la rédaction, heureux si ces pages doivent être offertes au public, de les lui présenter sous le patronage de votre amitié.*

La Nauze, Bram, 31 janvier 1912 H. Guillebert des Essars . »

Les « Propos d'Armilous » font une forte impression à Ricardo Viñes, qui craint pourtant « qu'aucun éditeur ne voudra se compromettre en publiant ce réquisitoire éloquent et des plus érudits contre les juifs, francs-maçons et autres adversaires de Jésus et de son Église ». Si l'ouvrage ne trouve effectivement aucun éditeur, les prières du pianiste catalan pour « que la vérité puisse être connue et ne reste pas enterrée entre les feuilles d'un manuscrit » sont en revanche entendues.

Les premiers écrits d'Henri de Guillebert des Essars dans la R.I.S.S.

À partir du mois d'août 1912, la Revue internationale des sociétés secrètes entame la publication d'une série d'articles signés Armilous qui pourraient correspondre au fameux manuscrit. La Revue Internationale des Sociétés Secrètes (R.I.S.S.) est fondée en janvier 1912 par le chanoine Ernest Jouin, curé de Saint-Augustin et protonotaire apostolique de Pie XI. L'équipe du périodique se compose, autour d'un noyau central formé par Mgr Jouin et son homme de confiance, l'astrologue et militant monarchiste Charles Nicoullaud, de nombreux rédacteurs venus de différents horizons de l'antimaçonnisme. En sus des juifs et des francs-maçons, la R.I.S.S. se présente comme un organe de documentation et de lutte contre l'occultisme. Sous la houlette de Charles Nicoullaud, la revue produit une impressionnante documentation sur l'occultisme qui, bien que très orientée idéologiquement, est fort impressionnante.

Les circonstances qui amènent Henri de Guillebert des Essars à se joindre à la revue de Mgr Jouin nous sont inconnues, mais il n'est pas impossible que Viñes, féru d'astrologie, ait joué un rôle dans cette rencontre . Celui-ci, réellement fasciné par le personnage de Nicoullaud, précise en effet, en janvier 1912, avoir envoyé le premier numéro de la Revue internationale des sociétés secrètes à son ami de Bram.

Quoi qu'il en soit, cinq articles signés Armilous sont publiés par la revue entre août 1912 et mai 1913, date à laquelle il révèle son identité et la signification de cet étrange pseudonyme :

« Armilous est le nom que les légendes rabbiniques donnent au dernier ennemi des juifs, adversaire redoutable qui doit venir après Gog et Magog, tuer le Messie ben Ephraïm, en de terribles guerres, avant d'être mis à mort par le Messie ben David. »

En 1914, c'est sous son propre nom que Guillebert des Essars entame la publication d'une autre série d'articles dans la nouvelle « Partie Judéo-Occultiste » de la R.I.S.S., interrompue par la disparition de la publication durant la guerre, sous le titre de « L'Arcane ».

Ces textes se veulent des démonstrations formelles de la présence permanente du « judaïsme dissimulé derrière les voiles réitérées de l'initiation ésotérique quelconque, comme derrière les mots de passe des grades maçonniques ». Pour pénétrer ce sens caché explicitement juif des rituels et des initiations, il faut, selon Guillebert des Essars, délaisser la méthode historique classique pour voir avec les yeux d'un « Initié ». Ainsi, il ne faut pas considérer l'ensemble des symboles maçonniques dans leur sens biblique, mais les retranscrire en hébreu, en retrouvant la bonne vocalisation et la symbolique, pour obtenir le « véritable » sens de la formule :

« Pour découvrir ce sens, il faut être au courant des méthodes complexes que la Cabale a répandues dans le monde des mystères. Il faut assez connaître les langues sémitiques pour pouvoir reconstituer le texte hébreu, que des transcriptions en lettres latines et des arrangements en mots trompeurs ont complètement transformé.

Cette transformation d'un texte hébreu primitif en mots latins ou autres, à cause de l'impossibilité d'une concordance absolue entre les caractères des divers alphabets, ne permet qu'une transcription imprécise laissant la liberté de penser à plusieurs mots : le procédé, habilement calculé, dirige l'initiateur en lui donnant une sorte d'abréviation idéologique, qu'il peut développer dans tous les mots susceptibles d'être transcrits par les lettres proposées, et dont il peut graduer la communication, suivant les circonstances, sans jamais dévoiler entièrement l'esprit qui l'a suggéré. »

Nous retrouvons ici un procédé qui n'est pas sans ressemblance avec la méthode exégétique de Lechartier, dont « Ar. Milous » semble reproduire assez fidèlement l'enseignement :

« Ainsi étudier l'occultisme, c'est étudier l'objet signifié par tous les signes quelconques, conçus, composés ou usurpés par les initiés. C'est ensuite étudier ces signes eux-mêmes, c'est-à-dire les multiples représentations de cet unique objet. C'est enfin étudier les procédés et les méthodes employés par l'occultisme pour remplacer le sens usuel des verbes naturels ou conventionnels par un sens "imposé". »

Ce jeu sur le sens même des mots non seulement permet aux « chefs très intelligents et très actifs » de « toutes les sociétés secrètes » de proportionner leur enseignement en fonction de leurs cibles et de se soustraire au regard de l'observateur non initié, mais représente également la caractéristique primordiale de l'occultisme considéré « dans l'ensemble de ses manifestations ». L'occultisme étant défini comme une « colossale et permanente tentative d'accaparement du verbe, c'est-à-dire d'usurpation de tous les signes, en vue d'en faire des symboles de son unique doctrine et de la discipline conséquente ». Ne pouvant être compris que « dans son ensemble intégral, dans l'unité de sa doctrine, malgré la multiplicité de ses formulations », l'occultisme devient le signe tangible – rendu visible et analysable « par les procédés convenables de la critique et les méthodes rationnelles et logiques de la science » – du lien unissant les « religions ésotériques du paganisme antique » et le judaïsme :

n° 6

« L'identité des religions ésotériques du paganisme antique et du moderne paganisme de l'Extrême-Orient pourrait s'établir par l'analyse linguistique des noms innommables de prétendus dieux, qui ne sont, en dernière analyse, que les personnifications imaginaires de l'unique principe reconnu par tous les initiés : celui de la génération charnelle.

Accaparement du verbe naturel et fixation secrète du nom de ce verbe accaparé dans les mots usurpés du langage des hommes, telle est la caractéristique de l'occultisme païen.

L'occultisme juif se présente sous une forme plus dangereuse et avec une influence plus persistante. Il s'attaque non plus au symbolisme phénoménal de la nature, mais à la fixation scripturale de ce symbolisme dans les Écritures, pour faire de leur texte, de leurs récits, mots, nombres, caractères, une formulation effroyablement complexe de l'obscénité panandrogynique, avec cette circonstance aggravante qu'il s'identifie lui-même avec sa divinité, rêvant sa divinisation par son rôle même dans l'humanité, éphémère instrument de sa jouissance. »

Et de conclure :
« Cette substitution des enfants d'Israël aux fidèles du Christ et de la doctrine judaïque au dogme catholique est l'œuvre même de l'occultisme moderne dont les sociétés secrètes, dupes ou complices, sont l'instrument le plus actif et l'organe le plus apparent, mais non le cerveau directeur ni la tête agissante. »

Au sommet se trouvent les juifs, dont « l'impureté » religieuse remonte à la perversion de leurs écrits par les « adorateurs de Babel et de Balaam » . Le judaïsme se transforma alors en un culte de la « génération », c'est-à-dire de l'« union charnelle » et des « organes reproducteurs » :

« Ces dupes et ces exploiteurs sont tous les initiés et tous les adeptes de l'occultisme, dans le temps et l'espace.

Le Juif est à leur tête, leur dieu avec nous, le mâle social. Au-dessous de lui sont les sectes, dont est la Franc-Maçonnerie.

L'humanité tout entière, au regard de ses adeptes, n'est que le lieu de la jouissance charnelle du Dieu juif, la femelle à féconder par ce mâle social et ses prolongements organiques, les sociétés secrètes. »

C'est par la kabbale, fondement de toutes les doctrines de l'occultisme et du paganisme, que les juifs dirigent les sociétés secrètes et opèrent la perversion des peuples en mettant l'homme à la place de Dieu dans la propagation et la conservation de l'humanité :

« Le mot Cabale veut dire : accepté, bien qu'on le traduise généralement par : tradition.

La Cabale est l'ensemble des conventions et procédés d'enseignement et de pratiques individuelles, familiales, sociales, politiques et diplomatiques, "acceptés" d'un commun accord par les rabbins et les princes des Juifs pour transformer, dans le cœur du peuple d'Israël et du monde, les notions traditionnelles, bibliques et évangéliques, en allégories spéciales et pour faire, au moyen du gnosticisme, la conquête de toutes les nations.

C'est de là que viennent les ressemblances entre les systèmes chaldéens, brahmaniques, gymnosophiques, druidiques, helléniques, indiens, nordiques, musulmans…, le caractère gnostique, théurgique, hermétique, alchimique, cabalistique et la tournure biblique des rédactions initiatiques. Celles-ci ont seulement varié comme la morale qu'elles supposent, comme la religion ou les mœurs qu'il s'agit de dissoudre, pour faire place aux mœurs et à la religion charnelles, à l'empire oppresseur des Juifs. »

Malgré ces déclarations, nous ne devons pas voir dans la conception que se fait Guillebert des Essars de la kabbale une simple dimension critique. Il considère que *« même dans ses égarements, la Cabbale conserve la notion la plus élevée du Symbolisme et de la mystique, permettant de pénétrer le sens de bien des textes énigmatiques »*.

La collaboration de Guillebert des Essars à la R.I.S.S. s'interrompt brutalement avec la guerre et la suspension de la R.I.S.S.

jusqu'en 1920. Réintégré comme capitaine instructeur de réserve le 30 août 1914, Guillebert des Essars, qui avait toujours été très bien apprécié de la hiérarchie militaire, se voit subitement fort mal noté. Il finit par être irrévocablement rayé des cadres en 1915 et se consacre alors, depuis sa propriété de Bram, à son patrimoine.

Henri Guillebert des Essars directeur de la R.I.S.S. « rose »

Charles Nicoullaud, gravement malade, doit progressivement abandonner sa contribution à la R.I.S.S. à partir de la fin de l'année 1923. Il meurt, victime d'un cancer du pancréas, le 20 août 1925. Avec cette disparition, la Revue internationale des sociétés secrètes perd son meilleur spécialiste de l'occultisme. La place laissée vacante par Nicoullaud est reprise, en 1927, par Henri de Guillebert des Essars, qui signe son retour comme rédacteur par une « Étude sur l'Occultisme ».

En janvier 1928, la Revue internationale des sociétés secrètes retrouve la formule qu'elle avait adoptée en 1914 avec deux parties distinctes : une partie « judéomaçonnique » et une partie « occultiste ». La première, la revue proprement dite, demeure, jusqu'en 1932, un hebdomadaire de 15-20 pages ; la seconde se présente comme un supplément mensuel d'une trentaine de pages. Le choix d'une publication à part pour traiter des questions occultistes est justifié par la nature dangereuse et ardue des révélations qu'elle contient :

« [...] Notre "Partie occultiste" y travaille [à combattre "l'élite du mal"] de toutes ses forces, en se gardant à la fois et des absurdes cauchemars d'une démonologie enfantine et de cette espèce de scepticisme, même catholique, qui tente de tuer ce genre de difficiles études par le ridicule.

Et, sans doute, cette "Partie occultiste" n'est pas faite pour tous et pour toutes. Sans viser exclusivement les spécialistes, elle suppose des esprits formés, des yeux déjà avertis. On ne la laissera ouverte ni sur la table du salon ni entre des mains trop innocentes ; nous nous adressons, dans leur cabinet de travail, à des âmes déjà mûres, auxquelles nous puissions soumettre des documents impossibles à reproduire dans la partie commune de la Revue : c'est-à-dire à la seule élite, mais à toute l'élite de nos Ligueurs et Ligueuses, qui ne connaîtront jamais à fond la question maçonnique, s'ils ne jettent au moins un coup d'œil sur ces dessous criminels de l'occultisme et du satanisme, à travers le monde et les âmes. [...] »

La publication de ce supplément d'« élite » est confiée à Henri de Guillebert des Essars. Jusqu'en 1930, il est secondé dans cette tâche par A. Tarannes , puis par Louis-Gaétan Bouillier qui publie sous le pseudonyme de Gaetano Mariani .

Henri de Guillebert des Essars et la judéo-maçonnerie

Entre 1928 et 1930, la majeure partie de la R.I.S.S. « rose » est consacrée à la présentation par Henri de Guillebert des Essars de ses théories. Ses travaux se concentrent principalement sur deux questions, selon lui intimement liées : le « Hiéroglyphisme » et les relations entre l'occultisme, le judaïsme et la franc-maçonnerie. Ce premier thème donne lieu à une série de textes publiés entre août 1928 et février 1929 sous le titre de « Hiéroglyphisme », qui aborde les pentacles , les carrés magiques et la Clef de saint Méliton. La question des rapports entre l'occultisme et la judéo-maçonnerie est, quant à elle, abordée une première fois dans une « Étude sur l'Occultisme », dont les deux premiers articles sont parus dans la R.I.S.S. en 1927, suivis d'articles complémentaires – « Hébro-Paganisme », « La Gnose », « Judéo-Maçonnerie médiévale », « Judéo-Maçonnerie moderne », « Théurgie et Magie » – entre janvier et juillet 1928, puis dans « La Question juive », qui paraît d'avril à septembre 1929.

Les exposés de l'élève de Lechartier sont rédigés dans un style difficilement intelligible, où des phases extrêmement répétitives alternent avec des ellipses qui ne facilitent assurément pas la compréhension générale du propos. Au fil des livraisons, l'érudit de Bram projette de conduire son lecteur vers une intelligence approfondie des fondements de la démarche occultiste par l'établissement d'une « sorte de grammaire comparée du symbolisme de toutes les sectes », devant servir à démontrer « une générale et perpétuelle tentative d'accaparement de tous les "signes" du divin, détournés dans le même sens inavouable : en un mot, la contre-Révolution et la contre-Tradition ». Cet « accaparement du Verbe » est mis « en œuvre, à toutes les époques, par les rabbins et les princes d'Israël, pour transformer, dans l'esprit et dans le cœur des Juifs et des Gentils, les divines images du Pentateuque, puis de l'Évangile, en allégories monstrueuses et faire, grâce à ce gnosticisme, la conquête finale du monde ». Il réduit ainsi « à une même formule les plus luxuriants symboles initiatiques », puisqu'« il ne s'agit, au fond, partout et toujours, que de ruiner l'enseignement et l'autorité de l'Église de Dieu au profit de la Synagogue de Satan ». Le projet d'Henri de Guillebert des Essars ne se limite pas à cette simple volonté de montrer l'unicité démoniaque et cabalistique de l'occultisme, il est bien plus ambitieux. Il s'agit d'arriver à la connaissance de la révélation chrétienne primitive oubliée et masquée par les juifs, c'est-à-dire de la « Tradition ».

Pour rendre au lecteur l'intelligence du symbole chrétien perdu, Guillebert des Essars expose, dans un premier temps, l'entreprise de destruction judéo-maçonnique par l'interprétation dénaturée des formules chrétiennes pour, dans un second mouvement, montrer le moyen de restaurer celles-ci par l'étude du « Hiéroglyphisme ».

Selon Guillebert des Essars, la Cabale joue un rôle central dans l'action juive sur l'histoire. C'est par son biais que le juif est le « maître de l'occultisme » et qu'il fait de la Bible « la rédaction, par Moïse et ses continuateurs, de la Cosmologie de la génération ». Elle permet donc la subversion du texte biblique en exploitant les caractéristiques de la langue hébraïque, dont la constitution alphabétique « établit une relation positive entre les chiffres, les lignes, les idées et les phénomènes, par conséquent entre les mots, les nombres, les figures et la nature entière ». Par « la Gamatrie, la Notaricone, et la Témourase », les rabbins cachent « la Vérité, pour faire un mystère de la parole » dans le but principal « d'anéantir dans les intelligences la sainte notion de Dieu, de manière à pouvoir attribuer la divinité à cette chaleur naturelle que provoquent dans les différents êtres l'instinct sexuel et les actes relatifs à la génération ».

Henri de Guillebert des Essars entend montrer l'unité profonde de toutes les « sciences occultes », dont l'ensemble des symboles et des rites ne sont que des métaphores sexuelles – union des organes reproducteurs mâle et femelle – exprimant le caractère « panandrogynique » de la divinité totale de laquelle l'homme ne diffère « que par l'intermittence et la localisation de son énergie procréatrice limitée, tandis qu'elle est en dieu sans limite, universelle et continue ». De la gnose, en passant par l'« islam », l'« occultisme médiéval », l'alchimie, la théosophie, etc., jusqu'aux mouvements occultistes du XXe siècle et la franc-maçonnerie, Guillebert des Essars retrouve partout le même culte « panandrogynique » et les mêmes symboliques sexuelles.

Cette « Étude sur l'occultisme » à laquelle se livre le principal rédacteur de la R.I.S.S. « rose » n'a pas pour seul but de dénoncer l'œuvre judéo-maçonnique et les « sectes » qui lui sont affiliées, elle sert de prolégomène à un exposé sur la restauration de la « Tradition » par le biais de la science des pentacles et des carrés magiques. L'analyse de différents pentacles le conduit à aborder la question des carrés magiques. Partant de l'exemple de médailles rabbiniques, mentionnées par Moreri, Bartolocci, Kircher , faisant figurer sur une face un symbole léonin et sur l'autre un carré magique, l'érudit de Bram conclut son exposé en présentant la « Reconstitution du carré magique primitif ». Sans que Guillebert des Essars en fasse explicitement mention, il expose probablement ici les fameux travaux de Lechartier et le carré magique découvert par son ami horloger qui avait tant impressionné Ricardo Viñes . Ce carré magique primordial laisse entrevoir la possibilité de revenir à l'intelligence des symboles et de donner une nouvelle arme contre la cabale, au même titre que la Clef de saint Méliton. Il est un instrument de la « Restauration » à venir.

L'opposition entre la « Tradition » et la « Révolution » qui soutient l'ensemble du « grand drame religieux terrestre » doit déboucher non pas sur le règne des juifs, mais sur la « Restauration ». C'est par le moyen fondamental de subversion des juifs, la « cabbale », que doit se réaliser la « Restauration ». Les « Juifs cabbalistes » ont en effet rendu à la tradition le service d'avoir conservé le texte biblique ainsi que « des principes d'explication et des méthodes d'application de ces principes, dont un très grand nombre de passages des Écritures prouvent la réalité et la valeur ». Les cabalistes, malgré la corruption qu'ils ont opérée, « n'ont rien changé au fond même de l'arithmolexie, qui est la relation entre les lettres et les chiffres dans la série alphabétique ». Ils ont ainsi conservé « la propriété pour ce système arithmolexique, de former des mots-nombres, soit avec toutes les consonnes, soit avec seulement celles choisies pour avoir une forme finale, et de pouvoir être mis en carré magique, donnant naissance, par cette disposition, à un texte précis et à des signes graphiques correspondants, figures géométriques élémentaires et diagrammes, identiques, avec ceux traditionnellement conservés dans les ésotérismes les plus éloignés en apparence ». Malgré ses erreurs, la cabale a transmis un système exégétique qui offrirait le moyen de restaurer le sens de l'écriture et permettrait « d'envisager la possibilité scientifique de découvrir les origines communes de la Cabale et de la Tradition » qui serait « la constitution même de la langue hébraïque, son arithmolexie fondamentale et les propriétés linguistiques qui en découlent, le développement de son verbe dans ses modes et ses formes ».

Bien qu'Henri de Guillebert des Essars ne l'exprime pas directement, cette étude de la cabale laisse envisager un apostolat souverain auprès des juifs. Il ne croit en effet pas que l'antisémitisme puisse être une solution efficace à la « question juive ». Selon lui, le « problème » juif ne peut trouver de solution que dans un double mouvement d'élaboration d'une nouvelle « synthèse catholique des sciences actuelles à l'encontre des philosophies judaïsantes », sur le modèle de ce que saint Thomas avait fait en son temps et d'un apostolat fondé sur la connaissance des « arcanes cabalistiques » et des « langues orientales », inspiré de l'œuvre de Raymond Martin :

« Notre époque attend le Raymond Martin, juif converti, qui, plein de charité envers ses frères égarés, aussi savant de leurs erreurs que des vérités dénaturées par ces erreurs, démasquerait le fait juif, avec science et succès, loin de cette attitude inopérante qualifiée aujourd'hui d'anti-sémitisme. »

Au final, ce n'est pas « l'antisémitisme qui permettra l'émancipation nécessaire », mais le retour à l'Église :

« Le secret de la restauration est dans cette phrase du catéchisme : "hors de l'Église, point de salut" ».

Henri de Guillebert des Essars et la lutte contre l'occultisme

Les travaux d'Henri de Guillebert des Essars ont une grande influence sur la « partie occultiste » de la Revue internationale des sociétés secrètes. Les rédacteurs se font souvent les disciples du maître. A. Tarannes, par exemple, outre son goût particulier pour le satanisme, s'emploie à interpréter, selon les enseignements de Guillebert des Essars, des symboles que des lecteurs ont fait parvenir à la revue. Il se livre ainsi à des commentaires symboliques de plusieurs bâtiments ou éléments architecturaux, y trouvant toujours les mêmes figures sexuelles et génératrices. Nous pouvons également citer le cas d'Ambiorix, dont l'article sur l'Ordre Eudiaque des frères Durville s'inspire des interprétations sexualisantes et kabbalistiques du maître.

Henri de Guillebert des Essars lui-même, outre des études théoriques, s'intéresse plus particulièrement à certains mouvements et figures de l'occultisme dont il dénonce les agissements. En premier lieu, il entretient assidûment les lecteurs des publications de travaux occultistes concernant les symboles et les hiéroglyphes. Il publie, entre autres, commentées par A. Tarannes, plusieurs pages de la Récapitulation de toute la Maçonnerie ou Description et Explication de l'Hiéroglyphe universel du Maître des Maîtres daté de l'Orient de Memphis, XXXVIIIMD-CLXXXII, texte anonyme attribué à F.-H. Stanislas Delaunaye, et donne un commentaire important de la brochure de Steinilber-

Oberlin, Les Hiéroglyphes, éditée chez Chacornac. Un deuxième sujet qui intéresse Guillebert des Essars est la relation entre la science et l'occultisme. Il voit en effet des analogies et une continuité entre l'occultisme et certaines pensées scientifiques, notamment au sujet de l'unité de la matière et de l'évolutionnisme ; les écrits et les théories astrologiques et alchimiques aux allures scientifiques de Paul Choisnard et Jollivet-Castelot sont en particulier des cibles régulières. En troisième lieu, il s'intéresse à la Fraternité des Polaires. À partir du mois de juillet 1930, il rapporte régulièrement les articles du Bulletin des Polaires qui vient de paraître. Dès octobre, il livre une première étude sur le mouvement, dont les techniques d'oracles numériques ne pouvaient que l'intéresser et l'inquiéter au plus haut point. Il les accuse de vouloir « remplacer la mystique chrétienne par la mystique occulte ». Enfin, l'année de sa mort, il attaque les pratiques de magie sexuelle de Maria de Naglowska, qui vient de lancer son journal, *La Flèche*, et de publier une traduction du *Magia sexualis* attribué à P. B Randolph. Il consacre, pour la circonstance, un article à la relation « Ésotérisme, érotisme ». Cet intérêt pour Maria de Naglowska, qui publie *La Lumière du Sexe. Rituel d'initiation satanique* en 1932, rejoint l'attention plus large que les rédacteurs de la R.I.S.S. « rose » portent à la question du démoniaque.

La question du satanisme et de ses adeptes est un sujet régulièrement traité par la revue entre 1928 et 1933. A. Tarannes, durant ses deux années de collaboration à la publication, y consacre de très nombreux articles. Outre le thème du satanisme en général, de ses relations avec l'occultisme et des messes noires, il se penche plus particulièrement sur les cas de Julius Evola et d'Aleister Crowley, ainsi que sur les révélations faites par Clotilde Bersone dans *L'Élue du dragon* au sujet des arrière-loges lucifériennes.

Après le départ de A. Tarannes, la question du satanisme demeure une préoccupation constante des rédacteurs de la revue. À la fin de l'année 1930, G. Mariani donne un long compte rendu élogieux du livre d'Inquire Within (pseudonyme de Christina Mary Stoddart), *Light-Bearers of Darkness*. Il se plaît à souligner la similitude des opinions de l'auteur avec les vues d'Henri de Guillebert des Essars en matière de satanisme. Au même moment, il s'intéresse, dans le cadre de la polémique entre la R.I.S.S. et René Guénon, à la nature du « Roi du Monde », se demandant s'il ne s'agirait pas de l'Antéchrist. Après la polémique au sujet des « Supérieurs Inconnus » (1913-1914), les relations entre la R.I.S.S. et René Guénon se détendent, mais la trêve est de courte durée. À partir de 1926, la R.I.S.S. attaque la participation de Guénon à la « Revue universelle du Sacré-Cœur », *Regnabit*, s'inquiétant de ses « visées syncrétiques ». La publication dans le *Christ Roi*, revue de Paray-le-Monial, d'une étude, « Le Christ, prêtre et roi », et celle de son ouvrage *Le Roi du Monde* amorcent une longue polémique. Celle-ci prend une nouvelle tournure avec l'entrée en lice d'Henri de Guillebert des Essars. Dans son compte rendu de l'édition du *Siphra Di-Tzeniutha* de Paul Vulliaud, il consacre une grande partie de l'article à rappeler le personnage de Louis Lechartier. René Guénon se saisit de cette évocation pour lancer, dans *Le Voile d'Isis* de décembre 1930, des insinuations à l'égard de l'horloger et de son Institut cabalistique. Guillebert des Essars contre-attaque en questionnant Guénon au sujet de l'origine de sa connaissance de Lechartier. Cette polémique, où les protagonistes refusent d'expliciter leur allusion et de répondre à leur contradicteur, ne s'achève pas avec la mort d'Henri de Guillebert des Essars. Tombé gravement malade durant l'été 1931, il décède à la fin de l'année. Louis-Gaétan Bouillier poursuit ses critiques à l'encontre du « Roi du Monde » et de l'islam. Il souligne que « le Christ n'admet pas que l'on soit catholique à Paris et musulman au Caire ! ».

À partir de 1932, le P. Dulac, devenu le responsable de la revue, prend le relais . La polémique prend, alors, sous la direction de l'abbé Dulac, un tour agressif et tourne court, le nouveau directeur ne comprenant visiblement pas les allusions de Guénon. De toute façon, le responsable de la R.I.S.S. « rose » ne tarde pas à se fâcher avec le nouveau Comité directeur de la revue mis en place à la mort de Mgr Jouin et finit par abandonner la publication, après un ultime numéro en mars 1933.

n° 6

* * *

La mort d'Henri de Guillebert des Essars marque un tournant dans l'histoire de la R.I.S.S. et plus généralement dans une étrange forme de polémique catholique antijuive dont l'anti-occultisme flirte avec l'occultisme. Les auteurs des années trente tendent à abandonner la « lutte spirituelle » pour se recentrer sur des questions de politiques nationales ou internationales. Cela se matérialise notamment par un effondrement des spéculations anti-occultistes et la mise en avant d'une hostilité antijuive et antimaçonnique d'apparence « concrète ». Même des auteurs qui sont loin d'être ignares dans le domaine de l'occultisme, tels que Léon de Poncins ou Marquès-Rivière, tendent à fonder la majeure partie de leurs attaques sur une approche « rationnelle ». Si les polémistes s'adaptent au goût de leur temps, ce désintérêt ne doit pas laisser penser que les théories de Guillebert des Essars ne seraient qu'une survivance de préjugés « médiévaux », un acharisme d'un autre âge. L'érudition et la bonne maîtrise de la polémique antijuive médiévale ne doivent pas faire illusion. Le directeur de la R.I.S.S. « rose » est pétri d'occultisme fin de siècle, se réclame d'une certaine scientificité moderne et en fin de compte doit autant, si ce n'est plus, aux Protocoles des Sages de Sion qu'au *Pugio fidei*. Enfin, il convient de noter qu'Internet a favorisé, depuis une dizaine d'années, la diffusion d'une propagande qui amalgame judaïsme, franc-maçonnerie, satanisme, débauche sexuelle et pédophilie. Ces polémistes du virtuel, au savoir souvent bien vague et qui semblent préférer le spectacle à l'étude, n'ont très probablement jamais entendu parler d'Henri de Guillebert des Essars, ni de son étrange maître. Pourtant, certains de leurs discours font lointainement écho aux spéculations en vogue dans « Institut d'étude cabalistique de Castelnaudary ».

LA NOTION DE VITAL
AU XXIe siècle

© Emmanuel Thibault, 2014

Le thème du vital focalise un sentiment familier aux étudiants qui abordent pour la première fois l'étude de la philosophie : il semble que chaque théorie expose une part de vérité, mais qu'en même temps cette description soit partielle et empreinte de concepts qui en réduisent la portée et la pertinence. On se sent comme prisonnier des mailles d'un filet dont ces théories seraient autant de nœuds, alors qu'elles devraient plutôt jouer le rôle des pièces d'un immense mécano de la connaissance pouvant être à loisir articulées et recyclées au fil de l'évolution de cette structure.

Cet article présente un rapide survol de l'évolution de la notion de vital dans l'histoire de la philosophie et des sciences occidentales, dans la perspective de mieux pouvoir appréhender aujourd'hui la pertinence de cette notion dans un contexte fort à la fois du progrès des sciences expérimentales et des sciences humaines, mais également des apports venus d'autres cultures, notamment orientales, dans lesquelles elle a beaucoup été étudiée et dont elle fait partie intégrante.

Le vitalisme

Le vitalisme est une philosophie considérant le vivant comme étant constitué de matière animée par un principe ou une force vitale. Les effets de cette force, qui insuffle la vie à la matière, viendraient s'ajouter aux lois qui la régissent. Le vitalisme ainsi défini s'oppose au mécanisme, lequel considère le monde organique comme entièrement réductible aux lois de la physique et n'ayant pas d'autre essence que la matière.

S'il s'oppose au mécanisme, le vitalisme ne doit toutefois pas pour autant être confondu avec l'animisme qui pose l'hypothèse d'un principe vital spirituel, l'âme, comme étant d'ordre supérieur à la matière et responsable de son animation. Cette notion d'âme spirituelle ou d'essence divine fut par la suite souvent confondue avec la simple pensée intellectuelle, ce qui ajouta à la confusion. Les vitalistes, eux, considèrent l'activité mentale comme soumise au principe vital, au même titre que la matière [1].

L'évolution des connaissances scientifiques, qui avait, dans un premier temps, encouragé un matérialisme forcené alimentant les thèses mécanistes, a toutefois, depuis la reconnaissance, avec la théorie de la relativité, de la continué entre les aspects énergétique et matériel du vivant comme constituant une réalité unique, favorisé un retour vers une nouvelle forme de vitalisme dont la définition n'est pas encore bien claire – et toujours mal acceptée par les empiristes, quoiqu'elle soit très courante dans la population en général. La recherche en chimie, physique et biochimie sur les origines de la vie propose en effet des modèles pertinents pour expliquer l'émergence de la vie à partir de matière inanimée. Or, en réalité, la science expérimentale, qui les traduit dans une perspective mécaniste, décrit comment se développe la vie dans la matière – ou plutôt comment se développe la matière en présence de la vie –, mais n'explique pas en quoi consiste le phénomène observé. Par conséquent, rien ne vient là réfuter l'hypothèse d'un principe vital, ni d'ailleurs la confirmer.

Selon André Lalande, le vitalisme constitue une alternative au théories dichotomiques généralement utilisées pour décrire le vivant (esprit/matière, énergie/matière, etc.) qui sont toujours des facilités philosophiques. Il constitue ainsi une tentative de réconciliation moniste. Selon lui, le concept d'un principe vital immanent a pour principal objectif la conciliation entre le matérialisme et l'idéalisme (l'animisme et le vitalisme étant des formes particulières d'idéalisme), tous deux considérés dans leur compréhension grossière : le primat de la matière ou le primat de l'esprit sur le sens des choses.

Le vitalisme à travers l'histoire

A la recherche d'une définition de l'âme [2], Aristote posa les bases du concept vitaliste dans la pensée occidentale. La philosophie d'Aristote identifie en effet l'âme au « principe moteur » des êtres vivants. Selon cette définition initiale de l'âme insistant sur la motricité, celle-ci, chez Aristote, n'est pas directement assimilée à l'activité de penser, et la distinction entre vitalisme et animisme n'avait donc pas lieu d'être ; le principe vital joue ici un rôle explicatif quant aux phénomènes du vivant. Chez Aristote, puis chez Platon, ce proto-vitalisme avait donc une double dimension : le principe vital est à la fois la cause première et le coordonnateur du vivant, mais également son objectif. Le concept fut repris dans la *Table d'émeraude* d'Hermès Trismégiste, qui servira de base de réflexion à de nombreux ésotéristes au cours des siècles suivants.

Avec l'essor des grandes religions, la pensée vitaliste fut rapidement reléguée au rang de conception païenne de l'existence et le principe vital remplacé par l'idée de Dieu. Ce n'est que vers la fin de la Renaissance qu'elle refit surface, dans une expression liée au développement scientifique, notamment avec certains chercheurs anatomistes qui ne retrouvaient pas dans leur exploration du corps humain l'application de principes strictement mécanistes. L'importance alors donnée au rationalisme scientifique relança également la recherche philosophique sur l'origine, le principe et le dessein de la vie. C'est à ce moment que s'opposèrent franchement le vitalisme et le mécanisme soutenu par Descartes (1596-1650).

En droite ligne de Marsile Ficin et de Pic de la Mirandole, Paracelse (1493-1541) s'inspirait de la philosophie hermétique, néoplatonicienne et pythagoricienne. Il considérait entre autres que la bonne santé dépend de l'harmonie entre l'homme, le microcosme, et la nature, le macrocosme. Paracelse attribuait à l'esprit vital archè, du grec $\alpha\rho\chi\eta$, la fonction de nutrition subtile et de conservation chez les êtres vivants. Ce concept devint en quelque sorte le prototype du « corps astral », dont Paracelse situait le centre dans le système digestif. Un peu plus tard, Jean-

Baptiste Van Helmont reprit l'idée en ajoutant à l'archè la fonction de conférer aux organes leur forme accomplie. Le médecin Georg Ernst Stahl (1659-1734) s'inspira des travaux de ces deux médecins et alchimistes en substituant à l'archè l'anima, coordinatrice et garante de l'intégrité organique, qu'il assimilait à l'âme humaine. Cette interprétation donna au vitalisme une nette orientation animiste dont il eut par la suite grand peine à se libérer.

Basant sa théorie sur son interprétation personnelle d'Aristote, Théophile de Bordeu (1722-1776) considérait, lui, les organismes complexes comme l'agrégat de plusieurs formes de vie distinctes. Selon sa théorie, chaque glande était douée d'une vie propre liée à une sensibilité et une motricité particulière, et les tissus glandulaires étaient pourvus de petits sphincters, ces muscles annulaires en dilatation ou en rétractation selon la nature de l'humeur. L'action de ces microsphincters n'est pas mécanique, dans la mesure où elle est stimulée par une sensibilité nerveuse autonome qui, en régulant les fluides corporels, permet à l'individu de rester en vie. L'existence de ces phénomènes physiologiques est aujourd'hui confirmée, mais elle peut être expliquée sans avoir à faire référence à la théorie vitaliste. Contre Bordeu, Paul-Joseph Barthez (1734-1806) postula l'existence d'un principe vital supérieur englobant toutes ces subdivisions, ce qui donna naissance au vitalisme classique : « *J'appelle principe vital de l'homme la cause qui produit tous les phénomènes de la vie dans le corps humain. Le nom de cette cause est assez indifférent et peut être pris à volonté. Si je préfère celui de principe vital, c'est qu'il présente une idée moins limitée que le nom d'impetum faciens, que lui donnait Hippocrate, ou autres noms par lesquels on a désigné la cause des fonctions de la vie.* [3] » Chez Barthez, le principe vital se distinguait donc déjà de l'âme. Bichat (1771-1801) appuya cette théorie et la fit connaître du public, tout en relevant un certain nombre d'incohérences dans le résultat de ses propres recherches médicales, qui lui permettaient mal de comprendre la coordination et le vieillissement organiques. D'autres médecins connus adhérèrent au contraire au mécanisme.

Du côté des philosophes, on peut rapprocher la notion de principe vital de l'entéléchie de Leibniz (1646-1716) « force primitive active d'où proviennent, par limitation, les forces phénoménales actives dérivatives, observables et quantifiables ». Ce terme, repris d'Aristote dans une interprétation modifiée [4], prend ici le sens d'énergie agissante. Spinoza (1632-1677) fit la distinction entre Nature (*Natura naturans*) et nature (*Natura naturata*), la première étant substance animée d'un dynamisme immanent et organisateur, et la seconde sa manifestation matérielle [5]. La conception qu'avait Spinoza d'un principe vital est donc une puissance immanente, agissant en tant que force de développement, d'évolution et d'organisation, la Nature, et reliant transcendant et immanent dans un monisme. Spinoza l'identifiait à Dieu – c'est son opinion –, mais plutôt, en vérité, à l'idée que l'humain se fait de Dieu, qui est, selon lui, une sorte d'anthropomorphisme dont l'humain ne sait se départir tant qu'il utilise son seul intellect comme outil de connaissance.

On peut également mettre en perspective cette notion de vital avec l'idéalisme transcendantal de Kant (1724-1804). En définissant les concepts de phénomène et noumène, c'est-à-dire entre l'expérience possible et la chose en soi, qui reste inconnaissable, Kant proposa en effet un outil de réflexion plus efficace que le dualisme esprit/matière, car il s'agit d'une approche philosophique de la connaissance et non d'affirmations relatives à la nature de la réalité. La manipulation de telles hypothèses instrumentales s'avère nettement plus constructive pour aller au delà de l'opposition fondamentale entre vitalisme et mécanisme. L'originalité de Kant réside dans son renversement du problème de la connaissance, le premier du genre : la connaissance des objets dépend du sujet connaissant au moins autant que des objets à connaître. Connaître, c'est organiser selon sa propre sensibilité et son degré d'entendement ce qui est perçu à travers l'expérience ; on ne connait le monde qu'à travers le filtre de sa propre structure mentale [6]. C'est pourquoi on ne peut accéder directement à la connaissance de la chose en soi, le nouménal. Dans Critique de la faculté de juger, Kant opposa ainsi la représentation que l'on se fait d'un être vivant comme étant forcément empreinte de finalité, l'observation neutre induisant au contraire une conception strictement mécaniste, la perception de la finalité n'étant pas un concept empirique. Le noumène selon Kant n'a pas le sens que lui donnait Platon (réalité intelligible), mais il désigne bien ce qui se situe au-delà – voire en-deçà – de l'expérience. Alors que Kant le considérait comme hors d'atteinte de l'entendement humain, Husserl (1859-1938) voyait le noumène comme touchant aux confins de l'intelligence, et accessible à l'expérience dès lors que cesse l'agitation mentale, lorsque l'intelligence à l'état pur n'est plus que perception silencieuse. C'est là un peu comme une intuition occidentale de ce qu'apporteraient par la suite les pratiques méditatives orientales. Pour Husserl, les phénomènes sont les choses vécues, qui se manifestent à nous à travers l'expérience sensorielle, émotive ou intellectuelle. Ils s'opposent à la réalité intemporelle du noumène, indéfinissable telle qu'elle est ; on peut, au mieux, la percevoir, sans jamais pouvoir la décrire avec des mots, ni la cerner par des concepts. Chez Husserl, la description du monde phénoménal devient une phénoménologie transcendantale en ce qu'elle s'intéresse également à décrire les conditions d'intelligibilité du vivant jusqu'aux limites de la connaissance qu'il évoquait. Le vitalisme de Schopenhauer (1788-1860) tendait, au contraire, à réintégrer l'esprit dans sa dimension de force vitale inconsciente. Celui-ci déclara ainsi : « *On ne connaissait la volonté que là où la connaissance l'accompagnait, là donc où un mobile déterminait sa manifestation. Je dis cependant que tout mouvement, toute formation, toute aspiration, tout être, que tout cela est manifestation objective de la volonté qui est l'en-soi de toutes choses* » [7]. Cette Volonté selon Schopenhauer s'exprime par sa représentation dans le monde phénoménal, mais elle échappe à l'appréhension de l'esprit humain, confiant à une sorte d'instinct de survie, un « vouloir-vivre ».

Le développement de la chimie organique pesa toutefois lourd en faveur du mécanisme, notamment les travaux de Wohler (1800-1882) et Pasteur (1822-1895) qui expliquèrent de manière claire de nombreux phénomènes que les vitalistes de l'époque considéraient comme les preuves de l'existence d'un principe vital – lequel aurait, par exemple, été à l'origine de ce qu'on nommait la génération spontanée, une notion vite réfutée par l'expérience. En affirmant que la vie et la mort constituent un seul et même phénomène, car les processus organiques engendrent une certaine usure, Claude Bernard (1813-1878) apporta des réponses aux contradictions relevées par Bichat et posa les bases de la médecine empirique. Le choc causé à cette époque par la publication de *L'Origine des espèces* de Darwin (1859), qui exprime non seulement l'idée d'évolution, mais surtout le fait que celle-ci repose sur la sélection naturelle, participa nettement à l'évolution de la pensée de l'époque quant à la nature du vivant. En effet, la théorie de Darwin mit l'accent sur le fait que la mort de l'individu participe du processus normal d'évolution de la vie en général et que, par conséquent, elle ne constitue pas un obstacle à l'hypothèse de la continuité d'expression d'une puissance vitale, contrairement à ce que pensaient les vitalistes de la renaissance. Il faut également mentionner la découverte ultérieure du centre organisateur de l'embryon par Spemann (1936). Avant Spemann, le fait qu'un organisme aussi complexe que celui de l'homme puisse se développer à partir d'une cellule unique laissait penser que la vie obéissait à des lois distinctes de celles de la physique et de la chimie. Lorsque l'on comprit que le développement embryonnaire était en quelque sorte programmé dans les tissus et qu'on découvrit ensuite l'ADN – molécule codant l'ensemble des informations nécessaires au développement et au fonctionnement d'un organisme, clef de la reproduction sexuée [8] –, ces deux éléments confirmèrent le point de vue mécaniste dans le milieu scientifique qui considéra dès lors que toute allusion à un principe vital autre que l'ADN relevait d'une attitude rétrograde.

Il faut relever que cette farouche opposition mécaniste aux théories vitalistes repose également sur le fait que ces dernières supposaient souvent que leur principe vital était porteur de finalité, une conception à la limite du religieux que la science s'efforce avec véhémence d'évacuer du terrain expérimental.

En 1779, le médecin allemand Mesmer (1734-1815), installé à Paris, publia son *Mémoire sur la découverte du magnétisme animal*, une tentative d'explication du principe vital, qu'il étudiait en droite ligne de la tradition paracelsienne. Il y exprimait l'hypothèse que la santé dépend de la bonne régulation d'un « fluide » reliant l'humain au reste du cosmos et qu'il est possible d'agir sur sa qualité. La question fit polémique entre les tenants du matérialisme et ceux de ce renouveau vitaliste, qui ouvrit malgré tout sur le développement de la pratique de l'hypnose, puis de la psychologie.

En parallèle avec l'évolution des sciences au XIXe siècle, il faut en effet mentionner l'émergence de la psychologie, qui est une façon non spirituelle, mais d'inspiration empiriste, d'étudier le domaine psychique. Il est toutefois évident que les modalités de l'expérience en sciences humaines sont radicalement différentes de celles du laboratoire de physique ou de chimie, ainsi que de celles du milieu hospitalier classique. Accordant, avec son essor, de plus en plus d'importance aux données statistiques, la psychologie reste un domaine ou l'interprétation subjective joue un grand rôle.

Pour parler du vital dans le contexte psychologique qui se structurait à cette époque, Freud introduisit la notion de « *Trieb* » assez improprement traduit en français par le terme de « pulsion ». Il s'agit surtout d'une motivation, au sens moteur du terme : ce qui se meut en amont des mouvements exprimés. « *Le concept de pulsion nous apparaît comme un concept limite entre le psychique et le somatique, comme le représentant psychique des excitations issues de l'intérieur du corps et parvenant au psychisme, comme mesure de l'exigence de travail qui est imposé au psychique en conséquence de sa liaison au corporel.* [9] » La pulsion est ainsi définie par Freud comme une poussée constante et motrice visant à la satisfaction, et constituant le moyen initial de cette satisfaction. « *La théorie des pulsions, c'est notre mythologie.* [10] »

Processus dynamique, donc, la pulsion freudienne se dote de quatre caractéristiques : sa poussée, le facteur moteur ; sa source, que Freud localise dans le corps ; son objet, ce en quoi ou par quoi elle peut atteindre son but ; son but, qui est toujours la satisfaction d'un désir, laquelle ne peut être obtenue qu'en supprimant l'état d'excitation à l'origine de la pulsion. La pulsion est donc à la fois une représentation psychique – l'émanation subconsciente de la pulsion, par exemple le désir ou sa mise en image sub-conscientes – et l'affect qui lui est lié – l'énergie psychique liée à la pulsion et donc aux représentations. A travers la psychanalyse, Freud s'attacha à décrire et à comprendre comment la pulsion finit par se traduire en actes, d'une manière plus ou moins affectée par le refoulement des représentations et des désirs sous l'effet des affects qui leurs sont liés.

Notre regard sur le vital ne s'intéresse pas à cet aspect patholo-gique de l'expression des pulsions, mais à la spontanéité dont celles-ci sont porteuses lorsque l'on parvient à se caler sur leur origine et à minimiser, autant que faire se peut, interférences et perversions. Comme chez Freud, ce regard s'intéresse précisément à l'articulation des relations entre le corps et le psychisme, mais tout simplement dans une perspective moins pathologiste, car nous estimons que l'interprétation freudienne ne correspond souvent pas à la réalité, et surtout à la réalité de la majorité des humains.

Selon Freud, la pulsion de vie (Eros) tend à coordonner, à faire croître et à assurer l'intégrité des organismes vivants : « *Le but de l'Eros [...] c'est la liaison* ». Nous sommes d'accord avec l'affirmation que la pulsion d'autoconservation vise la survie, et que la pulsion sexuelle vise la reproduction. Nous n'approuvons cependant pas l'idée d'une perpétuelle opposition – sous forme de pulsions de vie (survie + génitalité = force vitale) contre pulsions de mort [11] –, ces concepts étant définis par Freud dans sa seconde topique d'une façon qui prête à confusion et ne nous satisfait pas. Dans le cadre de ce nouveau dualisme opérant dans le monde physique (attraction-répulsion) et organique (anabolisme-catabolisme), la pulsion de vie englobe l'ensemble des pulsions mentionnées dans la première topique, c'est-à-dire la pulsion d'autoconservation et la pulsion sexuelle. Freud rattache cette pulsion de vie à la figure mythologique d'Éros et la désigne parfois sous le terme de « force vitale ». Selon lui, « *l'ensemble de l'activité psychique a pour but d'éviter le déplaisir et de procurer le plaisir* » ; c'est ce qu'il nomme le principe de plaisir. Dans *Au-delà du principe de plaisir*, Freud parvient cependant à la conclusion paradoxale que principe de plaisir et pulsion de mort ne s'opposent pas, en fin de compte. En effet, dans la mesure où le plus bas niveau de tension – niveau que le principe de plaisir recherche par nature – correspond en définitive à l'état de repos, Freud en déduit que le principe de plaisir est soumis à la pulsion de mort. En vérité, dans son analyse de l'influence de la compulsion de répétition face à l'échec, dans le contexte de l'apprentissage, Freud omet une déduction majeure, c'est que l'accès au plaisir et au repos temporaire procuré par le succès correspond non seulement à l'état anorganique de repos absolu, mais avant tout à l'état de stase neutre d'un organisme, propice à la contemplation, état sur lequel Noguchi s'est longuement expliqué et auquel il a donné le nom de *tenshin*. L'opposition de principe entre Eros et Thanatos est ainsi abolie. On retient malgré tout le rôle psychologique de la pulsion de vie comme visant « *à provoquer et à maintenir la cohésion des parties de la substance vivante* » au niveau cellulaire, une fonction directement liée chez Noguchi à l'*oosei* centrale liée à la cohésion, à la génitalité et à la préservation de l'individu et de l'espèce.

Pertinence d'un vitalisme moderne

Dans *L'Évolution créatrice* (1907), Henri Bergson adopta une position résolument plus moderne. Il développa notamment le concept d'élan vital, force générant de façon imprévisible des formes toujours plus complexes, « *Car la vie est tendance, et l'essence d'une tendance est de se développer en forme de gerbe, créant, par le seul fait de sa croissance, des directions divergentes entre lesquelles elle partagera son élan.* [12] » Mais, pour aller au-delà de l'opposition entre mécanisme et vitalisme, Bergson ajouta : « *c'est dire qu'on verra dans l'évolution tout autre chose qu'une série d'adaptations aux circonstances, comme le prétend le mécanisme, tout autre chose aussi que la réalisation d'un plan d'ensemble, comme le voudrait la doctrine de la finalité.* » Bergson concevait donc la vie comme étant animée par un élan propre et autonome, qui ne se laisse pas réduire au déterminisme physico-chimique. Pour lui, « *le mouvement est la réalité même* [13] ». Le concept d'élan vital est donc, à son avis, la seule voie qui permette d'appréhender le mouvement créateur, lequel relève d'une toute autre nature que les mouvements exprimés au sein du monde physique. Toujours dans *L'Évolution Créatrice*, il écrivit : « *Si la force immanente à la vie était une force illimitée, elle eût peut-être développé indéfiniment dans les mêmes organismes l'instinct et l'intelligence. Mais tout paraît indiquer que cette force est finie, et qu'elle s'épuise assez vite en se manifestant. Il lui est difficile d'aller loin dans plusieurs directions à la fois* ». Le vivant contiendrait donc selon lui une force et un élan, un moteur et une direction. A ce propos, le philosophe François Métivier commente : « *[...] le vitalisme vient contredire un point majeur de la science moderne, d'essence mécaniste, qui est la théorie mathématisée du mouvement. La physique mécanique, de Descartes à Newton, fait du principe d'inertie la loi fondamentale de la nature. Mais l'idée du corps comme élément qui, s'il est abandonné à lui-même dans un état d'immobilité, reste condamné à cette immobilité jusqu'à ce qu'un autre corps vienne le heurter, n'est pas adapté au corps vivant.* [14] »

Pour Bergson, la conscience est coextensive à la vie et la notion d'intuition constitue un instrument essentiel pour appréhender l'unicité créative, située au-delà du langage. L'intuition est un mode de connaissance direct et immédiat permettant d'accéder à ce réel que le psychanalyste Jacques Lacan a théorisé comme étant de l'ordre de l'impossible et que Kant et Husserl nommaient le noumène.

En publiant sa théorie de la relativité, en 1915, Albert Einstein (1879-1955) révolutionna le monde des sciences expérimentales et, d'une manière générale, le regard sur le vivant. Ses travaux démontrèrent en effet qu'énergie et matière ne sont finalement que deux aspects différents d'une réalité unique, qu'il décrivit au moyen de sa fameuse équation reliant l'énergie, la masse et la vitesse de propagation ondulaire. Dans sa vision du cosmos, toute énergie possède un support matériel et tout corps peut s'exprimer en termes d'énergie. Les conséquences de cette révolution furent immenses, ouvrant notamment sur l'élaboration de la physique quantique et confirmant l'influence du sujet sur les mesures empiriques.

S'appuyant sur la conception orientale du principe vital, une approche qui nous est depuis devenue plus familière grâce à la globalisation culturelle, le point de vue de Haruchika Noguchi (1911-1976), avec sa description du mouvement macrocosmique et microcosmique fondée sur la notion de Ki, proposa une explication beaucoup plus détaillée de cette relation entre la vie et le mouvement, notamment à travers son expression organique selon les cinq *oosei*. Noguchi démontra que la notion darwinienne de *struggle for life* s'exerce également au sein d'un organisme, entre ces différentes oosei, conception sur laquelle se fonde sa théorie du *taiheki (体壁)*. En proposant d'étendre la démarche empiriste aux perceptions subtiles du Ki – un Ki entraîné, il s'entend – Noguchi pallia à l'obligation de recourir à la seule hypothèse philosophique pour intégrer la notion de vital. Bien entendu, l'idée de mesurer un phénomène par lui-même va à l'encontre du strict empirisme, mais on peut sans peine mesurer les effets du vital sur la matière, et avancer à partir de cela vers une meilleure compréhension de la perception du vivant. A la restriction de la connaissance des phénomènes proposée par Kant, qui dépend de la structure mentale du sujet connaissant, Noguchi ajouta l'importance de l'état de la structure physiologique, qui est déterminant pour celui de la structure mentale. C'est pourquoi, plutôt que de proposer une démarche thérapeutique, Noguchi choisit l'orientation éducative qui a pour objectif d'optimiser la coordination de la structure globale du sujet vivant en la régulant, au moyen de pratiques physiques, afin que celui-ci puisse, dans la perspective husserlienne d'une prise de conscience tangentielle, se rapprocher de la perception du noumène.

Allant au-delà des concepts hindouistes traditionnels d'*âkâsha* (éther), *jîva* (principe vital), *prâna* (souffle vital), le notion de plan vital (*Vital mind*) chez Sri Aurobindo (1872-1950) correspond à l'aspect pulsionnel et instinctif des émotions, chez l'individu, et au plan émotionnel (astral), collectivement. Ce concept, bien que très précis et inspiré de la tradition védique, n'apporte pas grand chose à la définition d'un vitalisme moderne, mais il illustre l'influence culturelle hindouiste sur une certaine pensée contemporaine. Dans *La Science Occulte*, le fondateur de l'anthroposophie, Rudolf Steiner, expose sa théorie issue de la théosophie à propos des notions d'éther et de corps éthérique, ou corps vital : « *Nous employons ici le mot éther dans un autre sens que les physiciens de nos jours, qui donnent ce nom au milieu où se propage la lumière. En occultisme le mot correspond à la définition précise que nous avons donnée : c'est-à-dire l'élément, invisible à la perception extérieure autrement que dans ses effets, qui maintient en une forme définie l'ensemble des matériaux d'essence minérale dont est composé le corps physique. [...] Contentons-nous de dire ici qu'il pénètre de toutes parts le corps physique, dont il faut le regarder en quelque sorte comme l'architecte. Tous les organes physiques sont maintenus dans leur forme et dans leur structure grâce aux courants et aux mouvements du corps éthérique. Au cœur physique correspond un cœur éthérique, au cerveau physique un cerveau éthérique. Mais alors que dans le corps physique les parties sont distinctement séparées, au contraire tous les éléments éthériques sont entraînés dans le remous vivant d'une incessante circulation.* [15] » Cette théorie, très répandue parmi les ésotéristes et occultistes du XXe siècle, est reprise par Max Heindel (1865-1919) [16], entres bien d'autres.

L'orgone est le terme inventé par Wilhelm Reich (1897-1957) pour désigner une forme d'énergie dont il affirmait avoir établi l'existence en laboratoire. Ses résultats ne furent cependant jamais reproduits et la théorie de l'orgone fut dès lors considérée comme non fondée. Reich décrivait l'orgone comme une énergie cosmique obéissant à des lois fonctionnelles et non mécaniques. Ses expériences sur la bioélectricité, répondant à l'intuition que l'on se fait d'une hypothétique énergie vitale, mais dont le protocole expérimental très douteux n'a rien permis de démontrer de concluant, l'amenèrent à identifier des « bions », sortes de vésicules chargées de vitalité présentes dans les substances organiques et visibles dans certaines conditions qui restent assez nébuleuses. Reich décrivait cette orgone comme perméant l'intégralité du cosmos et tous les corps inertes ou vivants.

Dans *Le hasard et la nécessité* (1970), le positiviste Jacques Monod (1910-1976) critiqua vivement le vitalisme de Bergson, qu'il qualifiait de « vitalisme métaphysique », en s'appuyant sur les avancées de la génétique et de la biologie moléculaire. « *Ce qui rend aujourd'hui le vitalisme un peu moins crédible – pour ne pas dire un peu moins utile à l'interprétation de la nature – est que bon nombre de phénomènes qui se comprenaient aux dix-huitième et dix-neuvième siècles grâce au recours à un principe vital peuvent désormais s'en passer, sans non plus devoir accepter tout mécanisme et tout réductionnisme.* [17] » Selon Monod, le maintien des thèses vitalistes exprimait un scepticisme qui n'avait pas lieu d'être à l'égard des sciences expérimentales préférant s'affranchir de préoccupations morales et de spiritualité. Mais il considérait néanmoins que cette tendance à chercher des réponses spirituelles exprime un besoin nécessaire à l'équilibre psychique humain.

Alors que le vitalisme de la Renaissance participait d'un élan moniste en réaction au dualisme forcené des mécanistes d'alors qui voulaient à tout pris séparer les choses de la matière et celles de l'esprit, François Jacob (1920-2013), collègue de Monod, l'associe paradoxalement aujourd'hui à une attitude devenue fondamentalement dualiste et, par conséquent, périmée : « *Reconnaître l'unité des processus physico-chimiques au niveau moléculaire, c'est dire que le vitalisme a perdu toute fonction.* [18] » Les positions se sont donc inversées : les tenants modernes du vitalisme se battent contre le monisme strictement matérialiste des mécanistes, pour préserver une part de spiritua-lité dans la perception que l'humain peut avoir du vivant... Ou alors, en nouveaux monistes, ils se battent contre l'empirisme positiviste exclusif de la science matérialiste pour soutenir que ce qu'elle observe n'exclut pas une continuité entre noumène et phénomène.

Une question s'impose donc, très pertinemment exprimée par François Métivier : « *Le vitalisme philosophique et le vitalisme scientifique disent-ils la même chose ? [...] Parler de la nature et de la vie, c'est essayer de définir un principe vital qui, pour l'instant, reste l'objet d'une déduction logique – il ne peut pas ne pas exister un principe vital – et conserve son statut d'hypo-thèse. Cette hypothèse est déduite d'un ensemble d'observations empiriques initialement orientés vers l'identification directe de ce principe vital et qui, au bout du compte, permet surtout de dessiner l'une des parties du contours dans lequel le principe semble en toute logique se situer mais sans qu'on ne l'ait jamais pu la soumettre à une vérification expérimentale. [19] »* On s'efforce en effet maintenant encore, dans certains milieux philosophiques, de préserver un minimum de dualisme, sans doute pour bien séparer les questions relatives à la biologie et celles touchant à la métaphysique, comme si on devait à tout prix se méfier d'une vision globale de l'existence. Mais en quoi l'idée que l'on se fait de soi, du monde ou même de Dieu est-elle indépendante de la façon dont fonctionnent nos neurones et nos cellules gastriques ? Au nom de quoi considérerions-nous que l'état de tel organe – ou telle façon de penser – est pathologique, et surtout que ces deux aspects seraient sans relation l'un avec l'autre ? On parle bien d'aspects génétiques ou traumatiques en rapport avec de nombreuses psychopathologies... Comment, dans ce cas, continuer à vouloir séparer à tout prix le corps et l'esprit ? Pourtant, utiliser ce dualisme ou ce monisme à bon escient comme deux hypothèses instrumentales auxquelles on eut avoir recours pour progresser dans la recherche peut s'avérer extrêmement pratique, et même salutaire. Par conséquent, pourquoi rejeter avec tant de véhémence l'idée de l'existence d'un principe vital en amont de la matière et s'en tenir farouchement à une analyse exclusivement mécaniste de la vie, sous prétexte que l'on peut expliquer le monde physique par des manifestations physiques de l'énergie ? Pourquoi ne pas considérer qu'il puisse se trouver en amont de ces manifestations connues d'énergie (thermique, chimique, biochimique, cinétique, etc.) un « quelque chose » qui ne soit pas pour autant l'expression d'une volonté de l'ordre de celle que l'on connaît aux humains, mais plutôt le propre même de la vie ? Evidemment, tout ce que l'on peut observer dans le cosmos appartient à une vie répondant à cette définition et, dira-t-on, le terme n'a donc plus guère de sens. Mais cela implique-t-il pour autant qu'il faille s'en tenir à tout prix à un dualisme forcené, selon lequel cette vie devrait bien venir d'autre chose, qui serait par définition le non-vivant – ce qui reviendrait à affirmer que la vie provient de la mort, une conclusion pour le moins aussi étrange que de prétendre que tout est vivant.

Quels que soient les instruments que nous utilisons, les uns et les autres, pour explorer ou décrire la vie, efforçons-nous de les employer au champ précis auquel ils s'appliquent. Concevoir une « énergie vitale » – quel que soit le nom qu'on lui donne – n'empêche pas qu'elle puisse se manifester sous forme de chaleur, de neurotransmetteurs, de mouvements, etc. Déclarer que certains phénomènes peuvent être expliqués en termes moléculaires n'ôte rien à l'immense mystère que représente la beauté et l'improbabilité de tels événement qui, s'ils respectent effectivement certaines lois, restent exceptionnels dans l'univers. Constater l'existence de directions dans l'expression de la vie dans l'espace et le temps n'implique pas une volonté comparable à celle que nous connaissons en tant qu'individu. Et d'ailleurs, sommes-nous vraiment bien conscients de combien cette liberté individuelle que nous revendiquons farouchement – et à juste titre, en ce qui concerne la vie en société – dépend de ce métabolisme dont nous restons bien peu conscients au moment où nous exprimons « nos » désirs ?

« Aussi nébuleux soit-il, le concept de vie est le seul qui permette de comprendre comment c'est autour de quelque chose « d'irréel » que, le plus souvent, l'on s'agrège pour sentir, éprouver, vibrer, se mouvoir, en un mot exister ensemble. Quelle est la « glutinum mundi *», cette colle du monde faisant que tiennent ensemble des choses et des gens bien disparates ? [...] La vie en ce qu'elle a d'impalpable est bien un irréel permettant de comprendre que le réel ne peut exister que parce qu'il possède en lui du surréel.* [20] *»* C. G. Jung affirmait toutefois que *« l'idée de l'énergie et de sa conservation doit être une idée originelle qui sommeille dans l'inconscient collectif »*, ce qui explique peut-être les réticences persistantes de certains chercheurs à abandonner cette idée, malgré le triomphe du positivisme. En se référant à la notion polynésienne de *mana*, Jung qualifiait de « dynamistes » les cultures traditionnelles utilisant la notion de force vitale comme fondement de la pensée magique. Bien qu'ils soient rares, un certain nombre de philosophes contemporains, dont Georges Canguilhem, Hans Jonas et Vincent Cespedes, se réclament encore du vitalisme.

Davantage qu'à une doctrine philosophique, le vitalisme contemporain devrait donc s'apparenter à un outil de pensée, tout comme le dualisme esprit/matière ou énergie/matière se révèle souvent plus pratique pour exprimer certaines réalités quotidiennes. « *Aussi le vitalisme pertinent va-t-il déjà au-delà de l'opposition classique entre un vitalisme magique qui refuse d'observer la matière pour ce qu'elle est et un mécanisme positiviste qui en refuse toute interprétation subjective.* [21] » Dans cette perspective, le vitalisme contemporain serait simplement l'expression d'un regard porté sur l'unité vivante du monde dont nous faisons partie. La question tourne pourtant encore souvent autour d'une confusion entre l'existence possible d'un principe vital et une vision anthropomorphique de ce concept qui voudrait que ce principe exprime une certaine téléologie, un plan divin en quelque sorte, une idée que la science empirique ne peut que réfuter, dût-elle malgré tout ne plus se limiter à une conception strictement mécaniste de la vie. Même Jung n'échappait pas à ce travers : « *Il n'existe qu'un seul courant, qu'une seule respiration, toutes choses sont en sympathie. L'organisme entier et chaque partie de cet organisme travaillent à la conjonction d'un même dessein* » qui exprime en termes de volonté l'identification d'une conjonction motrice. La même phrase, dite en remplaçant le terme « dessein » par celui d'« orientation », aurait une toute autre portée. La question du vitalisme au XXIe siècle est bien affaire d'expérience, d'observation, et elle déborde les domaines de la métaphysique. Qu'importe, au fond, pour l'observateur, l'existence d'une volonté supérieure, tant qu'il peut établir une relation directe avec l'existence dont il fait individuellement l'expérience à travers l'observation attentive de cette vie à l'intérieur de lui-même, tout comme le scientifique l'observe et l'étudie dans son laboratoire ? L'Occident a trop longtemps confondu conscience et volonté ; le moment est venu de revenir à une conscience libérée de cette obligation de comprendre, à une conscience surtout faite d'observation, voire de contemplation, de mettre l'individu au service du désir originel, celui qui exprime la vie dans son état le plus pur, et non d'un désir mentalisé, réfléchi, intellectualisé, standardisé et générateur de frustrations.

Pour éviter les écueils d'une discussion par trop philosophique ou analytique – qui débouche immanquablement sur des paradoxes du style du « Réel Lacanien » (« *le réel, c'est l'impossible* » parce qu'on ne peut pas l'appréhender intellectuellement) –, nous choisissons d'aborder le vital en se servant du vital comme mode perceptif pour se relier au vital. C'est le propre de l'approche orientale, à travers le concept de *Ki, Chi, Jîva*, etc. : elle évite l'écueil de tenter d'appréhender le vital avec un outil qui n'en relève pas, et qui se trouve donc impropre à en traduire l'expérience, et à plus forte raison l'expliquer, l'analyser et la mesurer. Le domaine du Ki s'expérimente avec le Ki et chaque être vivant est naturellement doté de cette sensibilité au vital qui lui permet d'en prendre conscience par l'expérience individuelle. Tout comme la sensibilité intellectuelle, la sensibilité innée au vital s'éduque et se développe. Mais tant qu'on est vivant, on dispose, par définition, de la sensibilité de base, suffisante pour en prendre conscience. Dans le cas contraire, c'est qu'on est déjà mort. « *La notion de principe vital s'inscrit dans ce cadre conceptuel des hypothèses, non vérifiée et sûrement non vérifiable, que la philosophie et la science intuitionnent et déduisent à partir de l'existant.* [22] » Cette réalité intuitive ne prétend pas avoir de valeur expérimentale au sens positiviste du terme, et elle ne concurrence donc pas l'esprit des sciences empiriques, mais la valeur de cette expérience subjective, dont une partie au moins des observations peut être partagée par le plus grand nombre ne peut toutefois pas être niée, ni négligée.

Avec *Le Phénomène de la vie* (1966), le philosophe Hans Jonas (1903-1993) est sans doute, ces dernières années, celui qui repensa le plus profondément la notion de vitalisme. Il influença beaucoup la pensée allemande et européenne, surtout autour de la responsabilité qu'implique son regard sur le vivant. Jonas insista notamment sur l'influence du sujet observant dans sa compréhension du vivant ; il rappela que le fait que l'observant participe du vivant lui confère à la fois la possibilité de l'expérimenter et l'impossibilité de le connaître entièrement, et que par conséquent les sciences expérimentales se révèlent impropres à répondre aux questions métaphysiques. Il reconnaissait à la pensée deux fonctions essentielles : la contemplation (observation non agissante) et l'action. Jonas tenta d'éviter le piège des innombrables descriptions analytiques présentes aussi bien dans la philosophie, les sciences expérimentales, physiques ou humaines, et même les sciences spirituelles, qui décrivent le vivant comme un enchâssement de strates de plus en plus contraintes par la matérialité. Ces modèles gardent toute leur pertinence en tant qu'hypothèses instrumentales, mais ils restent des modèles qui ne rendent pas compte de la coordination et de l'unicité du vivant. C'est en cela qu'ils favorisent les interprétations partielles et les égarements intellectuels. Dans la ligne de Spinoza, Jonas décrivit la Nature comme un processus évolutif, et le monde comme sa matérialisation favorable à l'épanouissement du vivant. Il s'interrogea si la matière est porteuse de causalité et orientée vers la vie. Nous avons toutefois déjà des indices d'une compréhension qui nous paraît plus juste : c'est que si la matière est orientée, elle l'est par la vie et non vers la vie par une hypothétique force supérieure. Bergson, Noguchi et d'autres ont bien mis en évidence le rapport direct entre vie et mouvement. Nous considérons en effet toute finalité attribuée à la Nature comme le produit de cet anthropomorphisme dont les effets se sont toujours montrés pervers sur la connaissance. Jonas tenta, au contraire, de tirer parti de cette tendance anthropomorphiste en affirmant que l'humain représente le parfait outil de connaissance du vivant, puisque c'est celui dont nous disposons et qu'il représente un vivant lieu de liaison de ces enchâssements ontologiques. Il faut malgré cela attirer l'attention sur le fait que cette perception dépend entièrement de la qualité de la coordination de l'individu, et que la faculté d'accéder à la contemplation, si elle est potentiellement présente en chacun de nous, requiert un entraînement long et fastidieux. Le piège de l'anthropomorphisation de la connaissance est en réalité que chaque individu en vienne à considérer que sa propre perception du monde fait autorité sur celle d'autrui – et nous n'avons déjà que trop vu vers quelles dérives cela peut mener, ce n'est pas Jonas qui l'aurait nié. Avec lucidité, il affirmait que la manière dont on est au monde est génératrice de causalité, attirant ainsi l'attention sur la responsabilité qui en découle [23]. Il est clair que la perception que l'on a du monde conditionne nos actions et initie une certaine dynamique ; on se rapproche là du concept oriental de *karma*.

Cependant, la façon dont Jonas explique la chose se base sur une perception imprégnée ar les tensions et tendances internes de l'individu, malgré qu'il en use comme s'il s'agissait du produit d'une observation contemplative dans un organisme parfaitement coordonné. C'est là que réside le grand piège de l'anthropomorphisme de la connaissance.

Développée en 1970 par James Lovelock et Lynn Margulis, l'Hypothèse Gaia décrit notre planète comme un système organique vivant – ce qui reprend une notion bien connue des ésotéristes et a de profondes conséquences sur la pensée écologique actuelle. Mais comme il est, une fois de plus, difficile pour les êtres humains de ne pas anthropomorphiser la nature, cette hypothèse, pourtant des plus logiques, n'a pas que des effets positifs sur notre façon de comprendre le vivant. Il est important de la considérer comme un instrument de pensée supplémentaire et d'éviter d'attribuer une volonté ou une conscience imaginée sur le modèle humain à une structure – ou un organisme – qui n'est pas humain, sous peine de méprises qui peuvent se révéler lourdes de conséquences.

La théorie dite *Deep Ecology*, exprimée par Arne Naess en 1973, resitue de manière très pertinente l'humain au sein de son environnement, et dans une perspective similaire à ce que nous préconisons à propos de la conscience. Il s'agit de dépasser l'anthropocentrisme, encore très présent dans l'esprit des sciences matérialistes positivistes, pour adopter une perspective plus vaste et conforme à la logique cosmique, consistant à observer l'univers d'un point de vue biocentrique. Comme nous l'avons mis en évidence ci-dessus, la dynamique du vivant s'oriente en fonction de l'évolution du vivant lui-même, et non pas de l'évolution préférentielle de la race humaine, une idée désuète fortement imprégnée de judéo-christianisme qui n'a plus lieu d'être dans le contexte actuel de la connaissance. Naess lui-même met cependant en garde contre tout excès de sentimentalisme qui consiste à transférer sur le phénomène de la vie – ou sur l'organisme Gaia – les projections anthropomorphistes qui contingentaient auparavant les diverses interprétations que nous avons exposées au fil de cet article. C'est pourtant le travers dans lequel tombent de nombreux partisans de la mouvance *new age* ou des nouvelles spiritualités, un travers tout aussi nuisible à la perception du réel que le positivisme ou le finalisme dont nous avons tenté de décrypter les effets pervers.

Si, au XXIe siècle, le vitalisme consiste à postuler l'unité du vivant et des organismes qui le composent, on peut difficilement y échapper en l'état actuel des connaissances et malgré le fait que le regard des sciences expérimentales, pour pouvoir progresser dans sa démarche, doive s'en tenir à une observation plus ou moins mécaniste des phénomènes qu'elles étudient. Sans basculer dans un vitalisme teinté de religiosité ni d'animisme, à l'ancienne mode, ni, d'autre part, dans son pendant contemporain à la tendance souvent candide, voire mystique, il est possible de définir un regard respectant l'unité ou, pour le moins, la continuité entre noumène et phénomène. Evitons par conséquent de nous comporter en nouveaux utopistes et de croire qu'avec la découverte de la relativité et les progrès de la physique quantique, tout se trouve expliqué et que la continuité enfin reconnue entre énergie et matière résout dans le même temps la question de la continuité entre noumène et phénomène ou entre spiritualité et corporalité. Savoir que la conscience peut sans doute s'étendre à ces deux domaines ne suffit pas en effet à y donner accès ! Au regard des connaissances actuelles, on doit considérer que la nature en soi est dépourvue de conscience selon la définition que l'on donne de la conscience humaine. Ce serait faire preuve d'une anthropomorphisation excessive que de vouloir attribuer à la nature une conscience basée sur le modèle de la nôtre. Si l'on devait un jour découvrir à la nature une forme de conscience, celle-ci serait par définition d'un ordre différent. Est-ce là ce que les théologiens nomment Dieu ou pas ? Il n'entre pas dans le propos de cet article d'en discuter. Ce que l'on peut par contre poser comme hypothèse, c'est que la conscience humaine telle que nous la connaissons est l'une des formes d'expression de la conscience de la nature – à laquelle cette dernière ne se réduit pas. On ne peut pas se contenter en effet d'affirmer que conscience naturelle et humaine sont d'ordres différents ; il faut expliquer pourquoi l'on conçoit ces deux formes comme appartenant toutes deux au domaine de la conscience. Poser l'hypothèse que la conscience humaine fait partie de l'expression de la conscience globale permet d'éviter le piège d'une réduction anthropomorphique de la conscience de la nature, tout en conservant toute son ampleur au phénomène de la conscience humaine.

Le terrain de la recherche scientifique, qu'il s'agisse des sciences expérimentales dont, entre autres, les jeunes neurophysiologie et physique quantique, ou des sciences humaines avec la psychologie, reste évidemment extrêmement fécond pour développer notre regard sur le vivant, et de précieuses découvertes sont régulièrement publiées dans ce domaine. Mais c'est surtout, nous semble-t-il, grâce à cette réorientation du regard du sujet observant et à sa réintégration au sein d'un processus global – la vie – que l'on parviendra à mieux comprendre de quoi il s'agit vraiment et pourquoi l'évolution de la philosophie, des théologies et des sciences matérialistes n'a pas pu, jusque là, préciser de manière satisfaisante comment l'humain s'intègre dans cette dynamique du vivant. A cet égard, l'apport des cultures orientales en matière d'affinement de la condition psychocorporelle du sujet observant, en tant qu'instrument perceptif, nous paraît absolument essentiel.

NOTES :

1- Sur la discussion au sujet de la différence entre ces deux points de vue, voir : Albert Lemoine, *Le vitalisme et l'animisme de Stahl,* 1864.

2.- Aristote, *De l'âme*, Garnier-Flammarion.

3.- Paul-Joseph Barthez, *Nouveaux éléments de la science de l'homme*, 1778.

4.- « *Aristote introduit donc, entre le non-être brut et l'être plein, un intermédiaire, la puissance, qui permet les changements, car un être peut rester actuellement (substantiellement) un, tout en demeurant potentiellement capable de recevoir diverses caractéristiques* » in : Annick Latour, « Le concept leibnizien d'entéléchie et sa source aristotélicienne », *Revue Philosophique de Louvain*, Tome 100, N°4, 2002. pp. 698-722.

5.- Spinoza, *Éthique*, Paris, Garnier-Flammarion, 1965, pp.52-3.

6.- Voir infra à ce sujet l'influence du corps, mise en évidence par Haruchika Noguchi.

7.- Cf. R. Safranski, *Schopenhauer et les années folles de la philosophie*, PUF, 1990, p. 260.

8.- Watson & Crick, 1953.

9.- Sigmund Freud, *Pulsions et destins des pulsions*, (1915), Payot, 2010.

10.- Sigmund Freud, *Nouvelles conférences*, 1932.

11.- Sigmund Freud, *Au-delà du principe de plaisir*, 1920.

12.- Henri Bergson, *L'évolution créatrice*, Alcan, 1907 p. 108.

13.- Henri Bergson, *La Pensée et le mouvant*, 1934, Garnier-Flammarion.

14.- François Métivier, « vitalisme philosophique et vitalisme médical », in *Dogma*, http://www.dogma.lu/txt/FM-Vitalisme.htm

15.- R. Steiner, *La Science occulte*, Perrin, 1914, pp. 16 et suivantes.

16.- Max Heindel, *Le corps vital,* paru en anglais en 1951 seulement.

17.- François Métivier, « vitalisme philosophique et vitalisme médical », in *Dogma*, http://www.dogma.lu/txt/FM-Vitalisme.htm

18.- François Jacob, *La Logique du vivant*, Gallimard, 1970, p. 320.

19.- François Métivier, « vitalisme philosophique et vitalisme médical », in *Dogma*, http://www.dogma.lu/txt/FM-Vitalisme.htm

20.- Michel Maffesoli, « Le vitalisme sauvage », *Le Portique*, http://leportique.revues.org/410

21.- François Métivier, « vitalisme philosophique et vitalisme médical », in *Dogma*, http://www.dogma.lu/txt/FM-Vitalisme.htm

22.- François Métivier, « vitalisme philosophique et vitalisme médical », in *Dogma*, http://www.dogma.lu/txt/FM-Vitalisme.htm

23.- Hans Jonas, *Le Principe de responsabilité,* 1979, en français ED. du Cerf, 1990.

LA PYRAMIDE DE FALICON :
UN TEMPLE DE MITHRA
SUR LA COTE D'AZUR

© Jérémy BERENGER
(Les archives de *Murmures d'Irem,* EODS)

Quel estivant soupçonnerait, depuis l'arc de la Baie des Anges, qu'à portée de regard averti, sur les premiers contreforts du Mont Chauve, existe une cousine germaine de Khéops. Une pyramide sur la Côte d'Azur ? Galéjade ? Que non point. Plantons le décor.

Nice s'étend au Sud, au pied du Mont Gros que prolongent vers la mer l'arête du Vinaigrier et le mamelon du Mont Boron avec son fort Vauban ; vers l'Est, la village en nid d'aigle de Falicon, en toile de fond les carrières crayeuses de Saint-André. A proximité, les ruines de l'oppidum Celto-Ligure de Châteaurenard, incluses dans le parc forestier de l'Aire Saint-Michel. Vers le Nord, le cône du Mont Chauve, volcan assagi depuis des millénaires, au cratère occulté sous les murailles d'un fort érigé à la fin du XIXe siècle. Au loin, se découpant sur les cimes du Mercantour, et dominant la vallée de la Banquière, les vestiges acérés de Châteauneuf-Villevieille, hameau médiéval déserté de ses habitants le jour où tarirent les sources.

C'est que le terroir est versatile, comme l'est son peuple depuis les tréfonds de l'Antiquité. Depuis la Nikaïa des Grecs et le Cemenelum des Romains Vediantii, prestigieuse cité thermale agencée sur une colline – l'actuelle Cimiez, connue pour son festival de jazz – que des aqueducs alimentaient en une eau limpide captée dans les entrailles du Mont Chauve ; depuis les Celto-Ligures, qui, préférant la rudesse des garrigues à la proximité de la mer, se livraient à une agriculture rudimentaire sur des restanques s'étageant à flanc de colline, soutenues par des murets de pierres sèches ; ils nous ont abandonné quelques castellaras aussi, on retrouve les pans éboulés de ces places fortes noyés sous les genêts et les ronces.

Isolée et troublante, la Pyramide apparaît à flanc de coteau, au détour d'un pénible raidillon creusé dans la latérite, se dressant parmi les rocailles infestées de reptiles, plantées de pins foudroyés ; un décor envoûtant, certes, même si le nostalgique de Gizeh s'avouera déçu d'être confronté à ce qu'il qualifiera de « tas de pierres ». Car l'édifice est modeste, mutilé, ses arêtes ne sont pas des plus rectilignes et les mastabas primitifs n'ont rien à envier à sa gauche maçonnerie.

n° 6

Aucune prétention pharaonique n'habitait les bâtisseurs de la Pyramide de Falicon, il ne s'agissait pas d'architecturer une sépulture, mais un seuil symbolique. Celui d'un temple souverain celé dans les abysses de la Ratapignata nom donné par les patoisants à l'impressionnant abîme que coiffe la pyramide.

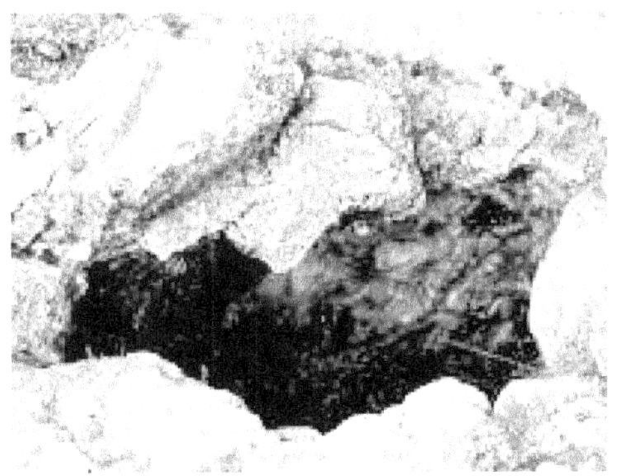

Pour certains, l'ouverture évoque la silhouette d'une chauve-souris, d'une ratapignata

Comme on l'imagine, le caractère unique de ce site – car il semble que nous soyions en présence de la seule pyramide de France – inspira les fantasmes d'une foule d'archéoccultistes improvisés ; catalyseur d'ondes de forme destiné à alimenter les batteries d'engins extra-terrestres, cache d'un Trésor templier – étude astrologique à l'appui – selon certaines rumeurs, l'illustre Aleister Crowley y aurait même célébré une messe noire...

Nous devons la seule approche crédible de l'énigme de Falicon à un chercheur scientifique connu pour sa rigueur zététique, Henri Broch, biophysicien à l'Université de Nice Sophia-Antipolis. Soucieux de se démarquer des histrions précités, celui-ci investigua en premier lieu le gouffre de la Ratapignata, lequel était jadis fermé par une sorte de pont-levis dont on devine encore, sur la face sud du monument, le chambranle délimité par un sommaire briquetage. Dans la première salle de l'aven, Henri Broch vit en les sept marches d'escalier, non taillées dans la calcite mais délibérément bâties, que l'on remarque parmi les concrétions dévastées, une sorte d'autel suggérant que les lieux avaient pu accueillir les adeptes d'un ancien culte. Puis, soumettant la

Pyramide à un examen « technique », notre chercheur fit analyser un fragment du mortier scellant ses moellons, qui se révéla très proche par sa composition du ciment utilisé à Cemenelum, notamment dans l'érection des Arènes. Elément de réponse cautionnant une hypothèse romaine, qu'il fallait argumenter.

L'escalier qui ne mène nulle part

La piste de Mithra

Dans cette optique, Henri Broch orienta son étude vers les Gétules, Légions romaines émigrées d'Afrique du Nord, qui au premier siècle de notre ère introduisirent en Gaule et dans tout le bassin méditerranéen une « religion de soldats » issue de la tradition perse : le Culte de Mithra. Dieu des religions à mystères, dispensateur de l'Énergie Vitale, Mithra fut aussi surnommé *Sol Invictus*, le Soleil Invaincu. Il naquit d'un rocher un 25 décembre et il est représenté sous la forme d'un héros coiffé d'un bonnet phrygien égorgeant un taureau, dont le sang répandu donnera naissance à la flore et à la faune. Il est parfois symbolisé par un homme à tête de lion, dont le corps est ceint d'un serpent, image du cou sinueux du soleil et du temps. Les rituels mithraïques étaient pratiqués dans des cavités ouvrant au Sud, où sourdait l'eau, l'initiation comportant sept degrés. Pourquoi ne pas voir en cette forme pyramidale utilisée à Falicon, un modèle architectural adopté non par réminiscence égyptienne ni par souci de symbolique, mais parce qu'il supposait une résistance plus grande aux agressions du Temps ? Car manifestement, la Pyramide n'est là que pour signaler l'existence du temple aménagé dans l'aven, et en interdire l'accès. Point n'était donc besoin d'une construction grandiose, d'autant que le site, très accidenté, était il y a encore un siècle recouvert d'une épaisse forêt.

Le pilier central, pilier naturel peut-être retouché par l'homme

Évidemment, il ne s'agit que d'une hypothèse des plus plausibles. En y adhérant, on sera tenté de se demander comment un édifice si surprenant par son architecture, et dont la construction pourrait remonter au tout début de l'ère chrétienne, a pu échapper à la curiosité des archéologues... D'importantes réalisations immobilières étant projetées à Falicon, ceci dès la fin des années 70, Henri Broch et moi-même avions tenté d'attirer l'attention du public sur la nécessité de sauvegarder le site, et d'y organiser des fouilles. Comme on l'imagine, les démarches engagées auprès des autorités n'ont donné lieu qu'à des velléités administratives.

Sépulture égarée, cheminée fantôme et trésor caché

Dérangeante, la petite Pyramide ? A plusieurs titres, la rumeur populaire lui prête depuis toujours un trésor caché, supposé

Templier, même si rien ne permet de penser que les Chevaliers au Blanc Manteau se sont un jour attardés sur le Mont Chauve...

Mais éloignons-nous alentour, pour nous arrêter à de non moins fascinantes curiosités. Quelques mètres en contrebas se trouve une ancienne ferme, la Bastide, dont la tour carrée serait de facture romaine ; la sépulture d'un enfant romain, ainsi qu'une urne lui étant contemporaine, furent trouvés sur les lieux au cours des années 1920, et déposés au Musée Masséna à Nice... qui en a perdu la trace. Non loin de là, on pouvait encore, il y a quelques années, visiter un bien curieux souterrain ; admirablement maçonné – et réutilisé comme collecteur d'eaux pluviales – il s'enfonçait horizontalement dans les entrailles de la colline, avant de bifurquer vers l'Est en deux courts segments s'achevant en cul-de-sac. En 1967, sondant ledit souterrain à la recherche d'un éventuel passage secret, Henri Broch décela la présence d'une cavité murée, peu avant l'intersection, à environ deux mètres du sol. Ayant dégagé ce qui s'avéra être le haut d'une voûte – obturée selon l'épaisseur de la calcite, depuis au moins trois cents ans – le scientifique explora le segment inviolé qui s'arrêtait au bas d'une cheminée circulaire elle-même obstruée... et sciemment ; autrement dit, un puits ne pouvant être comblé qu'à partir de son orifice supérieur, il a bien fallu que les individus s'étant livrés à cette opération disposent d'une autre issue. La cheminée communiquait-elle avec les boyaux inférieurs du Gouffre de la Ratapignata ? A l'évidence non, ceux-ci étant impraticables de par leurs dimensions.

Alors ? D'où part ce conduit-fantôme, et pourquoi se donner tant de mal à en dissimuler l'accès ? cette énigme et celle de la Pyramide sont-elles ou non connexes ?

La « colline inspirée » de Falicon ne livrera jamais ses secrets. Dans les années 80, il a fallu aménager une voie d'accès au lotissement bâti autour de la Bastide : les pelleteuses ont eu raison du souterrain. Par ailleurs, le tracé de la future autoroute A 8-Bis menace directement la Pyramide : un projet pour l'heure ajourné, faute de crédits. Le site n'en garde pas moins tout son charme étrange. Ne dit-on pas que certaines nuits, de la béance noire de la Ratapignata, montent des chants impies, clamés par les laudateurs modernes d'autres cultes chtoniens ?

Les siècles défilent, les ténèbres demeurent ...

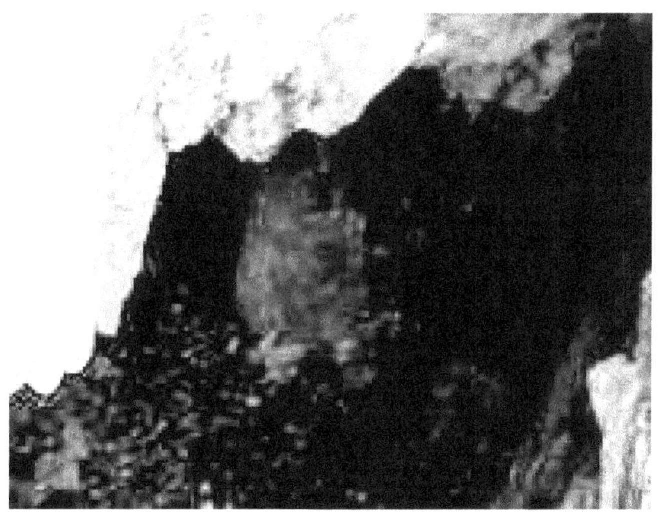

NOTES SUR DES MANUSCRITS SULFUREUX

© Philippe Marlin

Toutes les notes de lecture sont de l'auteur, sauf mention spéciale.

Textes mystérieux, études et décryptages de ces derniers, fictions qu'ils ont pu inspirer, voilà le thème de la promenade que je vous propose dans l'univers fascinant des Livres Maudits. Mais de quoi parle-t-on exactement ? Selon Jacques Bergier (cf infra), il existerait une conspiration contre le Savoir, orchestrée par des « Hommes en Noir », chargés d'empêcher la diffusion de certaines connaissances jugées trop dangereuses. Mais cette définition est à la fois très romantique et fort restrictive. Il faut certainement l'élargir à la grande famille des ouvrages décimés par la censure ou simplement par une critique trop violente, et ce pour d'autres raisons que « la diffusion de connaissances dangereuses ». On trouve ici l'enfer des bibliothèques, avec leurs cohortes de bouquins licencieux. Il faut également y inclure des ouvrages dont l'utilisation sera pour le moins contestable. Je pense, entre autres, reprenant le titre d'une émission diffusée sur la chaîne ARTE, aux Bréviaires de la Haine (*Mein Kampf, le Protocole des Sages de Sion,* mais aussi *Le Coran*). Il y a encore les ouvrages de « fous littéraires », dont la compréhension résiste à l'analyse. On bascule alors très vite dans la famille des ouvrages codés, dont les érudits ne cessent de chercher la clef. Nous avons enfin les livres imaginaires, souvent fruit d'une création littéraire, et qui vont parfois développer une existence autonome qui n'a plus rien à voir avec les intentions de leur géniteur. J'avoue avoir beaucoup de tendresse pour cette catégorie – de plus en plus fournie – dont l'une des plus belles pièces reste bien sûr le *Necronomicon* par lequel nous allons commencer, antériorité oblige !

Le Necronomicon

Selon les divers textes de Lovecraft évoquant l'ouvrage, le *Necronomicon*, originellement nommé *Kitab al Azif* (littéralement « Livre du musicien ») aurait été écrit vers 730 à Damas par le poète Abdul al-Hazred. Celui-ci serait né à Sanaa. Il aurait beaucoup voyagé. Il aurait visité les ruines de Babylone et de Memphis. Il aurait rassemblé le savoir qu'il y aurait glané dans son ouvrage *Al Azif*, écrit à Damas. En arabe, *Al Azif* fait référence au bruit que produisent les insectes la nuit, ce qui dans cette culture se rapporte aux cris des *djinns*. En 738, Abdul al-Hazred aurait été déchiqueté par un monstre invisible. Le manuscrit original en arabe aurait disparu, après avoir été traduit.

Théodore Philetas de Constantinople aurait en effet traduit l'ouvrage en grec ancien vers 950, et c'est lui qui aurait attribué à l'œuvre le titre par lequel elle est la plus connue : *Necronomicon*. Le patriarche de Constantinople Michel Cérulaire aurait fait brûler pratiquement toutes les copies grecques en 1050 mais quelques exemplaires auraient échappé aux flammes. La traduction grecque aurait été rééditée en Italie dans la première moitié XVIe siècle. Olaus Wormius en aurait fait une traduction en latin en 1228, la version la plus courante de l'ouvrage. Cette traduction aurait connu deux rééditions : en caractères gothiques en Allemagne vers 1440 et en Espagne au XVIIe siècle. Les versions grecque et latine auraient été interdites par le pape Grégoire IX en 1232. Wormius aurait été mis au bûcher par l'Inquisition avec tous les exemplaires. Seules quelques copies auraient subsisté, notamment dans les archives secrètes du Vatican peut-être parce que l'ouvrage aurait été mis à l'*Index Librorum Prohibitorum*. Le dernier exemplaire de l'édition italienne du XVIe siècle aurait été brûlé à l'issue des procès de Salem en 1692.

*

La collection fétiche, J'Ai Lu, L'Aventure Mystérieuse, ne pouvait évidemment se dispenser d'éditer une version du *Necronomicon*. Ce fut fait en 1983, en reprenant la version

Belfond de 1979, elle-même traduction de la version Neville Spearman de 1978. A noter que si l'on trouve sur les étals des bouquinistes des tonnes de « petits rouges », celui-ci est devenu très rare.

C'est au tour du Pré aux Clercs de nous proposer une édition du *Necronomicon* (2008) en reprenant la version Belfond de 1979, elle-même traduction de la version Neville Spearman de 1978. A noter que cette édition s'inscrit dans collection de jolis « vrais faux grimoires » de la maison, avec un papier parchemin de belle facture.

Le Songe de Poliphile

Publié en 1429 à Venise par Alde Manuce, *Le Songe de Poliphile* (*L'Hypnerotomachia Poliphili*) est attribué à l'italien Francesco Colonna, du moins si on rassemble les premières lettres de chaque chapitre pour découvrir l'identité de l'auteur. Voilà qui commence bien et qui est du reste une première matière à polémique, certains érudits attribuant la paternité de ce travail à un moine obscur. Il s'agit, à première lecture, d'un conte d'amour totalement indigeste, entrecoupé d'apartés érotiques et de pensums architecturaux très fouillés. À tel point que l'ouvrage sera la coqueluche de nombreux architectes florentins et romains qui y puiseront leur inspiration. Pour d'autres, il s'agit d'un récit ésotérique crypté, véritable référence notamment chez la fameuse Société Angélique.

Die Unaußpreschlichen Kulten

Die Unaußpreschlichen Kulten de Friedrich-Wilhelm Freiherr von Junzt (1795-1840). Préface de Gottfried Mulder ; 1839, Düsseldorf.

Traductions : en français : *Les Cultes Innommables* (traduction Pierre Sansrire, S.J.) ; en anglais : *Nameless Cults* (traduction M.A.G. Bridewall), Londres, 1845 (illustré). New York, Golden

Goblin Press 1909 (illustrations de Diego Vasquez), Note : un quart du texte environ a été expurgé.

Toutes les traductions de l'allemand sont discutables, principalement du fait que les traducteurs ne connaissaient pas la plupart des sujets. Même le texte réputé de Bridewall a été jugé par certains approximatif ; les éditions de Golden Goblin Press sont fortement tronquées ; quant à la traduction de Sansrire, elle a été publiée pour mettre en valeur les opinions théologiques du traducteur.

Les éditions Golden Goblin Press sont une des dernières à avoir publié l'ouvrage. Les tentatives récentes de révision des versions anglaise et française se heurtèrent au fait que les éditeurs jugèrent les affirmations de Von Juntz fantaisistes et sans fondement. Il est vrai que les exécuteurs testamentaires de Von Junzt refusèrent de collaborer au projet.

Les difficultés présentées par ce texte sont nombreuses. Von Junzt avait à juste titre été accusé de suivre une « voie douteuse, suggérant plus que ne démontrant ». Le texte regorge « d'indices grossiers et d'allusions subtiles... Il développe avec une étonnante clarté pendant un certain temps et se perd soudain en incohérences et propos décousus ». En de nombreux passages, les références précises font complètement défaut. De larges extraits semblent s'inspirer des *Manuscrits Pnakotiques* et du *Texte de R'lyeh*. Mention y est faite également de la Pierre Noire. Une grande partie traite du culte mondial d'un dieu/démon de la préhistoire, Ghantanotoa, depuis son culte primitif jusqu'à sa survivance actuelle, comme au Temple de Toad en Amérique Centrale ou du Sud. Il fait également allusion à un culte breton nommé « Bran ».

Il est cependant presque impossible de déterminer quelles sources Von Junzt a utilisées, bien qu'il fût un habitué des volumes mentionnés. Il fut apprécié comme « l'un des rares hommes... pouvant lire le *Necronomicon* dans sa traduction originale grecque » Aussi n'est-il pas surprenant que ce livre « ait été longtemps considéré comme les divagations d'un maniaque et que l'auteur fut maudit et taxé de folie ». De plus, beaucoup de ses thèmes sont axés sur des sources non connues ou sur des travaux difficilement accessibles à la plupart des érudits.

Von Junzt voyagea partout dans le monde. On l'accusa d'être initié à certains des cultes dont il parlait et d'avoir une connaissance de première main de beaucoup de leurs rites et de leurs pratiques. Il passa quarante-cinq pleines années de sa vie à prier en des endroits étranges et à découvrir des choses secrètes et épouvantables. Malheureusement, lorsqu'il mourut, presque tous ses papiers personnels furent détruits par son meilleur ami ou par sa famille. L'Université de Miskatonic a néanmoins réussi à récupérer certains d'entre eux, dont son exemplaire personnel.

L'université a régulièrement tenté, depuis 1950, de collationner les papiers de Von Junzt à la Bibliothèque avec ceux restés dans sa famille et chez ses exécuteurs testamentaires, en vue de publier une édition savante de ce travail. Malheureusement, les descendants de Von Junzt ont continué de refuser tout accès aux documents en leur possession.

Le *Unaußpreschlichen Kulten* est également connu sous le nom de *Livre Noir*. (JS)

La Vraie Langue Celtique
ou le Cromlech de Rennes-les-Bains

Et voilà un étonnant ouvrage, qui, à l'instar du *Manuscrit Voynich*, résiste de façon têtue à toutes les tentatives de décryptage. *La Vraie Langue Celtique et Le Cromleck de Rennes-les-Bains* n'est rien d'autre que l'œuvre maîtresse d'Henri Boudet, curé de Rennes-les-Bains (Pomiès, 1886). Un ouvrage que certains ont qualifié de farfelu et qui serait tombé dans l'oubli si ce brave prêtre n'avait été le contemporain et le voisin d'un autre curé, le sulfureux abbé Saunière de Rennes-le-Château.

Ce curieux bouquin de 310 pages est composé de deux parties. Dans la première, *La Vraie Langue Celtique*, l'auteur traite de façon historique de l'origine du peuplement de la France en passant par Adam, Noé, les Hébreux, les Basques, etc… En faisant l'apologie de la langue celtique, il nous explique ses origines au travers des noms de familles, de tribus, de lieux dits, de villages, en scindant chaque mot et en l'expliquant par… l'anglais ! Même les noms divins ont pour l'auteur une origine celte, donc anglaise ! Ainsi Saddaï se décompose en : *to sate* : rassasier, *to eye* : avoir l'œil sur… Les hommes sont rassasiés par un Dieu soucieux de ses créatures (*sate* + *eye* = *Saddaï*).

La deuxième partie traite du Cromleck de Rennes-les-Bains. Une carte détaillée et dépliable des alentours du village répertorie des menhirs, dolmens, roulers, pour la plupart imaginaires ; en y associant chaque fois l'esprit et l'histoire celte appropriés et son origine (anglaise).

Même à l'époque de Boudet, faire remonter les origines du celte à l'anglais relève du domaine de la plaisanterie. Quant à faire la confusion entre un cromleck (avec un K) et un cromlech (avec un H), c'est d'autant plus surprenant que si la région est très riche en concrétions naturelles, en revanche, elle ne possède que peu de pierres façonnées par la main de l'homme.

Alors qu'y a-t-il de dissimulé dans cet ouvrage qui foisonne de références de livres historiques et autres, dont des passages entiers sont purement et simplement retranscrits ? Mais rien d'autre que le secret des prêtres du Razès, bien entendu ! C'est du moins ce que pensent bon nombre d'investigateurs, zappant en permanence entre la recherche d'un fabuleux trésor historique et celle d'un mystérieux tombeau sacré.

*

Pas facile de commenter une nouvelle édition de *La Vraie Langue Celtique* de l'abbé Boudet, surtout lorsqu'on est soi-même éditeur d'un fac-similé de cet ouvrage. D'autant plus difficile que lorsque nous avons publié ce livre, nous avons essuyé de la part d'un noyau de castelrenno-maniaques des bordées d'injures, dénonçant une imposture. Même accueil sympathique lorsque nous avons mis la main sur un nouvel original de l'ouvrage, portant dédicace de l'auteur à Grasset d'Orcet. L'ouvrage a été produit lors de différents colloques, ce qui n'a pas pour autant mis fin à la polémique. Cela simplement pour dire que les « chercheurs » sont très exigeants, soupesant chaque fac-similé à la loupe, tant le plus petit détail typographique présente à leurs yeux une inestimable importance. Une véritable étude reste à écrire sur le sujet.

La version présentée par Edouard Brasey pour le compte du Pré aux Clercs (avril 2011) ne risque pas de s'attirer de telles foudres, dans la mesure où il ne s'agit en aucune façon d'un fac-similé. La carte de fin d'ouvrage, reproduite en modèle réduit, est pratiquement illisible. Quant aux illustrations originales d'Edmond Boudet, elles ont disparu, remplacées par des vignettes sans intérêt. On ne serait pas complet sans signaler que le livre est imprimé en caractères violets, lui donnant un aspect fluo qui évoque plus l'étal d'un marchand de bonbons que la vitrine d'un bouquiniste spécialisé dans le livre ancien.

La présentation de l'ouvrage, pour sa part, prend clairement le parti de « la belle histoire ». L'anthologiste reprend à son compte les poncifs instillés dans la mythologie castelrennaise par l'équipe Plantard /de Chérisey, faisant de Boudet le cerveau d'un codage thésauraire pour compte de son ami Bérenger Saunière. Les affirmations fantaisistes sont légion, et on pourrait en noircir des pages (voyage de Saunière à Paris, sommes colossales versées par Boudet à la servante du curé de Rennes-le-Château etc.). On ne peut pourtant aujourd'hui ignorer les progrès effectués par de jeunes chercheurs sur le sujet. Je pense notamment à Laurent Buchholtzer (Octonovo) qui a parfaitement démontré, sur la base des carnets de Saunière, que les relations entre Boudet le pasteur castelrennais étaient pour le moins ténues, se limitant à la traditionnelle carte postale de « bonne année » et à quelques très modestes dons de messe. Et quant au fond, on ne peut passer sous silence les travaux très érudits de décryptologie effectués notamment par André Goudonnet et publiés dans les *Bulletins de Terre de Rhedae*. Enfin, n'oublions pas les excellentes investigations sur le terrain, réalisées récemment   afin de vérifier sur place si la géologie de Rennes-les-Bains correspondait aux descriptions proposées par l'abbé Boudet.

L'ouvrage du curé de Rennes-les-Bains reste un mystère. Et ce n'est pas cette nouvelle édition qui permettra de le percer.

Les Manuscrits Pnakotiques

Selon certaines écoles d'occultisme, le nom des *Manuscrits Pnakotiques* dériverait d'une « Fabuleuse Cité des Archives », nommée Pnakotus située sur une autre planète, mais aussi de ruines découvertes en Australie centrale. Deux auteurs au moins reprennent ces idées sans les commenter (von Junzt et Prinn). Il existe également une tradition européenne disant qu'ils sont les traductions dans un « langage hyperboréen secret » d'un document plus ancien (d'origine extraterrestre) ou encore « rédigé par un homme endormi dans des royaumes boréaux oubliés ». Au moins les deux tiers de l'ouvrage ne peuvent pour l'heure être traduits.

La plupart des manuscrits furent extrait de grottes et autres tréfonds géologiques. Les légendes locales affirment souvent que les sites en question sont antérieurs à l'humanité (ceci ayant été confirmé par des analyses ultérieures). Des analyses scientifiques et des affirmations (lorsqu'elles sont vérifiables) issues des manuscrits eux-mêmes conduisent certains savants à considérer qu'ils constituent les plus vieux documents connus. Ils sont mentionnés dans les nombreux fragments d'argile et de pierre provenant de périodes géologiques ultérieures, dont les Fragments d'Eltdown et du Sussex, de Celæno, et de G'harne. Comment ont-ils pu être préservés si longtemps ? C'est l'objet de beaucoup de conjectures.

Par comparaison, les fragments ressemblant à des parchemins contiennent généralement des descriptions d'entités légendaires impliquées dans une grande guerre interstellaire, l'indication des endroits d'où vinrent ces entités et une description du monde lorsque les premiers arrivèrent et le colonisèrent. Tsathoggua est mentionné pour la première fois dans *Les Manuscrits Pnakotiques.*

Bien que de nombreux fragments soient détenus par nombre d'institutions et de musées, seules trois collections, aucune n'étant complète, ont été collationnées dans le monde. L'une est à la Bibliothèque de l'Université de Miskatonic. Grâce aux efforts d'un ancien élève illustre et généreux, l'Université put regrouper en un seul lieu toutes les pièces retrouvées au cours des fouilles archéologiques sponsorisées par l'Université ainsi que celles issues d'autres fouilles. La Bibliothèque a collationné un ensemble de 87 pièces allant en taille de 110 cm x 63 cm x 58 cm (dont une portant en angle à la fois le texte et des décorations secondaires) à 11 cm x 19 cm. Les notes d'un collationneur anonyme ont été depuis publiées (Miskatonic University Press, 1967) ; elles démontrent la parenté du contenu avec les collections du British Museum et celles de l'Université de Tokyo. Tous les fragments ont été abondamment photographiés et photocopiés. De plus, la Bibliothèque possède deux manuscrits particuliers — de petite taille :18 cm x 14 et 18,2 cm x 14,5 cm — obtenus après la fin du regroupement. Les textes, cadeau d'un ancien élève, suivent à la lettre les pages 31 et 74 de l'ensemble collationné par la Bibliothèque. (JS)

Le Serpent Rouge

Sur la forme, *Le Serpent Rouge* est un opuscule de treize pages dactylographiées, déposé à la BN le 15 février 1967 (enregistré le 20 mars sous la côte 4° L7K 50590), et cité par Gérard de Sède dans sa bibliographie du *Trésor Maudit* paru la même année.

Selon les apparences, le texte serait co-signé par trois auteurs, Louis Saint-Maxent, Gérard de Koker et P. Feugère qui sont réellement morts suicidés par pendaison dans un laps de temps de 24 heures et dans trois endroits différents du même département.

Selon Franck Marie qui a fait une enquête serrée (*Rennes-Le-Chateau : Etude Critique,* p.192-199, éditions SRES, 1978), cet opuscule aurait été tapé sur la même machine à écrire que les apocryphes de Rennes-le-Château dus à Pierre Plantard, ancien maître du Prieuré de Sion (Ass. Loi 1901 créée en 1956).

Sur le fond, il s'agit d'un poème alchimico-ésotérique, organisé en 13 versets reprenant les douze signes du zodiaque plus un (le Serpentaire ?). On y retrouve tous les poncifs de l'affaire de Rennes-le-Château : le Nautonier, la Reine Endormie, Isis, Madeleine, les tableaux de Poussin, Téniers, Signol, la famille Fleury, etc. Selon certains chercheurs romantiques, ce texte serait l'expression la plus élaborée de la pensée ésotérique de Pierre Plantard et une indication supplémentaire sur l'existence d'un tombeau sacré dans le Razès. Quoi qu'il en soit, cet ouvrage est particulièrement maudit. Il a en effet été prouvé que les trois auteurs « officiels » n'étaient pour rien dans ce délire verbal et qu'il a fallu beaucoup d'imagination (et de courage) à Pierre Plantard pour aller faire le tour des morgues et trouver trois personnes qui s'étaient suicidées le même jour (!). Décidément, notre Grand Nautonier n'hésitait pas à employer les moyens les plus abjects pour rendre sa mystification castelrennaise encore plus grandiose.

Le Manuscrit Voynich

Cela s'appelle de l'escroquerie. Je pensais avoir trouvé la perle rare sur Amazon, un ouvrage sur le *Manuscrit Voynich* dont je n'avais jamais entendu parler, signé par Miller/Vadome/Mc Brewster et publié par @lphascript publishing (2011). J'ai commandé pour la modeste somme de 30 € et reçu… un petit livret d'une cinquantaine de pages reprenant les articles sur le sujet publiés sur Wikipédia. Papier de mauvaise qualité, et les contributions ne sont même pas classées par ordre logique (les manuscrits, les personnages, les techniques de décryptage, les langages bizarroïdes etc.). Une belle arnaque quant on sait que Wikipédia offre la possibilité de faire soir même son livre (format PDF ou TXT), de classer les articles, voire d'ajouter une préface. Et tout cela gratuitement pour votre imprimante ou votre tablette. Et pour les puristes Wikipédia a son propre prestataire (Pediapress) qui pour quelques euros vous imprime votre livre sur beau papier et avec illustration de couverture. J'ai fait la comparaison : le produit de nos petits malins me serait revenu à 8 € chez ce fournisseur. Mais, il paraît que tout cela est légal, Wikipédia étant une source libre !

*

La chaîne Arte nous proposé, en 2009, un remarquable documentaire, *Le mystère du Manuscrit Voynich* (Promnia pour ORF), faisant un point récent sur les recherches concernant l'origine de ce document. Des prélèvements ont enfin été effectués et donnent tous une fourchette de datation par carbone 14 située entre 1403 et 1438. Quant à l'analyse des pigments utilisés, ils laissent supposer que cet ouvrage a été fabriqué dans le nord de l'Italie. On n'en sait pas plus, notamment sur le plan du déchiffrage, mais il s'agit d'une étape importante permettant d'éliminer les pistes Roger Bacon, Edward Kelly et Léonard de Vinci, auteurs postérieurs à la datation.

Les Livres maudits

Jacques Bergier est l'un des produits les plus étonnants des milieux culturels français du XXe siècle : chimiste de formation – il travailla sur la recherche atomique avant la Deuxième Guerre Mondiale –, esprit quasi-universel s'intéressant à un nombre gigantesque de domaines différents allant de la science-fiction à l'ésoterisme, au fortéanisme ou à l'histoire secrète. Servi par une rapidité de lecture prodigieuse et une mémoire extraordinaire de ce qu'il venait de lire, lisant couramment plusieurs langues, Jacques Bergier fit une synthèse brillante de ses connaissances dans *Le Matin des magiciens* qui déclencha un mouvement de fonds de révolution des esprits, poursuivi avec la fondation de la revue *Planète* en 1961 et ce que l'on appela le « Mouvement Planète ».

Il fut le créateur de la notion de « réalisme fantastique » et poursuivit ensuite ses publications avec une série de livres dans la célèbre collection rouge « L'aventure mystérieuse », chez l'éditeur français J'Ai Lu. *Les livres maudits* (J'Ai Lu, 1971), fait partie de cette série où Jacques Bergier développe, avec le brio et le talent de conteur qui fait tout son charme à la lecture, ses thèmes favoris : histoire secrète, groupes de pression occultes, livres révélant un savoir maudit ou interdit, et leurs liens avec la littérature de science-fiction qui permet d'exprimer des vérités cachées sous le couvert la fiction.

Il commence d'ailleurs très fort, citant dès la première page de son « Prologue : Les hommes en noir » à la fois la « Sainte Alliance contre le savoir », la « grande conspiration nazie » – l'un de ses thèmes de prédilection, ayant été lui-même victime de la barbarie nazie et ayant fait de l'espionnage pour le compte des Alliés dans le camp de concentration où il avait été envoyé – et H.P. Lovecraft. Ensuite, c'est un brillant survol de « livres maudits », en commençant par *Le Livre de Toth*, puis les ouvrages perdus lors des incendies de la Grande Bibliothèque d'Alexandrie, *La Stéganographie* de l'abbé Trithème et en terminant, de manière un peu provocante, par *La double hélice* du Pr. James D. Watson.

Bergier était d'abord un raconteur d'histoires extraordinaire et il ne résiste jamais au plaisir – à la fois pour lui et pour son lecteur – de rajouter le « détail inconnu ou le raccourci saisissant » : l'un de mes favoris dans ce livre se trouve dans le chapitre consacré aux « Stances de Dzyan », rendues célèbres par Mme Blavatsky, la fondatrice de la Théosophie : nous y apprenons que le bateau sur lequel elle voyageait fut détruit par une explosion qui « rappelle […] celle d'une bombe atomique tactique » ! Il ne nous dit naturellement pas qui pouvait posséder ce genre d'armes en 1870 et je ne me souviens pas avoir lu ce détail dans les nombreuses biographies de Mme Blavatsky.

Mais il fait aussi preuve de la même sûreté de choix qu'en science-fiction, ce qui lui permet de faire découvrir des ouvrages quasi inconnus du public de l'époque – rappelons que l'édition originale date de 1971 – : il traite du *Manuscrit Voynich*, manuscrit toujours mystérieux et non déchiffré, dont on ne connaît ni l'auteur ni la provenance ni le contenu et dont les illustrations superbes continuent de provoquer notre étonnement. Et il est l'un des premiers à attirer l'attention sur les dangers de la scientologie dans son chapitre sur « Le livre qui rend fou : *Excalibur* ». Il faut se souvenir qu'à l'époque, la scientologie n'avait pas la célébrité et la puissance qu'elle connaît aujourd'hui, il ne s'agissait guère que d'une note de bas de page de l'histoire de la science-fiction et l'on ne se souvenait guère de Lafayette Ron Hubbard que comme de l'un des bons auteurs moyens de l'Age d'Or de la SF américaine… Or Jacques Bergier fait preuve à l'égard de la scientologie d'une lucidité bien en avance sur son temps.

Il ne me reste qu'à vous laisser vous plonger avec, je l'espère, le même plaisir que moi, dans la découverte ou la redécouverte de ces « livres maudits » où Jacques Bergier nous fait partager à la fois « réalisme ET fantastique ». (JLR)

Le Manuscrit Maudit

En 1973, époque où je faisais une crise de boulimie littéraire-dont la victime était la collection « Angoisse » du Fleuve Noir, je retrouvai avec tendresse *Le Manuscrit Maudit* de Dominique Arly, l'un de ces nombreux auteurs prolifiques des belles années du Fleuve. Un ouvrage qui n'a rien à voir avec le courant de « bibliofiction » à la mode aujourd'hui, mais un bon roman « populaire » comme on les aime. Le héros est journaliste, ou plutôt correspondant local, dans un endroit perdu, de « La Dépêche ». Et il va avoir à gérer la publication, sous forme de feuilleton, d'un récit fantastique écrit par un auteur du cru. Simple me direz-vous ? Peut-être, car le Manoir de la Mort s'inspire de vieux faits divers locaux, certes romancés, mais solidement documentés. Mais quand le fantôme de la fiction fait son retour et vient semer la terreur chez un couple de campeurs hippies de passage, le travail du journaliste change de registre et se transforme en véritable enquête. C'est amusant, téléphoné et truffé de scènes coquines qui pimentent agréablement le récit !

Les Grands Livres Mystérieux

Guy Betchel s'inscrit clairement dans la foulée de Jacques Bergier avec *Les Grands Livres Mystérieux* (CAL, 1974) dont il reprend la thématique, celle de la conspiration contre le savoir, en lui donnant dans son introduction une couleur assez politique. Il commence, tout comme dans *Les Livres Maudits*, à s'interroger sur la signification du *Livre de Thot*, avant de poursuivre et compléter les recherches du « Scribe des Miracles ». Après les pages mystérieuses de la Bible, c'est le *Livre d'Enoch* qui est passé au crible avec, bien évidemment une interrogation sur la signification de sa première partie consacrée aux visiteurs du ciel. Mais c'est surtout, pour l'auteur, un document de première importance sur « la science juive » de l'époque de sa rédaction. On passera ensuite au *Zohar* et autres grandes œuvres de la kabbale, puis à l'*Avesta* et la littérature zoroastrique, aux Codex aztèques et mayas, tout en accordant une place intéressante aux écrits cathares, si mal connus. Seront également étudiés les grands grimoires, la fameuse *Stéganographie* de Trithème, Le *Mutus Liber*, véritable bible des alchimistes, de nombreux textes de prophéties, les écrits de Saint Yves d'Alveydre ou encore de Fulcanelli.

Une belle étude au total qui, si elle n'a pas le piquant propre à l'ironie de Bergier, enrichit la réflexion du lecteur sur ces ouvrages hors du commun.

Club Dumas

Disons le tout net, *Club Dumas* d'Arturo Pérez-Reverte (Lattès, 1993) est de loin un des meilleurs bouquins du genre. L'extraordinaire aventure de Corso, détective de livres, plongé dans un imbroglio ne peut laisser insensible tout amateur de papier. Un manuscrit original d'Alexandre Dumas à authentifier. Et surtout un grimoire de magie, *Les Neuf Portes*, sorte de *Necronomicon* écrit par le diable lui-même, et dont il existe trois exemplaires incomplets. Le but du jeu est de retrouver les trois manuscrits afin de reconstituer l'original. A quoi peut mener la bibliophilie ! Le tout sur le ton d'un *thriller* de la meilleure facture. Et avec des illustrations qui nous font plonger dans les manuscrits et la recherche de l'énigme. Insoutenable jusqu'à la fin. Ce *thriller* a bien sûr été porté à l'écran sous le titre *La Neuvième Porte*.

Ex Libris Miskatonici

Ex Libris Miskatonici de Joan Stanley (Necronomicon Press, 1993) est assurément un must pour tous les amateurs de manuscrits sulfureux. Il s'agit en effet du catalogue de la bibliothèque de l'Université de Miskatonic, catalogue commenté par de très érudites notules consacrées à chaque ouvrage. L'histoire de la bibliothèque est retracée de façon précise, ainsi que la façon dont se sont constitués les différents fonds. Cette belle étude a été traduite en français par Jacky Ferjault et publiée dans le cinquième tome du *Bulletin de l'Université de Miskatonic* (Editions de l'œil du Sphinx) se trouve également sur le site de l'ODS. J'ai emprunté à Joan plusieurs notules pour cette étude (JS)

Je ne résiste pas au plaisir de reprendre le sommaire :

Introduction : Bref Historique des Donations de la Bibliothèque, des Musées et des Fondations à la Bibliothèque de l'Université de Miskatonic.

La Bibliothèque sur pierre.
I. Les Manuscrits Pnakotiques.
II. Les Fragments d'Eltdown et de Celæno.
III. Les Fragments de G'harne et du Sussex.

Le Département des Antiquités orientales.
I. Les Sept Livres cryptiques de Hsan.
II. Le Livre de Dzyan.
III. Le Texte de R'lyeh et les Chants Dhol.
IV. L'Ecriture Ponape.

La Collection Darby.
I . Le Codex Dagonensis.

II. Le Culte des Goules.
III. De Vermis Mysteriis.
IV. Peri ton Eibon ou le Liber Ivonis.
V. Die Unaussprechlichen Kulten.

Le Necronomicon.

Appendice : Pseudepigrapha.
I. Le Manuscrit Voynich.
II. Præsidia Finum ou Frontier Garrison.

Bibliographie.

Le Cheval de Dieu ou le secret de l'abbé Boudet

Avec *Le Cheval de Dieu ou le secret de l'abbé Boudet* (Gérard Bavoux, Pygmalion, 1995), la littérature de fiction castelrennaise s'enrichit d'un nouveau genre ; nous sommes en effet aux prémices de la théofiction castelrennaise. Le message initiatique est du reste assez enfantin, nous décrivant un monde agité par le combat entre les forces du bien et les puissances du mal, avec sa cohorte d'illuminés qui souhaitent accélérer le processus de destruction pour hâter la renaissance… On connaît hélas trop bien ce type de philosophie.

Alors quel est le secret de l'abbé Boudet ? Alors qu'il était en poste à Durban dans les Corbières, Boudet aurait reçu la visite d'Eugène Delacroix qui lui aurait remis des documents laissés par Charles Maurice de Tayllerand à Rennes-les-Bains. Et ces documents auraient permis à Boudet de découvrir un livre, ou plutôt Le Livre ! Un livre écrit de la main de Dieu, révélant tous les secrets de l'univers et donnant à son lecteur de fabuleux pouvoirs. Boudet le décrypte et le remet, avant de mourir, à l'un de ses amis du Bugarach, un certain Baillard.

Le roman va mettre en scène le petit-fils de Baillard, Benoît, dont la famille a été décimée dans des circonstances atroces. Un héros malgré lui, à la recherche de son passé et du sens à lui donner. Une queste qui lui fera rencontrer la secte du mal, la

Confraternité Hermétique de Bélial, dirigée par Aleister Crowley, entouré de Georges Monti, Dietrich Eckart, Jules Bois, Anna Sprengel etc. On l'aura deviné, cette assemblée de joyeux drilles voue un culte passionné à Adolf Hitler, seul à même d'entreprendre le processus de régénération salvateur. Mais pour venir à bien de sa glorieuse mission, Hitler aura besoin du Livre… Ce qui nous vaudra un chapitre grandiose sur la rencontre entre le gentil petit Benoît et le Maître de Berchtesgaden…

Bon, un roman dont on peut faire l'économie, sauf si, comme moi, vous êtes un fervent admirateur de Lovecraft. Car sans être cité, l'Ermite de Providence est omniprésent dans le récit. Le Livre ressemble furieusement au *Necronomicon*, et les rituels prononcés par Boudet ou les membres du Bélial's Club semblent directement issus d'un certain… *Appel de Cthulhu* !

Les Dossiers Brûlants

Mais oui, cela s'appelle *Les Dossiers Brûlants*, et ce magazine éso-people confidentiel a sorti en janvier/février 2001 un numéro spécial sur le *Necronomicon*, la fameuse création littéraire de Lovecraft. Un grimoire maudit, plus vrai que nature, et dont les âmes les plus torturées ne cessent de revendiquer l'authenticité. Et bien dans cette revue d'une grande culture, on peut lire un article foisonnant qui refait l'histoire du monde à la lumière du manuscrit, avec ce passage inoubliable :

« Les cathares n'ont jamais mis en pratique le Necronomicon, ils le possédaient sachant qu'il représentait une voie d'accès dans notre monde pour les forces du mal. C'est pour cette raison que la branche occulte du nazisme se rendit à plusieurs reprises sur le pog de Montségur, le Necronomicon étant pour eux le Graal Noir… L'expédition de spécialistes nazis à Montségur n'aboutit pas, et pourtant ils fouillèrent. En réalité, tous les documents importants que possédaient les cathares furent mis en lieu sûr en janvier 1244, trois parfaits (cathares « réalisés ») quittèrent, par une nuit sans lune le château de

Montségur. Ils emportaient avec eux une malle de bois hermétiquement close vers une destination située dans le Razès, entre Rennes-le-Château et Rennes-les-Bains.... Dans un souterrain dont notre source ne permet pas la divulgation. Comme on peut le voir, ce manuscrit attira bien des convoitises, de ses origines à nos jours... »

Je passe sur la saga des Templiers, dont la fin tragique fut bien évidemment liée à la détention de l'ouvrage. Mais heureusement : le noyau secret de l'Ordre parvint à échapper au massacre et le *Necronomicon* fut mis en lieu sûr au château de Gisors...

L'Intrus

Sous la plume de Jean-Christophe Macquet, une mention spéciale pour un petit livre intitulé *L'Intrus* (Editions Henry, 2003)). La couverture fait penser à celle d'un livre d'enfant ; mais qu'importe le flacon, car l'ivresse est assurée, du moins pour tous ceux qui, parallèlement à la Saunièrologie, se sont plongés avec terreur dans les *Etudes Lovecraftiennes*. Fabrice et Daniel Kircher, dans leur *B.A.BA sur RLC* (Pardès 2003) avaient déjà osé instiller quelques pincées cthuluhiennes dans le décryptage du monument funéraire de la Dame d'Hautpoul. Mais là, au bénéfice de la liberté totale que laisse le genre romanesque, c'est toute la saga de Rennes-le-Château qui rejoint le Mythe des Grands Anciens.

Nous sommes au début du XXe siècle et un militaire de carrière part se reposer dans l'Aude en compagnie de la célèbre cantatrice de l'époque. Ils sont invités par le châtelain d'un petit village haut perché où règne un mystérieux curé. Et il se passe d'étranges choses dans les sous-sols du village ! Notamment des séances de spiritisme où la diva est largement mise à contribution. Pour essayer de mettre la main sur un sulfureux ouvrage laissé dans le passé lors des invasions barbares. On l'aura compris, il s'agit du *Necronomicon* !

Je ne serais pas complet en disant que sont également en villégiature dans la région une poétesse américaine accompagnée d'un jeune homme du nom de Howard P. Lovecraft. Un jeune homme qui collaborera activement à la résolution de l'énigme… et y trouvera une fabuleuse source d'inspiration pour sa future carrière littéraire.

Manuscrit MS 408

Thierry Maugenet nous propose, avec *Manuscrit MS 408* (Liana Levi, 2005) un excellent *thriller* dont le manuscrit Voynich est…… le héros. Tous ceux qui auront cherché à le décrypter décéderont dans des circonstances atroces. Peut être parce que ce qu'il révèle est tout simplement insoutenable. Une enquête palpitante, menée par un agent du FBI et son ancien professeur de philosophie, sur base d'une excellente documentation, à la fois historique et cryptographique. La thèse retenue est, pour ce qui est de son auteur, le sulfureux Roger Bacon qui devait soumettre ses textes au Pape himself avant toute publication. Et pour ce qui est du décodage, on sent que Thierry Maugenet a passé de nombreuses nuits sur les forums de www.voynich.net, afin d'évaluer la pertinence des thèses en présence.

Le Code Voynich

Plus documentaire est l'ouvrage de Pierre Barthélémy, *Le Code Voynich* (Jean-Claude Gawsewitch éditeur, 2005). Il s'agit en fait d'un magnifique livre d'art, reprenant en fac similé toutes les pages du manuscrit. La préface fait le tour du sujet, là aussi sur le plan de l'histoire et sur celui du décryptage. La thèse Roger Bacon, développée en fait par « l'inventeur » du manuscrit, Wielfried Voynich, est passée au crible. Aucune preuve de cette paternité n'existe, pas plus que celle du passage de ce document entre les mains de John Dee. Le seul point établi est que le livre était bien détenu par un membre de la Cour de l'empereur Rodolphe II, ainsi que l'atteste une mention en marge de page. On apprend par ailleurs, ce qui est étonnant, c'est que le manuscrit n'a jamais été soumis au test de datation par carbone 14 !

Et puis, pour le plaisir, on rappellera que Colin Wilson, dans sa nouvelle « Le Retour du Lloigor » in *Contes du Mythe de Cthulhu* voit dans le manuscrit une copie partielle du fameux *Necronomicon*….

La Règle de Quatre

Et bien voilà un livre dont un livre est le héros. Ian Caldwell et Dustin Thomason, dans *La Règle de Quatre* (Michel Lafon, 2005), mettent en scène un monument de la littérature mystérieuse, le fameux *Hypnerotomachia* plus connu sous le titre de *Songe de Poliphile* (cf supra).

Dans le cadre de l'université de Princeton, le *thriller* met en jeu un groupe de chercheurs érudits, bien décidés à percer le secret de l'ouvrage. Une quête sans merci, sur fond de jalousies, de besoin éperdu de reconnaissance pouvant aller jusqu'au plagiat par un professeur des travaux de l'un de ses étudiants plus avancé que lui dans la recherche. Les dégâts collatéraux sont nombreux : meurtres en série, ou plus classiquement explosions violentes au sein de certains couples où le livre a pris une importance démesurée.

Le travail de décryptage mené est passionnant et aboutit à la conclusion que Colonna avait construit une cache gigantesque pour abriter « quelque chose de fabuleux ». Et ce « quelque chose » pour une fois n'appartient pas à la famille des lourds secrets susceptibles de faire trembler l'Église. Sans tout dévoiler, disons simplement que nous sommes dans le registre de la culture et de l'art.

Un très bon bouquin ; lorsque je l'ai fermé, je n'ai pas dit comme souvent « excellent, je me suis bien amusé », mais « excellent, c'est fou ce que j'ai appris ! ».

L'Historienne et Drakula

Il est des livres au parfum entêtant. *L'Historienne et Drakula* de Elisabeth Kostova (XO éditions, 2006) sent bon la poussière ambrée des vielles bibliothèques, l'odeur craquelante des manuscrits rarissimes, l'humidité acide des cryptes oubliées et le glucose écœurant de l'hémoglobine encore chaude. 1000 pages en deux volumes d'une érudition effrayante qui laisse penser que, lorsque l'auteur nous explique qu'il lui a fallu près de dix années de recherches historiques pour écrire ce roman, elle ne cherche pas à nous éblouir mais nous rend tout simplement compte de l'ampleur de sa démarche. Une démarche quasi-obsessionnelle : mais où est donc enterré Dracula, le vrai Dracula, celui que l'histoire a connu sous le nom de Vlad Tepes ? Car sa tombe officielle, sur la petite île de Snagov près de Bucarest, est vide, et nombreuses sont les légendes de morts-vivants qui se murmurent dans l'ombre de ses pérégrinations guerrières en Europe Orientale. Une enquête menée sur la base d'un manuscrit mystérieux, le *Manuscrit Drakulya*. Une enquête qui par ailleurs se déroule dans un contexte familial, puisque interviennent successivement un professeur d'université, son élève (qui a épousé la fille oubliée du premier), et la fille de ce dernier, qui n'a jamais connu sa mère… Compliqué me direz-vous ? Pas vraiment quant on sait que les recherches de ce trio ont réveillé d'obscures forces du mal, passées maîtres dans l'art d'une science maudite maîtrisant parfaitement les disciplines de l'oubli et de la disparition.

La technique du récit n'est pas sans rappeler celle de Bram Stocker, faite d'une succession de lettres, extraits de journaux intimes auxquels sont joints des passages de vieux livres d'histoire. Un récit qui nous entraînera à Istanbul, puis en Hongrie et en Bulgarie, à une époque où le rideau de fer était encore bien solide, transformant tout voyage et toute démarche en un véritable parcours du combattant.

Et si Dracula avait survécu ? A quoi occuperait-il son éternité ? Pour Bram Stoker, il n'avait d'autre ambition que de conquérir Londres, la future tête de pont d'un Empire Victorien, fait de

sagesse, de lumière et de raffinement. Le *Drakula* d'Elisabeth Kostova, pour sanguinaire qu'il soit, est surtout un fin lettré, une sorte de bibliothécaire de l'Impossible, collectant au fil des siècles les ouvrages les plus rares sur l'histoire, les sciences occultes, les techniques de torture et... sur sa propre légende.
La traque se terminera en un spectacle grandiose, digne des meilleurs films de la Hammer. Nous sommes alors dans notre belle France, plus précisément au monastère de Saint-Mathieu - des-Pyrénées-Orientales, près de la petite commune de Les Bains.

Pyrénées Orientales ? Les Bains ? ( ) Tiens ......

Les Ecritures Interdites, *Asmodeus redituS*

La couverture est magnifique et le titre alléchant. Je fais bien sûr référence à *Les Ecritures Interdites, Asmodeus redituS*, œuvre de J. C. Bataille paru aux éditions québécoises Le Calamane fin 2006. Un *théothriller* qui s'annonce comme le premier tome d'une trilogie dont nous attendons impatiemment la suite. Car la mécanique proposée par l'auteur est parfaitement huilée. Un jeune historien est mis fortuitement sur la piste des « écritures interdites », documents datant de l'époque Christ et conservés dans un monastère qui sera saccagé au Moyen-âge. On imagine aisément que cette recherche sera sans cesse contrariée par la partie adverse, l'Église, en la personne d'un inquiétant et dangereux agent qui répond au doux nom d'Asmodée. Mais la force du thriller est de nous délivrer progressivement la solution, c'est-à-dire le lieu de la cache, par un impressionnant travail de décodage des documents habituels de la Belle Histoire (parchemins, inscriptions de la stèle et de la dalle...). Car évidemment, notre brave Saunière était sur le coup....

J. C. Bataille tient sa promesse et nous revient avec le second tome de sa saga *Les Ecritures Interdites. Les Ruines Oubliées* (Le Calamane, juillet 2007) sont de la même veine qu'*Asmodeus Reditus*, à savoir une théofiction haletante dans laquelle nous retrouvons avec plaisir les personnages de la précédente aventure.

L'idée est ici que les documents qui avaient été découverts par nos investigateurs ne sont pas complets et que la dernière pierre à la bonne compréhension des origines du christianisme se trouve… dans le fameux *Manuscrit Voynich*. Ou plutôt dans les pages manquantes à l'exemplaire conservé à l'université de Yale. Et si j'ajoute que ces pages sont précieusement conservées par certains héritiers directs de la tradition cathare, héritiers qui ont été mystérieusement assassinés… Le dénouement final aura lieu, comme il se doit, à Rennes-le-Château……
A ne pas rater !

Codex, le Manuscrit Oublié

Le *Da Vinci Code* a ouvert les portes à un torrent de théo-fictions, de qualités diverses, mais dans l'ensemble agréables à lire. Avec *Codex, le Manuscrit Oublié*, Lev Grossman (Calman Lévy, juin 2007) renoue avec un courant alternatif du genre, celui de la biblio-fiction ; un genre, est-il utile de le rappeler, brillamment lancé par Arturo Perez-Reverte et son *Club Dumas*. Un jeune banquier d'affaires new-yorkais se voit confier, par une riche cliente, le soin de retrouver un manuscrit mystérieux, une œuvre mineure d'un certain Gervase de Langford intitulé *Voyage au pays des Cimériens*. Un conte philosophique, publié à Londres en 1366, et qui devrait permettre d'éclairer l'histoire familiale de la commanditaire. Un beau sujet, prétexte à dérouler un *thriller* haletant, à la fois dans les vieux papiers et dans les mondes virtuels. Car à la thématique de base se superpose une autre énigme, celle d'un jeu vidéo qui semble recouper de façon perturbante la recherche dans le monde réel.
Un ouvrage à dévorer !

Bibliothèque Privée d'Hitler

Livres maudits ? Mais il existe aussi des bibliothèques sulfureuses ! *Dans la Bibliothèque Privée d'Hitler* de Timothy W. Ryback (le Cherche-Midi, 2009) est un livre fascinant qui se lit comme un *thriller*. Et on comprend qu'il ait été élu « meilleur livre de l'année 2008 » par le *Washington Post* car l'exercice qui nous est proposé est un véritable tour de force. Il ne s'agit pas d'un commentaire de la dite bibliothèque, avec tout le fastidieux que comporte cet exercice, mais plutôt d'une biographie d'Hitler au travers de ses lectures. Il a été retrouvé une partie de la bibliothèque du Führer, dont l'essentiel (environ 2000 ouvrages sur une estimation de 6000) est conservée à la Bibliothèque du Congrès à Washington et à la Bibliothèque John Hay de la Brown University à Providence (mais oui, l'Université de Miskatonic !). Et on découvre un ensemble assez hétéroclite d'ouvrages rassemblés par un inculte qui voulait avec rage se faire passer pour un intellectuel. Mais un intellectuel très particulier. L'histoire de l'Allemagne, certes, le passionnait. L'histoire militaire, également, était une véritable source d'inspiration. Artiste qui ne voulait pas s'avouer de raté, il entassait aussi les ouvrages d'architecture, surtout germanique. Mais les théories raciales étaient son véritable miel. Dietrich Eckart sera son premier maître à penser, avec ses développements sur la grandeur de la race allemande, empreinte d'occultisme et d'un violent antisémitisme. Et la grande révélation, sous ce registre, sera *Le Mythe du XXe siècle* de Rosenberg.

« *Les livres retrouvés dans la bibliothèque d'Hitler traitant de spiritualité et d'occultisme se comptent par douzaines et sont peut être les témoins les plus bavards des préoccupations les plus profondes de leur propriétaire* ». Plusieurs de ces ouvrages le suivront partout, jusqu'au « bunker final ». Le Führer était toujours en interrogation sur Dieu et restait très marqué par ses origines catholiques. Quant aux sciences occultes, même si elles se confondaient souvent avec des préoccupations germaniques, elles étaient étudiées avec un grand éclectisme, mais aussi avec une grande curiosité pour tout ce qui touche à la mort et la vie au-delà.

L'ouvrage comprend également un fort intéressant chapitre sur la rédaction de *Mein Kampf,* qui, à l'origine, ne devait être qu'un simple pamphlet politique. Pris au jeu, Hitler se transforme progressivement en un « grand écrivain », multipliant les versions chaque fois un peu plus lourdes. Fort de cette « ivresse littéraire », il écrira du reste un second ouvrage (*La Cible 589*) sur ses souvenirs de guerre, livre qui ne sera jamais publié.

Mein Kampf, histoire d'un livre

Mein Kampf, histoire d'un livre de Antoine Vitkine (Flammarion, 2009) fait partie de ces ouvrages indispensables pour comprendre la destinée d'un livre qui figure au troisième rang des ventes mondiales cumulées, après *La Bible* et *Don Quichotte*. Le fond, c'est à dire l'aspect terrifiant des propos de Hitler, est bien sûr analysé, en suivant un fil conducteur majeur : toutes les horreurs commises par le Führer y étaient clairement annoncées. Mais au delà du fond, c'est l'aventure éditoriale de l'ouvrage qui est proprement fascinante. Diffusé à 12 millions d'exemplaires en Allemagne, de façon souvent forcée certes (ouvrage remis en cadeau aux jeunes mariés par exemple), il donnera lieu après guerre à un très étrange phénomène d'amnésie : « évidemment, nous le possédons, mais nous ne l'avons jamais lu ». On touche ici le problème de la responsabilité collective du peuple allemand, alors que, l'enquête de l'auteur est éloquente, c'était un livre des plus consultés dans les bibliothèques publiques. On n'emprunte pas un livre pour ne pas le lire !

Son destin international est aussi tout à fait étonnant. C'est Winston Churchill, redevenu simple député, qui en avait fait l'analyse la plus précise et avait cherché, en vain, à prévenir la communauté internationale. Les droits sont cédés par l'éditeur Verlag Franz Eher aux Etats-Unis, en Grande-Bretagne et en Italie (notamment) où il deviendra rapidement un ouvrage culte. Selon certains analystes, c'est du reste sous l'influence de *Mein Kampf* que Mussolini radicalisera sa politique pour lui donner une couleur antisémite. En France, en revanche, les droits pour la version complète ne seront pas cédés. Ne seront publiées que des versions édulcorées, supprimant les passages haineux contre la France. Une version « pirate » sera cependant proposée par Fernand Sorlot, qui donnera lieu à un procès de la part d'Hitler. L'ouvrage continuera pourtant à être diffusé jusqu'à aujourd'hui par les Nouvelles Editions Latines, avec quelques pages de couleur verte sous forme d'avertissement.

Les droits de l'ouvrage sont aujourd'hui détenus par le Land de Bavière, héritier juridique de Hitler. L'ouvrage est interdit en

Allemagne, sauf pour ce qui est des versions publiées avant 1945. Cela dit, il est diffusé dans le monde entier, devenant, si l'on excepte le cas des milieux néo-nazis, un ouvrage culte dans les pays du Moyen-Orient (Egypte notamment) qui retrouvent dans ses pages les sirènes du nationalisme exacerbé et de l'anti-sémitisme. Le cas de la Turquie est à cet égard particulièrement éloquent.

Les droits de l'ouvrage tomberont dans le domaine public en 2015. D'ores et déjà, un éditeur allemand et un autre français préparent une version intégrale avec un appareil scientifique de commentaires et d'analyses.

Les Cathédrales du Vide

Avec *Les Cathédrales du Vide* (J'Ai Lu 2009), Henri Lovenbrück nous propose un nouveau thriller ésotérique mettant en scène l'attachant barbouze du nom de Ari Mackenzie. Cette fois, ce sont les carnets secrets de Villard de Honnecourt qui sont à l'honneur, et notamment leur septième page. L'architecte de Cambrai aurait laissé un certain nombre de documents localisant les entrées au centre de la terre et découvert un mystérieux cristal noir. Sous couvert d'une ONG écologique, une étrange société discrète, style « Maîtres du Monde », la Summa Perfectionis, regroupe les plus grands savants du monde pour exploiter cette pierre fabuleuse dont les propriétés pourraient bouleverscr complètement le marché de l'énergie et rapporter beaucoup d'argent. Mais les dits savants sont en fait prisonniers d'un Docteur dément, et la fuite de l'un d'entre eux va permettre de découvrir le pot au rose et lancer les services secrets européens dans une vaste opération de démantèlement.

Comme d'habitude chez cet auteur, l'enquête est remarquablement documentée et l'Art Royal passé au crible, avec en bonus une passionnante contre-enquête sur le véritable secret de Nicolas Flamel. Un ouvrage de qualité qui préfigure déjà la performance que réalisera l'auteur avec *Le Mystère Fulcanelli*.

Picatrix

Après *Secrets et initiation magique de Picatrix* publié en 1997 par les éditions Trajectoires et *Picatrix, un traité de magie médiévale* publié en 2003 chez Brepols dans la collection « Miroirs du Moyen Age », les Editions Honoré Champion publient début novembre 2011 dans la série « Sciences, techniques et civilisations du Moyen Age à l'aube des Lumières » *Images et Magie, Picatrix entre Orient et Occident* (3 rue Corneille, 75006 Paris). Il est également question du *Picatrix* dans *Les langues occultes de la Renaissance* aux Editions Desjonquères, collection « La mesure des choses ».

Noces de Sang à Bucarest

Avec *Noces de Sang à Bucarest* (EODS, 2011), Rémi Boyer nous propose sa première incursion dans le domaine du roman populaire. Un roman fortement imprégné par une culture de « confluences », brassant à la fois l'ésotérisme et les arts surréalistes. Et le résultat est étonnant : Quels lourds secrets renferment les sulfureuses *Chroniques Draconiques*, ouvrage dont la détention coûtera la vie à plusieurs moines roumains ? L'Ordre du Dragon, dans lequel s'étaient illustrés plusieurs membres de la famille des Vlad Tepes, a t-il survécu jusqu'à nos jours ? Quel est son lien avec la très respectable Société d'Etudes Dracula ? Quel rôle joue dans cette affaire La Confrérie des Sœurs de Maria-Magdalena, réputée par la violence de ses participantes, violence teintée d'un érotisme sauvage ? Et quels mystères se cachent à Bucarest dans les souterrains du Palais de la Démesure de feu Ceausescu ?

Max et Roman, les deux agents très spéciaux de ce *thriller*, nous apprendrons que le Mythe du Vampire flirte désormais avec une bien inquiétante éternité et que ses nombreuses facettes sont loin d'avoir été toutes explorées.

Le Mystère Fulcanelli

La bibliofiction continue de remplir nos étagères, et c'est au tour de Henry Lœvenbruck de tester le genre, à grand renfort de publicité médiatique, avec *Le Mystère Fulcanelli* (Flammarion 2013). Un thriller fort agréable, produit d'une investigation manifestement très poussée sur la vie et l'œuvre de ce grand alchimiste fantôme. Très poussée, car l'auteur, au fil de l'enquête, nous donne toute une série de « fiches techniques » sur les « fulcanellisables » qui font également de ce roman une véritable étude sur le sujet, à la façon d'un « Fulcanelli pour les nuls ». Le but est ici de chercher à percer l'identité de l'Adepte dont il est loisible de penser qu'il n'a jamais existé, si ce n'est sous la forme d'un canular érudit signé Canseliet, Champagne et Dujols. Mais lorsque l'on retrouve la trace, dans la bibliothèque d'un passionné mystérieusement assassiné, d'un carnet signé du Maître, l'affaire prend rapidement une toute autre dimension. L'étude de ce carnet pourrait en effet mettre sur la piste d'un troisième ouvrage du Philosophe, le fameux *Finis gloriae mundi*, jamais publié. Meurtres en série (l'univers des bibliophiles fous est impitoyable !), amours glauques et enquêteurs haut en couleur sont bien sûr au rendez-vous du genre. Mais il faut admettre que l'auteur, pour une fois, ne nous plaque pas au sol du rationalisme et laisse une belle porte ouverte : celle de la véritable identité du Souffleur ! Bravo l'artiste, car ici « on rêve » !

Le Marchand de Livres Maudits

Avec un pareil titre, *Le Marchand de Livres Maudits* (Marcello Simoni, Michel Lafon, 2013), je m'attendais à une dégustation de choix. D'autant plus que le bandeau indique : « Numéro 1 en Italie ; grand prix des libraires ». Et c'est vrai que nous sommes en présence d'une nouvelle « bibliofiction », genre décidément très à la mode. Le héros en est cette fois *L'Uter Ventorum*, L'Outre des Vents, un mystérieux manuscrit donnant la méthode pour accéder au savoir angélique et donc à la connaissance ultime. Nous sommes dans une Europe Méridionale où les derniers cathares n'en finissent plus d'agonir, en compagnie d'un marchand

de reliques chargé de récupérer pour le compte d'une haute autorité religieuse le fameux ouvrage. Mais ce dernier a été découpé en quatre parties, cachées sur quatre places différentes, et qu'il faudra identifier en décryptant des parchemins codés. Il s'en dégage une forte impression de déjà lu, et nous suivons notre dealer sans surprise dans une action linéaire et très téléphonée. Evidemment, pour pimenter l'aventure, il faudra combattre les « méchants » qui veulent s'emparer du trésor, méchants incarnés par une redoutable société secrète, la Sainte Vehme…
Bof !

Le piège de Lovecraft

Arnaud Delalande n'est pas un inconnu et j'avais déjà apprécié *L'Eglise de Satan* (Grasset, 2002), un *thriller* historique bien ficelé et pimenté par les lourds mystères du Razès. Avec *Le piège de Lovecraft* (Grasset, 2014), il aborde un tout autre registre, celui du Rêveur de Providence et de ses livres maudits. Le héros, David Millow, un étudiant de l'Université de Laval au Québec, consacre sa recherche doctorante aux manuscrits sulfureux, suite à la rencontre d'un condisciple appartenant à un cercle très fermé de rôlistes, Le Cercle Cthulhu. Un condisciple qui va commettre une affreuse tuerie après avoir semble-t-il fréquenté de trop près les pages du *Necronomicon*. Et l'enquête qui va être menée est passionnante, car le Necronomicon n'existe évidemment pas, n'étant rien d'autre qu'une création littéraire de Lovecraft, à l'instar du *Livre de Sable* de Borgès ou du *Roi en Jaune* de Chambers. La piste suivie passera par d'autres tueurs fous, un psychiatre qui basculera dans l'horreur et Stephen King himself qui sera pour le moins agacé par les questions du jeune chercheur. Car celui-ci est sur la piste, non pas du *Necronomicon*, mais du *Livre des Livres*, celui qui est à la source de l'inspiration des grands maîtres de l'horreur et le « master » de tous les livres maudits. La chute est grandiose. Elle m'a fait penser à la fin de *2001, Odyséee de l'Espace*. On bascule totalement pour se retrouver à l'asile psychiatrique d'Arkham, en train d'envoyer des mails désespérés à Michel Houellebeck sollicitant – en vain – son assistance !

CHRONIQUES DU CROCODILE ET AUTRES NOTES DE LECTURE

Jean-Marc Vivenza,
L'Eglise et le sacerdoce selon Louis-Claude de Saint-Martin,
Editions La Pierre Philosophale.

C'est un travail considérable que nous propose Jean-Marc Vivenza, peut-être le meilleur, tout au moins le plus nécessaire, du côté des traditions occidentales et de cet illuminisme qu'il défend depuis des années, parfois même avec véhémence.

Il y a deux livres en un, qui se distinguent d'ailleurs physiquement, l'un se trouvant en dessous de l'autre, page après page, dans un appareil de notes impressionnant.

Le premier livre éclaire la conception et l'expérience du sacerdoce chez Louis-Claude de Saint-Martin d'après les écrits du Philosophe Inconnu. Le second livre consiste en un commentaire érudit et personnel de l'auteur sur ce sacerdoce interne, finalité de la queste chrétienne. Les deux ouvrages sont dignes d'intérêt. Leur juxtaposition donne à penser. Nous connaissons tous, le lieu intellectuel et spirituel, souvent origèniste mais pas seulement, d'où écrit Jean-Marc Vivenza, à travers l'ensemble de ses livres et à travers les très nombreux blogs qu'il anime sur la toile. Si nous ne le suivons pas toujours, notamment sur ses condamnations excessives et passionnées de la théurgie, simple temps, ni obligatoire, ni nécessaire mais parfois utile comme toute forme, dans un procès initiatique qui conduit au dépouillement et au sans forme, nous reconnaissons l'apport qu'il réalise au courant illuministe qui, disons-le, se porte plutôt bien de nos jours, dans ses constances et dans ses éclats.

Nous le savons, Louis-Claude de Saint-Martin est un être d'exception par ses écrits certes, plus encore par sa vie. Il a vécu en théosophe. Jean-Marc Vivenza nous rappelle la place essentielle qui est la sienne au sein du courant illuministe :

« Le Philosophe Inconnu fut pénétré, apparemment avec une réelle constance, d'une vision singulièrement originale, vision certes nourrie par ses propres analyses qu'il eut largement le temps de méditer depuis sa première initiation à Bordeaux, et d'exposer en différentes occasions, mais également, significativement inspirée par une volonté de retour à un christianisme purifié et authentique. Et, à cet égard, Saint-Martin, à la suite de Pasqually (+ 1774), Nicolas Antoine Kirchberger, Karl von Eckhartshausen (1752-1803), Jean-Baptiste Willermoz (1730-1824) et bien d'autres encore, est le pur héritier, à divers titres de ce courant invisible présent depuis des siècles au sein du christianisme, et ce dans l'acception de sa vocation johannique, silencieuse, discrète et réservée, qui, de par sa secrète et intérieure présence, est en sympathie avec les multiples tendances prônant une relation directe avec les régions célestes, un cœur à cœur immédiat et intraduisible entre l'homme et Dieu, cœur à cœur que l'on peut définir, sans forcer les règles de la rigueur terminologique, comme étant de nature « ésotérique », c'est-à-dire voilé et inconnu du plus grand nombre... »

Il existe chez Saint-Martin une voie directe qui passe par l'affranchissement des dogmes, des enseignements, des organisations, des formes et des considérations de toute nature, une Sagesse :

« Cette « Sagesse », précise Jean-Marc Vivenza, que le Philosophe Inconnu avait nommée « Sainte Sophie », celle qui fait de chacun d'entre nous des « amis de Dieu », se dévoile dans l'interne, dans le cœur de l'homme, là où elle enfante en ce centre mystique, et il l'est de par sa relation au mystère, le Verbe. On comprend donc l'importance de se recentrer sur cette « région » essentielle, d'où prend sa source et son développement, la voie d'union avec le Ciel, car c'est là, en ces domaines éclairés seulement par la lumière incréée, que l'âme réalise son union avec le divin, et célèbre, loin des formes et des cérémonies externes, le culte de l'Eternelle Alliance. »

Jean-Marc Vivenza met en évidence les principes qui véhiculent cette Sophia. Si « Le sacerdoce réel est en relation avec le Culte invisible » pour Saint-Martin, cela s'accompagne d'une

« constante critique du sacerdoce visible ». Il y a chez Saint-Martin « une théologie de la grâce » qui prend tout son sens quand l'homme se trouve, consciemment, face à « deux abîmes : d'un côté l'abîme de la miséricorde, de l'autre l'abîme du péché ». En effet, « la grâce divine opère l'œuvre de régénération de l'âme. (…) L'homme doit naître, ou plus exactement renaître en grâce, il doit être transformé, et surtout, et en premier lieu, se laisser renouveler et purifier par la grâce… ». Il existe pour Saint-Martin, une doctrine intérieure vivante, à laquelle les ministres de l'Eglise n'ont plus accès, qui ne peut être énoncée, puisqu'elle relève exclusivement de l'interne et de l'intime, mais dont on peut témoigner. Là réside le christianisme originel. Cette « doctrine occulte » est notamment inscrite, en creux, dans certains passages obscurs de l'Ecriture. Ceux qui peuvent, savent, accéder à cette dimension interne constituent l'Eglise intérieure, informelle, et participent au véritable sacerdoce. Sévère envers l'Eglise visible, Saint-Martin n'aura de cesse d'appeler au « Ministère de l'homme-esprit », un ministère libre, réponse à « une magnifique invitation faite à l'homme, de vivre dans l'intime communion de Dieu et du ciel ».

Après avoir mis en évidence « les cinq dégradations successives de l'Eglise », Jean-Marc Vivenza caractérise, autant que faire se peut, « l'Eglise intérieure ou la communauté de la lumière ». Elle est « fondée », ce qui peut surprendre, par la Parole, qui résonne dans le cœur de l'homme, selon une « opération de l'Esprit ». « *L'Eglise intérieure forme la communauté des âmes régénérées en Christ, la « communauté de la lumière », selon l'expression que Karl von Eckhartshausen (1752-1803) emploie dans* La Nuée sur le sanctuaire *(...) c'est cette Eglise qui avait été annoncée par le Christ, c'est cette assemblée qui s'était cachée et préservée en son cœur évidemment, dans laquelle se trouvent conservées la vraie religion, la pratique du culte et les connaissances mystérieuses réservées aux élus de l'Eternel.* »

Remarquons ici la parenté de pensée entre Saint-Martin et Swedenborg, le savant et voyant suédois, dont la Nouvelle Eglise (qui n'était pas destinée dans sa pensée à devenir une organisation) évoque bien l'Eglise intérieure.

Nous avons, dit Jean-Marc Vivenza, à enfanter cette Eglise intérieure, « Eglise selon l'Esprit », dans la continuité du sacerdoce primitif, par un pur abandon. Il s'agit de laisser libre la place et nous retrouvons ici certains présupposés des voies du Corps de Gloire. Nous sommes bien aux fondements de la Tradition quand l'auteur insiste sur « cette possible régénération accomplie dès maintenant, non dans un état qui doit succéder à la mort, mais à chaque heure de notre vie présente ». L'eucharistie est donc intérieure, tout comme le baptême, « *baptême de régénération reçu intérieurement, uniquement par le biais du compagnon fidèle, de l'ami angélique, qui nous accompagne dans notre chemin en ce monde* ».

Cet imposant travail (plus de 500 pages) est une opportunité pour tous ceux qui cherchent cette voie directe saint-martinienne, caractéristique du christianisme primitif, de l'approcher comme « un sacerdoce spirituel selon l'esprit du christianisme ».

Editions La Pierre Philosophale,
C3 Les Acacias, 17 avenue Eisenhower, 83400 Hyères, France.
www.lapierrephilosophale.com

La lettre du Crocodile

Calendrier naturel magique & perpétuel, contenant la Contemplation des Choses les plus Profondes et les plus Secrètes avec la Connaissance complète de la Philosophie, compilé par Johann Baptist Großschedl von Aicha, et attribué à Johann Trithemius,
traduit et commenté par Fred MacParthy,
Sesheta Editions.

Cet ouvrage est fondateur dans le domaine de l'hermétisme. Il s'agit de la première table de correspondances connue. Elle est attribuée à Johann Baptist Großschedl von Aicha (1577-1630), hermétiste et alchimiste reconnu à son époque, auteur de plusieurs œuvres d'alchimie publiées en 1629 à Francfort. La source

n° 6

principale des données rassemblées dans ce calendrier est La Philosophie occulte d'Henri Corneille Agrippa (1486-1535), adversaire de François Rabelais.

Les tables furent attribuées à Tycho Brahé comme « inventeur » ou à Trithème qui aurait été l'auteur d'un calendrier dès 1503. La paternité de Trithème est davantage plausible que celle de Tycho Brahé, peu tourné vers la kabbale et la magie, semble-t-il. Par contre, Fred MacParthy relève que « le *Calendrier* reprend bien la structure pythagoricienne et kabbalistique développée par Trithème, mais aussi un grand nombre de correspondances venant de La Philosophie occulte de Henri Corneille Agrippa. ». Ces deux personnages ne se rencontrèrent qu'une seule fois mais entretinrent une correspondance. Rien ne permet de conclure sur l'auteur du *Calendrier* qui est peut-être une synthèse réalisée par un disciple.

Plusieurs versions du *Calendrier* circulèrent. La plus connue est celle de Johann Theodor de Brt issu d'une longue lignée de graveurs et éditeurs. En 1582, une très belle version en couleur fut réalisée. Elle est conservée à la Bibliothèque de Dresde. Au XVIIIe siècle, Duchanteau, membre du rite des Philalèthes, connu pour son alchimie interne, à la mise en œuvre malheureuse, basée sur l'usage de l'urine, en proposa une version modernisée. Plus récemment, les Editions Arché en firent une réédition en 1976.

L'ouvrage est très intéressant pour qui veut œuvrer selon la science des correspondances ou approfondir la sagesse des nombres. L'ouvrage assigne en effet des correspondances archétypales à l'unité, au binaire, au ternaire, au quaternaire, au quinaire, au sénaire, au septénaire, à l'octonaire, au novénaire et au dénaire notamment, base de la compréhension du jeu de miroirs entre les mondes depuis le macrocosme jusqu'au microcosme, depuis le divin, jusqu'à la matière.

Outre son intérêt historique, il reste donc une source de méditation et d'opération indispensable.

Sesheta Publications, 2 bis rue Damiette, 76000 Rouen.
www.sesheta-publications.com

La lettre du Crocodile

Jacqueline Kelen,
Une robe de la couleur du temps. Le sens spirituel des contes de fées,
Editions Albin Michel.

Jacqueline Kelen détisse et tisse les contes traditionnels pour mieux souligner leur profondeur mystérique et leur fonction initiatique. Elle explore les contes comme autant de mondes à la fois nouveaux et familiers qui attendent de livrer leurs trésors de sagesse. *Du Vilain Petit Canard* à *Peau d'Âne,* passant par *Le Roi-Grenouille* ou *Le Petit Chaperon Rouge,* chaque conte, connu ou moins connu enseigne et éveille. Ces guirlandes de métaphores emboîtées délivrent ici une éthique, là une sagesse, ailleurs une clé alchimique, éclairant le chemin du lecteur là où il se trouve.

Réenchanter le monde, déployer l'esprit, laisser libre la place pour l'être, les finalités de ces contes initiatiques s'entremêlent pour donner naissance à ce nouvel homme que chacun peut pressentir quand il ne dort pas debout.

« *Il y a dans toute histoire humaine, nous dit Jacqueline Kelen, un chant profond et secret qui demande à éclore, un chant unique que recèle chaque existence et qui souvent reste enfoui, se trouve empêché.* »

Les contes traditionnels ont pour mission d'empêcher ce qui nous empêche, de nous libérer de ce qui nous rétrécit.

« Aux petits humains, dit-elle, les contes traditionnels rappellent deux choses principales : qu'ils ont à apprendre et à grandir. Apprendre, c'est quitter l'indolence et la suffisance, écouter, faire silence, être curieux et attentif ; c'est laisser les fausses certitudes, faire des expériences, se tromper, acquérir le discernement ; c'est persévérer avec ferveur, s'ouvrir à la connaissance qui emplit le cœur. Pour grandir, il faut d'abord prendre la mesure véritable de l'être humain et envisager ses possibilités inouïes, désirer hautement et ne jamais renoncer. Grandir, c'est se libérer des normes et des conditionnements qui font obstacle à l'essor de l'âme, c'est viser le Ciel, rien de moins. »

Les contes traditionnels ont une puissance poétique, ils ouvrent des portes insoupçonnées sur des mondes nouveaux ou des mondes anciens et oubliés. Jacqueline Kelen introduit le lecteur a une symbolique des contes tout en mettant en garde contre une systématisation du symbole. Les symboles sont vivants et ne sauraient être enfermés dans des significations arrêtées. Ils opèrent davantage qu'ils ne disent et se font souvent miroir de notre conscience. Il faut alors traverser le miroir pour accéder à l'invisible et au grand réel.

Le livre lui-même est un parcours initiatique. Jacqueline Kelen a organisé les contes présentés, choisis avec soin, comme une progression sur la voie spirituelle, de l'exil jusqu'au cercle d'or. « *Les contes de fées, conclut-elle, ne cessent de parler de l'au-delà et de l'outre-temps, de nous y préparer aussi. « Il était une fois », cette formule initiale ne renvoie pas à un passé révolu, mais désigne un temps pour toujours, merveilleusement vivant, dont l'âme garde mémoire en dépit de tout, à la façon dont Peau d'Âne garde dans son exil le coffret qui recèle les trois robes fabuleuses.* »

n° 6

La « parole scintillante » des contes traditionnels transmet une sagesse atemporelle venue d'un âge d'or qui n'est pas derrière nous mais devant nous. Il est le prochain, celui qui approche.

« « Il était une fois… » La magie commence. Les yeux s'emplissent d'étoiles, les oreilles s'ouvrent, et le cœur aussi.
Et le cœur aussi. »

Editions Albin Michel, 22 rue Huyghens, 75014 Paris, France.
http://www.albin-michel.fr/

Rémy Boyer

Jean Artero,
Julien Champagne, apôtre de la Science Hermétique,
Editions Le Mercure Dauphinois.

Julien Champagne (1877-1932), dit « Hubert », est surtout connu comme illustrateur des ouvrages célèbres de Fulcanelli dont l'identité mystérieuse demeure un sujet de prédilection dans les milieux ésotériques au détriment de l'étude et la pratique de l'œuvre. Les précieux dessins originaux réalisés par Julien Champagne pour *Le Mystère des Cathédrales* et *les Demeures philosophales* furent progressivement remplacées au fil des éditions par des photographies. Avec ses dessins, Julien Champagne s'effaça également.

Jean Artero veut réparer l'injustice qui découle de cet oubli, rendre à l'artiste, à l'homme et à l'hermétiste, la place qui lui revient.

Il semble que Julien Champagne soit entré tôt dans la carrière, dès seize ans probablement, avant son entrée aux Beaux-Arts, sans doute par la fréquentation de Gaboriau (1861-1911) qui le présenta à Pierre Dujols (1862-1926). Mais pour Jean Artero l'initiateur réel de Julien Champagne serait Cyliani. Julien Champagne fréquenta le microcosme de l'hermétisme mais croisa aussi la route de nombreux artistes et auteurs comme Raymond Roussel.

n° 6

C'est en 1905, d'après Eugène Canseliet, que Julien Champagne fit la connaissance de Fulcanelli. En 1907, il est engagé par la famille Lesseps comme « professeur de dessin ». En 1908, il rédige un essai d'alchimie intitulé La Vie Minérale. En 1910, il se retrouve au service de Fulcanelli et dessine les premières illustrations pour le Mystère des cathédrales.

Le travail passionné de Jean Artero fourmille d'informations et de références sur la période si riche de la scène hermétiste dans laquelle vécut Julien Champagne. Il insiste sur la cocréation que constituent les textes fulcanelliens et les dessins de Julien Champagne qui ne font pas qu'illustrer mais portent également l'enseignement.

Les annexes de l'ouvrage comportent plusieurs richesses comme un « Appendice à La Vie Minérale, étude de Philosophie Hermétique et d'Esotérisme Alchimique de Julien Champagne, 1908 » ou les « Notes de Julien Champagne sur les Dissertations Chymiques de Johann Heinrich Pott (Jean-Thomas Hérissant, 1759), et d'autres notes sur *Contribution à l'étude de l'Alchimie* d'Abel Haatan ou *La Clef de la magie noire* de Stanislas de Guaïta. Ces notes permettent de mieux cerner la pensée et les méthodes de travail de Julien Champagne. Certains lecteurs sauront y repérer de précieuses indications opératives.

Ce portrait très réussi de Julien Champagne restaure la figure de l'hermétiste comme de l'artiste et rend compte, de manière particulièrement vivante, d'un milieu hermétiste foisonnant et complexe.

Editions Le Mercure Dauphinois,
4 rue de Paris, 38000 Grenoble, France.
www.lemercuredauphinois.fr

Rémi Boyer

Véronique Campion-Vincent et Jean-Bruno Renard,
100% rumeurs : codes cachés, objets piégés, aliments contaminés… la vérité sur 50 légendes urbaines extravagantes,
Payot, Paris, 2014.

C'est un livre qu'on ne lit pas comme un polard, sans respirer de la première à la dernière ligne. Chaque chapitre se déguste comme un bonbon rare, chaque histoire pêchée sur Internet a son poids de drôlerie, d'irrationnel, d'inattendu même car toutes les rumeurs ne parviennent pas sur les mêmes sites. Certaines se sont retrouvées un jour ou l'autre sur votre boîte mail pour vous avertir que de méchantes gens vous guettent sur les parkings des supermarchés pour vous faire respirer de l'éther, ou que la mère Michel avait perdu son chat ; d'autres alimentent des sites militants souvent présentés comme sérieux mais qui ont une fâcheuse tendance à se recopier mutuellement sans remonter aux sources. Le discours, d'ailleurs fort beau, du chef Seattle en est un exemple frappant : comme tous les mots historiques, il est faux ou, plus exactement, fortement retravaillé et bourré d'anachronisme pour les besoins de la cause écologiste. D'autres ressemblent à ce qu'on appelait un exemplum à la fin du moyen-âge, une histoire qui ne vaut que par sa morale explicite ou, le plus souvent, implicite.

Pour chaque histoire, les auteurs sont remontés à l'origine : incident réel mais déformé, amplifié, dramatisé ; pur exemplum créé par des clercs de notre temps afin de garder le peuple dans le droit chemin ; exercice d'étudiants ; pure légende enfin, née souvent dans la presse papier du XXe ou même du XXIe siècles, à laquelle Internet offre une expansion dont ses auteurs n'auraient pas rêvé. A cela s'ajoute toute une fantasmatique qui croît autour de la santé, des impôts, des directives européennes…

Outre le plaisir de découvrir l'histoire des histoires qui circulent sur la grande toile, ce livre nourrit la réflexion. Il nous présente toute une vision du monde très éloignée de celle de nos intellectuels médiatiques, mais le succès de ces historiettes montre que la culture populaire reste attachée à d'autres valeurs et d'autres représentations que celles des « élites ». A méditer, ne serait-ce que pour comprendre, au delà des petites rumeurs et légendes urbaines, les grandes élaborations mythiques de notre temps.

Geneviève Béduneau

Charles Novak,
Jacob Frank le faux messie : Déviance de la kabbale ou théorie du complot,
L'Harmattan, Paris, 2012.

Voici un ouvrage toujours disponible chez L'Harmattan qui s'inscrit dans la droite ligne de notre revue puisque Jacob Frank et surtout ses disciples sont à l'origine de la pénétration de la kabbale dans les préoccupations de l'ésotérisme occidental. Charles Novak s'est intéressé à plusieurs aspects du frankisme, notant d'abord qu'il apparaît dans les mêmes lieux et quasiment aux mêmes dates que le hassidisme, deux réponses aux difficultés de l'époque pour les milieux juifs ashkénazes, deux réponses opposées mais qui toutes deux prenaient appui sur la kabbale. Il remarque aussi que peu d'études concernent les convertis, surtout lorsqu'il s'agit de conversions de groupe. Or « *le frankisme pose la question du converti (...) en tant que situation collective et volontaire dans un but mystique, c'est à dire avec une cohésion de groupe, transgressant les frontières et s'exerçant dans le secret* » (p.13). A partir de ce cadre de réflexion, il va d'abord s'attacher à décrire Jacob Frank et ses divers cercles de disciples, des plus proches aux plus éloignés. Il en retrace la généalogie, souligne les divers changements de nom qui souvent brouillent les pistes, les apparentements plus ou moins secrets et qui doivent le rester ou du moins se noyer dans la brume des identités de substitution. On retrouve ainsi des frankistes et, par le biais de mariages internes au groupe, leur descendance dans les milieux les plus inattendus, on les voit s'introduire dans les loges maçonniques où les juifs talmudiques n'avaient pas droit d'accès et influencer leur pensée et leurs rituels. Si, un siècle plus tard, un Eliphas Levi ou un Papus s'intéressent tant à la kabbale, c'est indirectement à Jacob Frank qu'ils le doivent. Le mouvement frankiste serait même le créateur de l'une des branches les plus énigmatiques de l'arbre maçonnique, les Frères de Saint Jean l'Evangéliste d'Asie et d'Europe, plus connus sous le nom abrégé de Frères Initiés de l'Asie. Charles Novak suit pas à pas les avatars de ce mouvement et ses liens mal connus avec les Illuminés de Bavière.

Il souligne l'opposition du frankisme au judaïsme talmudique, en donne les raisons dogmatiques : si les temps messianiques sont venus au travers de Sabbataï Tvi puis de Jacob Frank, alors le Talmud est aboli et, avec lui, les frontières rituelles qui isolent les juifs des goyim. Il s'agit alors d'une inversion, d'obtenir la rédemption universelle par le Mal, peut-être la magie sexuelle, en tout cas la transgression systématique de la loi et des préceptes talmudiques. Les accusations d'orgie formulées contre les frankistes tant par les juifs talmudiques que par les autorités catholiques romaines évoquent un rituel, si elles ne relèvent pas de la légende.

Une troisième partie ne peut que passionner ceux qui, comme moi, s'intéressent au mythe du Grand Monarque, à la thématique du Roi caché. Charles Novak y démontre par le menu que le célèbre Naundorff, prétendument Louis XVII évadé du Temple, serait en fait Franz Frey, le fils de Junius Frey guillotiné avec Chabot et Danton ; mais Junius Frey est un proche cousin de Jacob Frank, un des piliers du frankisme et son fils, semble-t-il, fut éduqué dans les principes du mouvement. S'il usurpe l'identité du jeune roi et se couvre du manteau du prétendant, c'est d'abord pour sauver sa tête lorsqu'il est arrêté en Prusse comme faux-monnayeur. Notons que Novak n'est pas le premier à soulever ce lièvre et qu'on le trouve dans des journaux d'époque, mais l'hypothèse de Naundorff juif polonais avait été oubliée depuis un siècle, tant par les milieux universitaires que par les occultistes médiatiques.

Bref, un livre à lire et relire, ne serait-ce que pour cette trouvaille et quelques autres pépites comme les liens des Romanov avec le frankisme, d'autant que ce dernier perdure peut-être. Le 8 septembre dernier, on apprenait par le site Sudinfo.be qu'à Jérusalem, la police venait de démanteler un réseau de proxénétisme assez spécial : « *Les policiers ont récemment arrêté huit hommes et femmes au discours 'messianique', ils s'en prenaient à des femmes vulnérables qu'ils abrutissaient de drogues et d'alcool et auxquelles ils assuraient qu'en donnant leur corps à des non-juifs, elles 'sauveraient le peuple juif et amèneraient la rédemption'.* » Imitation ou survivance, le discours relève en tout cas du frankisme le plus évident.

Geneviève Béduneau

Louis de Maistre,
Les lieux de pouvoir entre mythe et histoire,
Archè, Milano, 2014

Cet ouvrage dense, extrêmement documenté, se présente comme une enquête à partir des allusions de René Guénon sur les sept tours du diable, points d'ancrage de la contre-initiation qui, selon lui, prennent place sur une courbe entourant l'Europe du Niger jusqu'à la Sibérie. Louis de Maistre en retrouve la source dans le livre de William Seabrook, Adventures in Arabia, que commentait Guénon, note la contradiction entre les localisations proposées par l'un comme par l'autre, une chaîne estouest traversant l'Eurasie pour Seabrook, un arc nord-sud pour Guénon. A partir des indications données dans la correspondance du célèbre ésotériste, en particulier dans ses lettres à Vasile Lovinescu, l'une des figures majeures de l'ésotérisme roumain, Louis de Maistre entreprend de commenter la localisation de ces sept centres de dissolution des civilisations traditionnelles. Il va les relier à divers personnages actifs dans les années 30, depuis le marchand d'armes Basil Zaharoff jusqu'au Panchen Lama, à des groupes ou sociétés secrètes qu'il considère comme hérétiques par rapport aux diverses orthodoxies traditionnelles, comme les Yezidis et les Nusayri face à l'islam sunnite, le frankisme face au judaïsme talmudiste, le tantrisme kalachakra face au yoga patanjalien, sans oublier les recherches de la Russie soviétique en parapsychologie à partir de branches déviantes du chamanisme. Plus intéressant encore, il montre les liens déjà soulignés par Guénon entre ces centres qu'il préfère appeler « lieux de pouvoir » que « tours du diable » et le pétrole, ainsi que les relations souterraines qu'ils entretiennent avec la géopolitique la plus classique, celle de McKinder ou de Haushofer.

Louis de Maistre se montre à la fois très attentif aux affirmations de Guénon et critique quant à ses sources et à ses formulations ; il évite l'hagiographie systématique que cultivent les milieux guénoniens sans tomber dans le rejet tout aussi systématique par ses adversaires. On se demande toutefois, devant certains de ses jugements de valeur, d'où il parle et à partir de quelle doctrine. Cela ne diminue que très peu l'intérêt du livre qui tient d'abord à son érudition tant en géopolitique qu'en matière de sociétés initiatiques ou d'histoire des religions mais ajoute une énigme à celles dont il traite.

Geneviève Béduneau

Guy-René Doumayrou,
Evocations de l'esprit des lieux. Les jalons d'un espace-temps poétique autour du Languedoc
Editions Arma Artis.

Ce livre est d'importance.

Alors que l'humanité industrieuse et financière se destine à perdre tout lien avec la nature et que nous savons déjà stériles les fausses résolutions du prochain sommet de Paris sur l'environnement qui se tiendra fin 2015, la phrase prophétique d'Alfred de Musset n'a jamais semblé tant chargée de menaces : Alors s'assit sur un monde en ruine une jeunesse soucieuse. ».

Guy-René Doumayrou (1925 - 2011) transmet dans ce livre un enseignement ancien que certains vont rechercher aujourd'hui en Chine alors qu'il est inscrit dans nos mémoires, par les mythes, les folklores, les contes et légendes, les chansons populaires. Avec une grande profondeur, un sens remarquable de la poésie opérative, qui fait dire aux mots, ce qu'ils ne savent pas dire d'eux-mêmes, Guy-René Doumayrou restitue les connaissances qui permettent à l'être humain d'unir le ciel et la terre.

Ce livre, s'il traite de l'esprit des lieux languedociens, délivre des savoirs universels, sur la biosphère, la sphère céleste, ce qu'elle cache, ce qu'elle révèle, sur la terre, sur le vivant, sur l'architecture du temps, sur ces puissances draconiques, des alliées naturelles que nous humilions jour après jour, sur une dynamique des lieux à redécouvrir.

« Le premier temple connu, chacun sait que c'est l'homme lui-même. Debout, il porte la coupole de sa tête vers les étoiles où se heurtent les éternités et circulent les luminaires dévideurs de la durée. Mais il lui vînt très tôt, bien avant d'avoir pensé à fixer son errance, le besoin de repérer ces lieux où une intensité d'échange entre les deux pôles du haut et du bas semblent s'activer. (...)

La sagesse commandait donc à l'errant de ne point se fixer sans, avant toute chose, enraciner dans la terre élue le mât conducteur des puissances célestes. »

Aujourd'hui, seul le Compagnonnage préserve encore, et non de manière uniforme, cette science du support axial. Guy-René Doumayrou confie nombre d'indices au chercheur, sur le chemin du dragon et la mort des derniers dragons, sur la montagne de feu, le serpent d'or, les chevaux du soleil, le château étoilé, l'arche… Il restaure le sens des noms et le sens d'une géographie sacrée. Le symbole ne s'adresse pas ici à l'intellect, il ne nourrit pas le concept qui éloigne du réel mais assume pleinement sa fonction. Le symbole réunit, le corps et l'esprit, la matière vivante et l'Esprit.

Par cette restauration de l'alliance avec les esprits des lieux, Guy-René Doumayrou nous conduit sur les chemins du Languedoc dont nous savons la richesse et les mystères. Il appelle à une véritable restauration :

« Que nous oppose-t-on, à soutenir que ces préoccupations d'un monde rêvé ne sont plus de notre temps ? Rien, sinon l'aveu que notre temps n'est plus du monde. Temps comprimé, jeté comme un défi à la face des choses, c'est un temps perdu, un temps fêlé qui s'émiette au hasard des bourrasques de la contingence, qui court aveuglément sur les lignes de plus grande pente et s'accumule sur le Sable de l'existence statistique. Un temps vivable serait un temps féminin, ou lunaire, rythmé, « réglé ». Dans le jeu des étoiles, le rayonnement linéaire, foudroyant, du soleil élémentaire, est capté condensé, substantifié et rétabli sur la voie royale de l'exaltation. C'est le temps de la fête, qui déchire des trous de bonheur dans la durée continue de l'activité fonctionnelle. Le temps qualifié, variable et périodique, seul facteur en mesure de briser l'inertie balistique du progrès courant désormais à la destruction du monde. (…)

L'ordre social qui n'a pu tolérer les joyeuses tribulations des anciennes dionysies s'enlise lentement dans les fermentations de sa propre intempérance. Car cet ordre solaire, au sens restrictif et martial, est le véritable désordre, puisqu'il tend à neutraliser l'alternance vibratoire de la mélodie lunaire. (…)

Ce qui, en revanche, n'échappe à personne, c'est que les mirifiques innovations de la technologie s'accompagnent comme par fatalité, et pour cause, de la dégradation de toute joie de vivre. (…)

Le folklore, au moment où il s'évanouissait dans le spectacle publicitaire, est recueilli par ceux-là mêmes que le conservatisme avait écœurés, et redevient tradition. Ce n'est plus une affaire de privilèges à défendre mais une question de vie ou de mort. On pressent que la planète menace de périr ou, pis encore, de sombrer dans le déterminisme informatique, si l'on ne réintègre pas, dans les jours douteux de notre présent, la pleine nuit des temps, avec ses riches heures. »

Nous avons à renouer, avec les puissances initiales, avec les signes et les accords premiers, avec notre propre nature, avec une sagesse inscrite dans les circonvolutions des éléments naturels et dans les livres de pierre érigés par ceux qui connaissaient. Nous avons à renouer avec la vie.

Ce livre est d'importance. Vraiment.

Editions Arma Artis,
BP 3, 26160 La Bégude de Mazenc, France.
http://arma-artis.com/editions-accueil.php

Rémi Boyer

Achevé d'imprimer en décembre 2014

par

, France

n° d'impression :

Dépôt légal : janvier 2015

LES ÉDITIONS DE L'ŒIL DU SPHINX

36-42 rue de la Villette

75019 PARIS

www.ingramcontent.com/pod-product-compliance
Lightning Source LLC
Chambersburg PA
CBHW050320160726
48002CB00001B/108